U0827185

上外法律评论

SISU LAW REVIEW

（2020年卷·总第6卷）

王　静　主　　编
张海斌　执行主编

法律出版社
LAW PRESS·CHINA

编委会成员

主　　编：王　静

编 委 会：王　静　张海斌　谢晓河

　　　　　闫卫军　王伟臣

执行主编：张海斌

责任编辑：孔凡洲

目录

沈志韬 / 不方便法院原则在国际航空运输案件的适用 001
赵守政 / 德国上市公司董事违反勤勉义务法律责任考察 019
杜康平 / 航空产品责任法律关系主体辨析 031
朱晓喆 / 民事法律行为概念的重构
——《民法典》第134条的解释论 045
廖志雄 / 免责条款的合同法效力
——判例、规则、现代法干预与借鉴 085
王　静　杨涵雅 / 跨境网购消费者权益的法律保护 103
马海蓉 / “租购同权”路在何方?
——有感于新冠疫情下租客有房不能回之困境 119
华瑀欣 / 论撕毁答题卡的法律责任 135
郑　重 / 多元化纠纷解决机制的功能审视与类型化重构 150
张雪春 / 审委会裁判理由公开的实践考察与优化向度
——以“北大法宝司法案例”数据库的裁判文书为研究基础 163
胡巧绒 / 检察机关行政违法行为监督论 176
周　涵 / 司法证明模式理论浅析 188
汤立伊 / 鉴定意见证据能力规则初探 198

孔凡洲 / 检察权司法化目标探析 212
谢晓河 / 法律规则与叙事推理 228
陈　颐 / 巴基案札记:司法如何面对平等的两难 244
张海斌 / 从古老权利到自然权利
——评卡尔·贝克尔《论独立宣言》 268
闫卫军 / 从所有权、人身权到人权
——我妻荣《债权在近代法中的优越地位》读后 273
王伟臣 / 烈日当空,灼心说法 280
张守进 / 莎士比亚时代戏剧表演与伦敦城市管理:矛与盾的故事 284

征稿启事 290

不方便法院原则在国际航空运输案件的适用*

沈志韬**

不方便法院原则(Forum Non Conveniens)是指,有管辖权的法院以外国法院是适当法院而其自身不是适当法院为由,拒绝行使案件管辖权。[1] 目前,不方便法院原则已成为许多普通法系国家法律制度的重要组成部分,在国际航空运输案件中被广泛适用。我国最高人民法院 2015 年颁布的《关于适用〈中华人民共和国民事诉讼法〉的解释》(以下简称《民诉法解释》)第 532 条也规定了不方便法院原则,这意味着我国法院在国际航空运输案件中也可能适用该原则。因此,有必要探究不方便法院原则在国际航空运输实践中的适用情况,以期对我国的司法实践形成有益参考。

一、不方便法院原则在国际航空运输案件中的功能

一般认为,不方便法院原则的思想发端于 17 世纪的苏格兰判例,而该术语本身在 19 世纪的苏格兰判例中第一次被使用。[2] 英国在 20 世纪初的判例中确立了该项原则。[3] 美国学者在总结了该国法院 19 世纪末至 20 世纪

---

* 本文系司法部国家法治与法学理论研究课题(17SFB3038)阶段性成果,上海外国语大学校级青年项目(20161140033)阶段性成果。

** 沈志韬,上海外国语大学法学院讲师,法学博士。

〔1〕 J. J. Fawcett, *Declining Jurisdiction in Private International Law*, Oxford University Press, 1995, p. 10.

〔2〕 Ronald A. Brand, *Comparative Forum Non Conveniens and the Hague Convention on Jurisdiction and Judgments*, Texas International Law Journal, Vol. 37, p. 467(2002).

〔3〕 吴一鸣:《两大法系中的不方便法院原则及在中国的合理借鉴》,载《西南政法大学学报》2008 年第 2 期。

初的一些判决后,于1929年首次在理论上确立了美国的"不方便法院"原则。[1] 如今,该原则已被普通法系国家广泛接受,但在大陆法系国家中较为少见。[2] 学者考察认为,不方便法院原则的主要功能包括避免法院过度管辖、防止当事人过度挑选法院以及促进案件公正审理等。[3] 在国际航空司法实践中,由于国际航空运输具有很强的跨国性,相关案件有多种涉外要素,故多个国家的法院可能对同一案件均享有管辖权。不同国家的法律规定不同,原告在不同国家获得的判决也可能不同,故原告常会在对其有利的法院起诉。在此背景下,不方便法院原则在国际航空运输案件中也体现了重要功能。

第一,避免当事人过度挑选法院。在国际航空法领域,1924年《关于统一国际航空运输某些规则的公约》(以下简称《华沙公约》)第28条第1款,以及1999年《关于统一国际航空运输某些规则的公约》(以下简称《蒙特利尔公约》)第33条第1款均规定,对于受公约调整的纠纷[4],原告可在承运人住所地、主要营业地、签订合同营业地或目的地法院中择一提起诉讼。《蒙特利尔公约》第33条第2款还规定,在旅客伤亡赔偿案件中,原告另可选择第五个管辖法院。[5] 根据上述规定,原告在涉及承运人责任的国际航空运

[1] Paxton Blair, *The Doctrine of Forum Non Conveniens in Anglo-American Law*, Columbia Law Review, Vol. 29, p. 1(1929).

[2] Ronald A. Brand, *Comparative Forum Non Conveniens and the Hague Convention on Jurisdiction and Judgments*, Texas International Law Journal, Vol. 37, p. 467(2002).

[3] 参见徐伟功:《美国国际民事管辖权中的两大阀门——不方便法院原则与禁诉命令》,载《甘肃政法学院学报》2006年第3期;吴一鸣:《两大法系中的不方便法院原则及在中国的合理借鉴》,载《西南政法大学学报》2008年第2期。

[4] 《华沙公约》第1条、《蒙特利尔公约》第1条规定,公约适用于以航空器运送旅客、行李或货物以收取报酬的国际运输;国际运输是指,出发地、目的地在两个当事国境内,或者在一个当事国境内,而在另一国有一个约定经停地点的运输。

[5] 《蒙特利尔公约》第33条第2款规定,对于因旅客死亡或伤害而产生的损害,诉讼还可以在这样一个当事国领土提起,即在发生事故时旅客的主要且永久居所在该国领土内,且承运人使用自己或租赁的航空器经营到达该国或者从该国始发的旅客航空运输业务,且该承运人在该国内以其所有,或依协议由其他承运人所有或租赁的处所,从事其旅客航空运输经营。该条款规定的管辖权常被称为"第五管辖权",即旅客在满足特定条件时,能够在其永久居所地法院起诉。参见王瀚等:《国际航空法专论》,法律出版社2017年版,第292页。

输案件中,有权在若干个管辖法院中进行选择,实践中原告常会在对其最有利的国家起诉。[1] 例如,美国法院在航空旅客伤亡案件、航空器产品责任案件中判决的赔偿金常较其他国家更高,故原告常选择在美国起诉。[2] 但在一些案件中,当事人并非美国居民或法人,事故发生地点也并非美国领土,与美国法院联系并不紧密,且可能增加被告诉累。[3] 被告此时有权提出不方便法院动议,以限制原告的过度选择。

第二,避免法院过度管辖案件。虽然国际航空条约赋予原告较为自由的法院选择权利,但如果被选择的法院与案件的联系明显不够密切,继续审理案件将可能带来消极后果,如司法资源消耗巨大、当事人诉讼成本高昂等。[4] 此种情形中,法院有权依据不方便法院原则将案件移交给更适当的法院,避免过度行使管辖权。如在美国"埃尔迪布诉达美航空公司案"中,埃尔迪布于2016年5月乘坐达美航空公司的航班从美国飞往埃及,航班需在法国戴高乐机场转机。该乘客为癌症晚期且无法独立行走,在订票时要求承运人在转机时提供轮椅服务,但承运人未及时提供服务,导致该乘客在戴高乐机场滞留12小时。承运人在运送该乘客的行李时也延误了一周时间,而行李中装着治疗药物。埃尔迪布于同年6月死亡,其亲属认为承运人在戴高乐机场未能提供必要服务,加速了埃尔迪布的死亡,故依据《蒙特利尔公约》第33条选择在运输的出发地美国起诉。被告提出了不方便法院动议,认为案件应由法国法院审理。法院支持了被告的动议,认为案件主要事实发生在巴黎,法国法院有管辖权且查明案件事实更方便,且被告也愿意接受该国法

---

〔1〕 Paul Stephen Dempsey, *All Along the Watchtower: Forum Non Conveniens in International Aviation*, Annals of Air and Space Law, Vol. 34, p. 323(2011).

〔2〕 Walter Heiser, *Forum Non Conveniens and Retaliatory Legislation: The Impact on the Availability Alternative Forum Inquiry and on the Deisrability of Foreign Non Conveniens as a Defense Tactic*, University of Kansas Law Review, Vol. 56, p. 609(2008).

〔3〕 Paul Stephen Dempsey, *All Along the Watchtower: Forum Non Conveniens in International Aviation*, Annals of Air and Space Law, Vol. 34, p. 323(2011).

〔4〕 参见徐伟功:《美国国际民事管辖权中的两大阀门——不方便法院原则与禁诉命令》,载《甘肃政法学院学报》2006年第3期。

院管辖,故法国法院是适当的替代法院;而美国法院查明事实、审理案件甚为不便。[1] 在该案中,美国法院即适用了不方便法院原则避免管辖与本国关联不大的案件。

第三,促进案件公正审理。有观点认为,不方便法院原则的最终目的是使当事人在适当的法院享有充分的程序利益,并获得公正审理。[2] 实践中,法院在适用该原则时常需结合案情考察是否有适当的替代法院,衡量当事人的私人利益以及国内外法院的公共利益,这些考量确有助于促进案件的公正审理。如在上述"埃尔迪布诉达美航空公司案"中,法院认为:在私人利益方面,案件主要事实发生在法国,美国法院审理案件可能导致事实认定不充分并形成不公正的判决,法国法院显然能为当事人提供公正的救济;在公共利益方面,案件主要证据所在地以及可能承担赔偿责任的主体所在地均为法国,法国法院享有更高的公共利益较高,而美国法院审理案件的司法成本更高且享有的公共利益较小。[3] 本案中,美国法院较为仔细地权衡了私人利益和公共利益,在一定程度上保障了当事人得到公正救济。

二、不方便法院原则与国际航空运输条约的适用关系

原告根据国际航空条约选择诉讼的法院后,被选择的法院能否适用不方便法院原则拒绝受理案件,即国际航空公约是否排除该原则的适用,这一问题在很长一段时间困扰着各国法院。从司法实践来看,在适用不同公约的案件中,法院观点不一。

(一)对《华沙公约》司法实践的考察

在适用《华沙公约》的案件中,普通法系国家的法院有两种不同观点:英国法院以及部分美国法院认为《华沙公约》排除适用不方便法院原则,但也

---

〔1〕 Eldeeb v. Delta Air Lines, Inc., Civil No. 18 - 1128(DSD/TNL)(D. Minn. Dec. 7, 2018).

〔2〕 吴一鸣:《两大法系中的不方便法院原则及在中国的合理借鉴》,载《西南政法大学学报》2008年第2期。

〔3〕 Eldeeb v. Delta Air Lines, Inc., Civil No. 18 - 1128(DSD/TNL)(D. Minn. Dec. 7, 2018).

有部分美国法院持相反观点。[1]

第一，排斥适用的观点。英国法院一般认为，根据《华沙公约》第28条第1款的规定，原告有绝对的选择法院的权利，审理法院应当尊重原告选择，不得再适用不方便法院原则驳回原告起诉。如在英国“米洛尔诉英国航空公司案”中，英国上诉法院认为，尽管英国承认不方便法院原则，但如果本案适用该原则将可能损害原告根据公约选择法院的权利；公约明确列举了有管辖权的法院，即在事实上禁止被选择的法院放弃管辖。[2] 美国部分法院也支持这一观点，如在美国“保坂诉联合航空公司案”中，第九巡回上诉法院认为，《华沙公约》立法者在制定公约时并未充分讨论不方便法院原则，有理由认为在适用该公约的案件中，承运人无权要求法院适用该原则排除原告对法院的选择。[3]

第二，不排斥适用的观点。但部分美国法院认为，根据《华沙公约》第28条第2款的规定，程序问题应依据受理案件的法院地法确定，而不方便法院原则是美国法律程序中的重要组成部分，故公约允许法院依本国法适用该原则。如在美国“1982年7月9日新奥尔良空难案”中，第五巡回上诉法院认为，原告有权依据《华沙公约》选择在美国起诉，但其选择法院的权利不是绝对的，其应当遵守法院地的程序法规定；美国加入《华沙公约》后并未放弃不方便法院原则，故法院有权依本国法适用该原则。[4]

第三，造成意见分裂的原因。造成司法实践意见不一致的原因主要在于，《华沙公约》的立法者并未明确对不方便法院原则的态度。《华沙公约》于1929年订立时，不方便法院原则刚刚在普通法系国家形成，大陆法系国家对该原则还十分陌生，外交代表们并未深入讨论该原则与公约的适用关系。[5]

---

〔1〕 Allan Mendelsohn & Renee Lieux, *The Warsaw Convention Article* 28, *The Doctrine of Foreign Non Conveniens, and the Foreign Plaintiff*, Journal of Air Law and Commerce, Vol. 68, p. 75(2003).

〔2〕 Milor SRL and Others v. British Airways Plc [1966] Q. B. 702(C. A.).

〔3〕 Hosaka v. United Airlines, Inc., 305 F. 3d 989(9th Cir. 2002).

〔4〕 In re Air Crash Disaster Near New Orleans, 767 F. 2d 1151(5th Cir. 1985).

〔5〕 Hosaka v. United Airlines, Inc., 305 F. 3d 989(9th Cir. 2002).

如在1929年第二次国际航空私法会议上,英国代表曾建议在公约中规定不方便法院原则,认为该原则有助于“减少无理纠缠的诉讼。”[1]但国际民航组织并未明确回应,仅在会议纪要中载明:“英国代表建议进行补充规定……但英国代表团并未坚持。”[2]普通法系国家的法院就此认为,立法者们在当时并未充分认识不方便法院原则的含义,也未明确公约与该原则的关系,有理由相信《华沙公约》并无准许适用该原则的意思。[3]

随着越来越多的国家加入《蒙特利尔公约》,关于《华沙公约》与不方便法院原则适用关系的讨论将逐渐失去意义。《蒙特利尔公约》第55条规定了该公约的优先适用性,即如果两个国家同为《华沙公约》当事国,后又同为《蒙特利尔公约》当事国,则在两国间优先适用《蒙特利尔公约》。[4]目前,《华沙公约》的当事国为152个,[5]《蒙特利尔公约》的当事国为136个,[6]这意味着大多数国家间的国际航空运输应受《蒙特利尔公约》调整,因此探讨《蒙特利尔公约》与不方便法院原则的适用关系显得更有价值。

(二)对《蒙特利尔公约》司法实践的考察

在适用《蒙特利尔公约》的案件中,普通法系国家的观点较为一致,一般认为该公约不禁止法院依据本国法适用不方便法院原则。

第一,普通法系国家的通常做法。根据学者考察,目前尚未有普通法判例认为《蒙特利尔公约》排斥不方便法院原则。[7] 各国法院一般认为,《蒙

---

〔1〕 Minutes of the Second International Conference on Private Aeronautical Law (Oct. 4 – 12, 1929), p. 298.

〔2〕 Ibid., p. 299.

〔3〕 Pierre-Louis v. Newvac Corp., 584 F. 3d 1052 (11th Cir. 2009).

〔4〕 《蒙特利尔公约》第55条规定,该公约应优先于国际航空运输适用的任何规则,包括《华沙公约》等。

〔5〕 https://www.icao.int/secretariat/legal/List%20of%20Parties/WC-HP_EN.pdf, last visited date: 2020.3.20.

〔6〕 https://www.icao.int/secretariat/legal/List%20of%20Parties/Mtl99_EN.pdf, last visited date: 2020.3.20.

〔7〕 Paul Stephen Dempsey, *All Along the Watchtower: Forum Non Conveniens in International Aviation*, Annals of Air and Space Law, Vol. 34, p. 323 (2011).

特利尔公约》第34条规定程序问题由受理法院地法决定,目前不方便法院原则已成为许多普通法系国家程序规则的一部分,故法院有权依据本国法适用该原则。如在美国“皮埃尔-路易斯诉纽瓦克公司案”中,承运人哥伦比亚西加勒比航空公司的一架航班从巴拿马飞往法属马提尼克岛,航行途中坠毁于委内瑞拉。一名遇难乘客为法属马提尼克岛居民,其遗产管理人认为,缔约承运人纽瓦克公司的住所地和主要营业地在美国,遂依据《蒙特利尔公司》第33条在美国法院起诉,要求纽瓦克公司与西加勒比航空公司共同承担赔偿责任。被告提起不方便法院动议,认为本案应由法属马提尼克岛的法院审理。两审法院均认为,在《蒙特利尔公约》起草时,不方便法院原则已是美国程序法的重要内容,各国代表们在外交会议上充分讨论了该原则……最终决定维持现状,即采用该原则的缔约国有权继续适用……而未采用的缔约国也无须补充规定,法院最终支持了被告的动议。〔1〕 在之后的一系列案件中,美国法院纷纷支持了上述观点。〔2〕

第二,形成统一做法的原因。《蒙特利尔公约》订立于1999年,其立法背景与《华沙公约》明显不同。一方面,不方便法院原则已被普通法系国家广泛适用,大陆法系国家也对该原则不再陌生,在议定公约文本时,各国外交代表就公约与该原则的关系作了充分讨论。如美国代表建议将《蒙特利尔公约》第33条第4款规定为:“程序问题由管理案件的法院地法决定,包括不方便法院原则或其他类似原则。”〔3〕但大陆法系国家的代表纷纷反对,认为不方便法院在其本国并不适用,反对公约作出专门规定。〔4〕 虽然立法者未在公约中规定不方便法院原则的适用条件,但有观点认为,这既不意味着立法者根据普通法系国家的意见改革了《华沙公约》,也不意味着公约排除了不

〔1〕 Pierre-Louis v. Newvac Corp. ,584 F. 3d 1052(11th Cir. 2009).

〔2〕 See Bapte v. West Caribbean Airways, 370 Fed. Appx. 71 (11th Cir. 2010). Galbert v. W. Caribbean Airways,715 F. 3d 1290(11th Cir. 2013).

〔3〕 Minutes of International Civil Aviation Organization, International Conference on Air Law(10 - 28 May,1999)(Minutes),p. 159.

〔4〕 Ibid.

方便法院原则,立法者实际上将这一问题交由各国国内法处理。[1] 因此,在国内法中规定了不方便法院的国家,法院普遍依据其国内法适用了该原则。

三、不方便法院原则在国际航空运输案件的适用标准

早期的苏格兰判例认为,不方便法院原则不仅考察法院审理案件的便利情况,也考察审理是否实质公平。[2] 基于上述认识,普通法系国家法院在适用该原则时逐步形成了"三步审查法":一是审查是否有适当的替代法院;二是审查当事人个人利益的平衡;三是审查不同法院公共利益的平衡。[3] 当满足上述三项审查标准时,法院有权驳回原告起诉。在国际航空司法案件中,普通法系国家法院适用不方便法院原则的标准与其他案件基本一致。

(一)对替代法院的审查标准

在适用不方便法院原则时,法院应当首先考察是否存在替代法院能管辖案件并进行公正审理。在判断过程中,法院一般考察"可选择性"(available)、"适当性"(adequate)两方面要素。[4]

第一,对可选择性的审查。可选择性,是指某外国法院对于案件以及当事人具有管辖权,[5] 否则,该外国法院便是不可选择的。[6] 国际航空条约规定了多个管辖法院,法院在审查外国法院管辖权时,需要更加细致地考察外国法院是否符合《蒙特利尔公约》关于管辖权的规定。如在美国"多迪森斯基诉奥地利航空公司案"中,多迪森斯基的右腿天生无法弯曲,其于美国向奥地利航空公司购买了国际航行机票;原告特地购买了隔间(bulkhead section)座位,以便腿能伸直。原航班因故障在加拿大多伦多紧急降落,被告

---

[1] Hosaka v. United Airlines, Inc., 305 F. 3d 989(9th Cir. 2002).

[2] Longworth v. Hope(1865) 3 M 1049.

[3] Thad Dameris, David Weiner & Aaron Crane, *The United States is No Longer Courthouse for the World*, Air & Space Lawyer, Vol. 22, p. 9(2008).

[4] Reid-Walen v. Hansen, 933 F. 2d 1390(8th Cir. 1991).

[5] In re Air Crash Disaster Near New Orleans, 767 F. 2d 1151(5th Cir. 1985).

[6] See Fatkhiboyanovich v. Honeywell International Inc., 2005 U. S. Dist. LEXIS 23414(D. N. J. Oct. 5, 2005).

安排原告乘坐另一架飞机继续航行,并重新发放了登机牌。但被告拒绝为原告安排特殊座位,导致原告右腿无法伸直并骨折。原告认为,其为美国居民,航空运输合同在美国签订,被告在美国有营业机构且经营往返于美国的空运服务,遂依据《蒙特利尔公约》第33条第2款的"第五管辖权"在美国起诉。被告提起了不方便法院动议,认为被告在加拿大重新发放了登机牌,当事人在当地重新订立了运输合同,加拿大为《蒙特利尔公约》第33条第1款规定的"承运人订立合同的营业机构所在地",应由加拿大法院审理本案。[1] 审理法院认为,被告重新发放了登机牌并不意味着双方在加拿大重签了合同,加拿大法院不得根据《蒙特利尔公约》规定享有管辖权。因此,法院认为加拿大法院并非本案的替代法院。[2]

第二,对适当性的审查。适当性,是指外国法院不会剥夺当事人获得救济的权利,且会在审理中公平对待当事人。[3] 在一些案件中,即便外国法院给予的救济无法完全达到原受理法院的水平,也不能武断地认为外国法院不适当,只有当外国法院的救济水平明显不令人满意或不充分时,才能认为该法院是不适当的。[4]

从国际航空典型案件来看,法院在审查时常掌握两条标准:一是具体性标准,即对于审查的事由应当是具体的,而不应当是笼统的、抽象的。一些案件的原告为避免案件被驳回,便笼统地声称外国法院司法不公正,其意见常不会被采纳。如在美国"科拉沃莱诉塞勒斯案"中,一架尼日利亚航班在其国内坠毁,一名乘客的遗产管理人在美国法院起诉。被告提起不方便法院动议,认为案件应由尼日利亚法院审理。原告提供了美国国务院的旅行建议书,以及两位前尼日利亚法官的宣誓书,拟证明尼日利亚法院司法不公正。

〔1〕 Dordieski v. Austrian Airlines, AG, CAUSE NO.: 2:15 - CV - 180 - PPS - PRC (N. D. Ind. Oct. 27, 2015).

〔2〕 Ibid.

〔3〕 Reid-Walen v. Hansen, 933 F.2d 1390 (8th Cir. 1991).

〔4〕 Stroitelstvo Bulgaria Ltd. v. Bulgarian-American Enterprise Fund, 598 F. Supp. 2d 875 (N. D. Ill. 2009).

法院未采纳原告的意见,认为原告并未提出具体的证据以证明尼日利亚法院审理案件会导致危险或不公正的结果。[1] 二是程度性标准,即考察外国法院的审理是否会显著导致不公正的后果。普通法系国家法院常认为,如果仅因为各国法律规定不同,导致外国法院收取的诉讼费较高,判决的赔偿金额较少或未组成陪审团参与审理的,并不会必然造成审理不公正。[2] 如在美国"派珀飞机有限公司诉雷诺上诉案"中,一架英国航班在从英格兰飞往苏格兰的途中,于苏格兰高地坠毁。原审原告代表一名苏格兰遇难乘客在美国法院起诉。被告提起了不方便法院动议,认为本案应由苏格兰法院审理。原告认为,苏格兰法院无法公正审理本案,因为苏格兰法律未规定侵权之债的严格责任,且法律规定的赔偿金也较美国低。法院认为,苏格兰法院并未剥夺原告获得救济的权利,即使苏格兰法院判决的赔偿金较少,仍不能认为该法院是不公正、不适当的法院。[3]

(二)对私人利益的审查标准

所谓私人利益,是指当事人参与诉讼的便利程度,以及在外国法院获得公正审理的可能性。[4] 实践中,法院主要审查以下要素:当事人获取证据的难易程度,要求证人出庭的强制程序,参与庭审的费用,查看事故现场的可能,生效判决的执行效率以及其他影响诉讼效率与成本的要素。[5]

从美国的国际航空司法实践来看,法院还较为重视原告的国籍要素。如果原告是美国居民,法院常认为其在美国起诉是方便的,并会在更大程度上尊重原告的法院选择。[6] 如在前述"多迪森斯基诉奥地利航空公司案"中,

---

[1] Kolawole v. Sellers, 863 F. 3d 1361 (11th Cir. 2017).

[2] Magnin v. Teledyne Continental Motors, 91 F. 3d 1424 (11th Cir. 1996); Coakes v. Arabian American Oil Company, 831 F. 2d 572 (5th Cir. 1987).

[3] Piper Aircraft Co. v. Reyno, 454 U. S. 235 (1981).

[4] Ibid.

[5] See Liquidation Comn of Banco Intercont. v. Renta, 530 F. 3d 1339 (11th Cir. 2008); King v. Cessna Aircraft Co., 562 F. 3d 1374 (11th Cir. 2009).

[6] Jessica Rapoport, *Warsaw, Montreal, and the U. S. Department of Transportation: Consumer Protection for Forum Selection*, Journal of Air Law and Commerce, Vol. 77, p. 265 (2012).

原告为美国居民，法院在审查私人利益时认为：一是在取证方面，被告未证明案件的关键证人和证据都位于加拿大，也无法证明美国法院获取证据会非常困难。二是在诉讼成本方面，被告的主要业务为运输乘客，其在加拿大参加诉讼可将成本分摊给消费者；但原告是残疾人且没有收入，其前往加拿大起诉的成本很高，因此私人利益的审查结果倾向于由美国法院审理本案。[1]

在另一些案件中，原告并非美国居民，法院也会在一定程度上尊重原告的选择，但也常认为当事人在美国起诉的成本较高，且向法院提供证据不方便。[2] 如在前述“皮埃尔－路易斯诉纽瓦克公司案”中，原告为法属马提尼克岛居民，美国法院认为：原告住所地在法属马提尼克岛，而涉案的证人、物证也均在该地，该地法院能更加方便地获取证据；如要强制传唤证人到美国法院作证，证人要支付高昂的成本；如要调取案件证据，美国法院还要承担较高的司法费用，故私人利益审查的结果显示，法属马提尼克岛的法院更适于管辖本案。[3]

（三）对公共利益的审查标准

所谓公共利益，主要指法院审理案件的司法成本，法院与本案的利益关联以及能否以有效方式解决争议。[4] 法院审查的要素主要包括：法院的案件积压情况，审理本国案件的利益，避免适用不必要的外国法律，组建陪审团的司法成本等。[5] 在实践中，法院并非机械地考察各项要素，而是对国内外法院的公共利益进行综合比较。

第一，比较不同法院的利益。比较不同国家法院对案件的利益，是审查公共利益的难点，因为较难明确法院利益的含义，在一些典型案件中，主要是

---

〔1〕 Dordieski v. Austrian Airlines, AG, CAUSE NO.: 2:15 – CV – 180 – PPS – PRC (N. D. Ind. Oct. 27, 2015).

〔2〕 SME Racks, Inc. v. Sistemas Mecanicos Para Electronica, S. A., 382 F. 3d 1097 (11th Cir. 2004).

〔3〕 Pierre-Louis v. Newvac Corp., 584 F. 3d 1052 (11th Cir. 2009).

〔4〕 Gulf Oil Corp. v. Gilbert, 330 U. S. 501 (1947).

〔5〕 Paul Dempsey & Michael Milde, *International Air Carrier Liability: The Montreal Convention of 1999*, McGill Press, 2005, p. 222.

指当地政府及社会与当事人的密切程度，以及对当事人实施保护的必要。[1]如在美国"卡恩诉达美航空公司案"中，原告卡恩系加拿大居民，在美国纽约购买了被告航空公司飞往加拿大的机票。原告身患残疾，在购票时要求被告在起降机场提供轮椅服务。原告抵达多伦多机场后，被告未提供相应服务，原告只得步行前往领取行李，途中不慎摔倒后受伤。原告认为，纽约系《蒙特利尔公约》第33条规定的"承运人订立运输合同的营业机构设在地"，故在纽约地区法院提起诉讼。被告提起不方便法院动议，认为案件应由加拿大法院审理。在比较两国法院的公共利益时，纽约法院认为，一方面，原告系加拿大居民，而被告的登记地、主要营业地均不在纽约州，纽约州并非任一方当事人的住所，该州与该案仅有一般性的利益。另一方面，本案要对加拿大居民的利益作出裁判，还可能涉及加拿大部分政府机构的职能问题，加拿大法院则对案件享有很强的地方利益。故公共利益审查结果显示，加拿大法院更适合审理本案。[2]

第二，综合考察其他要素。相较于法院对案件享有的利益这一要素，其他公共利益审查要素标准较为明确，法院也可以较方便地作出判断。如在上述美国"卡恩诉达美航空公司案"中，纽约法院还考察了法律适用、组建陪审团成本等要素。首先，在法律适用方面，如本案属于《蒙特利尔公约》调整的范围，则美国及加拿大法院都能准确适用；但如本案需适用加拿大国内法的，则该国法院能更准确地适用。其次，在陪审团组建方面，本案与纽约仅有一般性联系，如要组建陪审团审理本案，将会增加纽约的司法成本，且收益较小。而加拿大与案件的关联更紧密，由其承担组建陪审团的司法成本更加合理。[3]

四、不方便法院原则在我国国际航空运输案件的适用

我国《民诉法解释》第532条(以下称我国制度)规定了不方便法院原

[1] Khan v. Delta Airlines, Inc., 10 Civ. 2080(BMC)(E. D. N. Y. Aug. 11, 2010).
[2] Ibid.
[3] Ibid.

则:"涉外民事案件同时符合下列情形的,人民法院可以裁定驳回原告的起诉,告知其向更方便的外国法院提起诉讼:(一)被告提出案件应由更方便外国法院管辖的请求,或者提出管辖异议;(二)当事人之间不存在选择中华人民共和国法院管辖的协议;(三)案件不属于中华人民共和国法院专属管辖;(四)案件不涉及中华人民共和国国家、公民、法人或者其他组织的利益;(五)案件争议的主要事实不是发生在中华人民共和国境内,且案件不适用中华人民共和国法律,人民法院审理案件在认定事实和适用法律方面存在重大困难;(六)外国法院对案件享有管辖权,且审理该案件更加方便。"基于上述规定,我国法院在国际航空案件中也可能适用不方便法院原则,但我国制度设计、适用效果均与普通法系国家存在一定差异,值得讨论。

(一)不方便法院原则在我国国际航空案件的功能

普通法系国家认为,《蒙特利尔公约》并不禁止法院适用其国内的程序规定,包括不方便法院原则,各国实践也支持了这一观点。[1] 因此,我国在国际航空案件中依据《民诉法解释》规定适用不方便法院原则,在实践上并无障碍。但也应看到,我国航空运输实践与普通法系国家存在差异,该原则的适用功能也可能有所不同。

第一,避免过度挑选法院的功能减弱。在一些与美国联系不密切的国际航空案件中,原告坚持在美国法院起诉,部分目的是获得更高额的赔偿等诉讼利益。[2] 我国法院在同类案件中判决的赔偿金额不会像美国法院那样高昂,故在一些与我国联系不密切的案件中,外国原告似乎并无理由坚持在我国法院起诉,并支付增加的诉讼成本。从理论上看,在我国的国际航空案件中,不方便法院原则防止当事人过度挑选法院的功能还较弱。

第二,限制法院过度管辖与促进公正审理的功能类似。根据最高人民法

---

〔1〕 Paul Stephen Dempsey, *All Along the Watchtower: Forum Non Conveniens in International Aviation*, Annals of Air and Space Law, Vol. 34, p. 325(2011).

〔2〕 Walter Heiser, *Forum Non Conveniens and Retaliatory Legislation: The Impact on the Availability Alternative Forum Inquiry and on the Deisrability of Foreign Non Conveniens as a Defense Tactic*, University of Kansas Law Review, Vol. 56, p. 609(2008).

院的观点,我国规定不方便法院原则的目的,是在不轻易放弃管辖权的基础上回应司法实践需要。[1] 因为一些属于我国法院管辖的案件与我国国家和公民的利益联系不紧密,法院开展审理也非常困难,我国法院在必要时可以放弃行使管辖权。[2] 国际航空运输活动具有天然的国际性,[3] 相关案件的涉外要素较多。如果当事人依据《蒙特利尔公约》第33条选择在我国法院起诉,但案件与我国并无紧密联系且法院审理困难的,我国法院也有权适用不方便法院原则。这有利于避免过度管辖给我国司法工作带来消极影响,也有利促使由更适当的外国法院审理案件,形成公正的司法裁判。

(二)对替代法院审查标准的比较

我国与普通法系国家均以存在替代法院作为适用不方便法院原则的前提。同时,普通法系国家法院在实践中形成了"可选择性标准"与"适当性标准",前者审查外国法院的管辖权,后者审查外国司法救济的公正性。我国制度也要求外国法院符合两项标准,一是有管辖权,二是审理更加方便。

从司法实践来看,我国制度与普通法系国家标准的适用效果也较为相似。如在浙江省高级人民法院审理的"河北甲船务有限公司诉三星重工业株式会社等船舶碰撞损害赔偿纠纷案"中,被告系韩国法人,但在我国宁波市有可执行财产,原告遂在该市法院提起诉讼;被告提起不方便法院动议,认为案件应由韩国法院审理。浙江省高级人民法院认为由韩国法院审理更加方便:一是在管辖权方面,韩国主管机关已对涉案事故开展事实调查、证据采集以及事故认定,韩国法院也已审理了相关案件,故韩国法院有管辖权。二是在司法救济方面,涉案事故发生在韩国,证据材料主要以韩语记载,案件还应适用韩国法,故韩国法院审理案件更为方便。[4] 本案中,我国法院审查韩国法院的管辖权,效果类似于普通法的"可选择性标准";审查韩国法院审理是否

〔1〕 最高人民法院修改后民事诉讼法贯彻实施工作领导小组编著:《最高人民法院民事诉讼法司法解释理解与适用》(下),人民法院出版社2015年版,第1393~1395页。

〔2〕 同上。

〔3〕 赵维田:《国际航空法》,社会科学文献出版社2000年版,第2页。

〔4〕 浙江省高级人民法院(2010)浙辖终字第135号民事裁定书。

方便,效果类似于"适当性标准"。有理由认为,我国法院在实践中对替代法院审查标准的把握较为准确。

(三)对私人利益审查标准的比较

我国制度第4项、第5项规定涉及普通法系国家的私人利益审查标准。第一,对当事人利益的考察。我国制度第4项规定,案件不应涉及我国国家、居民或组织利益。其中,对于居民或组织利益的考察,类似于对私人利益的审查。第二,对其他要素的考察。我国制度第5项规定,案件主要事实不发生在我国,案件不适用我国法律,且法院审理案件存在重大困难。其中,要求案件事实不发生在我国,类似于对私人利益的审查。

与普通法系国家规定相比,我国规定可能存在以下制度漏洞。第一,过于重视被告的国籍要素。普通法系国家很少因为被告具有该国国籍,而直接拒绝适用不方便法院原则。[1] 我国制度较为重视被告的国籍要素,根据我国规定,如果外国原告将我国当事人作为共同被告起诉,因该被告具有我国国籍,案件涉及我国当事人利益,故法院不得适用不方便原则。这容易使法院以被告具有我国国籍为由,直接拒绝适用不方便法院原则,而不再审查其他要素,导致其他要素失去功能。第二,对其他要件考察不充分。普通法系国家常考察双方当事人获得公正救济的可能性,无论当事人是否具有本国国籍。我国制度只规定审查本国当事人的利益,而对外国当事人的利益未作规定,这可能导致利益失衡。同时,普通法系国家在审查私人利益时,还常考察获取证据的难易程度、证人出庭成本、生效判决执行等要素,我国制度也未详细规定上述要素,这容易造成法院缺乏可操作性强的审查标准。

我国制度设计的问题具有一定程度的普遍性,在典型案例中已有所体现,未来还可能会反映在国际航空运输实践中,值得关注。

(四)对公共利益审查标准的比较

我国制度第4项、第5项及第6项规定涉及普通法系国家的公共利益标

〔1〕 Windt v. Qwest Communications Intern., Inc., 544 F. Supp. 2d 409(D. N. J. 2008).

准。第一,对我国公共利益的审查。我国制度第4项、第5项规定,案件应不涉及我国利益,主要事实不发生在我国,不适用我国法律,且我国法院审理存在重大困难等。上述规定类似于普通法系国家对本国法院公共利益的审查。第二,对外国法院公共利益的审查。我国制度第6项规定,外国法院具有管辖且审理更加方便。上述规定类似于普通法系国家对外国法院利益的审查。

从制度设计来看,我国规定可能存在以下制度漏洞。第一,对于外国法院利益的审查标准还不明确。普通法系国家典型判例认为,法院的利益主要指本国政府与当事人的密切程度以及实施保护的必要。在实践中,也对国内外法院的利益进行了充分比较。[1] 我国制度对本国法院利益的审查要素作了较为充分的规定,但对外国法院利益的审查标准未作明确规定,仅在第6项中要求外国法院审理案件更加方便。规定不明确可能导致可操作性不强,需要法院在实践中合理行使自由裁量权,对国内外法院的利益作有效比较。第二,过度重视被告国籍导致其他要件失效。我国制度第4项规定,如果案件涉及我国被告的利益,法院不得适用不方便法院原则。这也可能导致法院在被告具有中国国籍的案件中,丧失进一步审查公共利益要件的动力。

(五)对其余要件的比较

上文分析了我国制度的第4项、第5项及第6项规定,在其余3项规定中,第1项与普通法系国家规定相似,第2项、第3项则为我国的特别规定,普通法系国家未有相关规定。第一,不方便法院制度的启动条件。我国制度第1项规定,我国法院应基于被告的请求审查适用不方便法院原则,而不得依职权主动适用。在普通法系国家,一般应由被告提出不方便法院动议后,法院再开展相关审查。[2] 因此,我国规定与普通法系国家制度并无差异。

---

〔1〕 Khan v. Delta Airlines, Inc., 10 Civ. 2080(BMC)(E. D. N. Y. Aug. 11, 2010).

〔2〕 Don Rushing, Ellen Nudelman Adler, *Some Inconvenient Truths About Forum Non Conveniens Law in International Aviation Disasters*, Journal of Air Law and Commerce, Vol. 74, p. 435(2009).

第二,协议管辖与专属管辖情形。我国制度第2项规定,当事人未协议选择我国法院管辖;第3项规定,案件不属于我国法院专属管辖。根据上述规定,如果案件存在协议管辖、专属管辖情形,法院不得适用不方便法院原则,而普通法系国家较少考察这些要件。我国作此规定的意图可能在于:一方面,坚持国家司法主权。最高人民法院在制定规则时指出,法院司法管辖权是国家司法主权的重要组成,法院一般不能拒绝行使或者轻易放弃管辖权。〔1〕故当存在协议管辖、专属管辖情形时,我国法院应当坚持管辖,这是维护司法主权的重要方面。另一方面,维护管辖权规则稳定。理论上,大陆法系国家更加注重管辖规则的可预测性,〔2〕我国法院坚持在约定管辖和专属管辖情形下管辖案件,有助于维护相关制度稳定。但是,在国际航空法领域,国际公约已明确规定了管辖法院,当事人协议管辖的情形较为罕见,且国际航空运输案件不属于我国专属管辖情形,因此我国制度第2项、第3项规定对国际航空司法实践的影响并不明显。

五、结论

综上分析,本文尝试得出以下结论:第一,不方便法院原则适用的正当性。从《蒙特利尔公约》规定的含义以及普通法系国家的实践来看,公约允许各国法院适用本国的程序规定,其中包括不方便法院原则。我国《民诉法解释》规定了不方便法院原则,我国法院在相关国际航空运输案件中也有权适用该原则。第二,不方便法院原则的功能。鉴于我国航空实践与普通法系国家有一定区别,不方便法院原则限制原告选择法院的功能暂时较弱,但仍能有效避免法院过度管辖案件,并促进司法公正。第三,不方便法院原则适用的标准。在寻找替代法院方面,我国制度规定与实践效果均类似于普通法

〔1〕 最高人民法院修改后民事诉讼法贯彻实施工作领导小组编著:《最高人民法院民事诉讼法司法解释理解与适用》(下),人民法院出版社2015年版,第1393页。

〔2〕 Ronald A. Brand, *Comparative Forum Non Conveniens and the Hague Convention on Jurisdiction and Judgments*, Texas International Law Journal, Vol. 37, p. 468(2002).

系国家。在审查私人利益与公共利益方面,我国制度过于重视被告的国籍要素,也未明确规定外国当事人、法院的利益审查标准,存在制度漏洞。这些制度具有普遍性,未来可能会反映在国际航空运输案件中,需要我国法院合理运用自由裁量权进行填补。

德国上市公司董事违反勤勉义务法律责任考察

赵守政*

董事勤勉义务是公司治理中的重要问题,我国法律对董事勤勉义务的规范不够清晰,[1]同时司法实务中的裁判也较为混乱。[2] 德国法注重公司治理结构,对董事勤勉义务有比较具体的规范,上市公司董事责任问题是近几年在德国公司法理论和实务界被大量讨论的焦点问题之一,尤其是在大量的上市公司董事购买董事责任保险(D&O-Versicherung) 以及近年来连续颁布的3个与上市公司董事责任相关联的法律文件:《促进企业规范及撤销权现代化法》(UMAG)、《资本市场信息责任法》(KapInHaG)和《资本市场法律争端解决模式程序规范法》(KapMuG)的背景下在实务界展开的讨论。

本文主要从两个角度来论述德国上市公司董事责任,分别是上市公司针对董事侵权导致的公司损害提出的赔偿请求权的内部责任与公司股东、前股东以及债权人针对董事侵权提起的外部责任,继而在此基础上从公司治理的角度论述德国上市公司董事勤勉义务责任的成因及发展动因,最后对德国近

---

* 赵守政,上海外国语大学法学院讲师,德国明斯特大学法学博士,华东政法大学经济法博士后。

〔1〕 我国《公司法》(2018)第147条第1款规定:董事、监事、高级管理人员应当遵守法律、行政法规和公司章程,对公司负有忠实义务和勤勉义务。但对董事勤勉义务的内涵和裁判标准都未界定,规定过于原则,不具可操作性。虽然在证监会及证券交易所层面上关于董事勤勉义务的裁判标准有具体的规定,但这些规范的效力较低。

〔2〕 已有的典型案例参见丁力业案,北京市第一中级人民法院(2008)一中行初字第553号;陆家豪案,北京市第一中级人民法院(2002)一中行初字第219号;吴小虎案,(2010)浙商终字第37号。这3个案例中前两个是行政案件,且陆家豪案因时效问题被驳回起诉。这表明了我国关于董事勤勉义务司法裁判的窘境。

年讨论比较多的董事责任保险(D&O-Versicherung)、三个与上市公司董事责任相关联的法律文件(UMAG、KapInHaG和KapMuG)作简要阐释。此外,本文亦会对《加强企业内部控制及促进透明度法》(KonTraG)颁布后涉及股东对违反勤勉义务董事提起诉讼的一般规定的变化做出简要陈述。

一、制定法上董事内部责任的确立

德国对董事的注意义务程度要求较高,几乎是一个"专家"的注意标准。德国《股份法》第93条第1款规定,"董事会成员在领导业务时,应当具有一个正直的、有责任心的业务管理者的细心;对于有关公司的机密数据和秘密,特别是那些在董事会工作中了解到的经营或商业秘密,他们必须保持缄默";并规定,"违反义务的董事会成员应作为连带债务人,对由此而造成的损失向公司负责赔偿,如果对其是否发挥一个正直且有责任心的业务管理者应尽的责任存有争议,董事自身负有举证责任"。[1]

由此可知,德国《股份法》第93条第1款构成了董事违反勤勉义务而承担内部责任的请求权基础,其中董事内部责任的请求权构成要件是:

(a)作为(如向客户的销售行为)或者负有义务的不作为;

(b)作为或者不作为违反董事义务;

(c)尽一般注意义务的董事不会做出该行为,即行为具有主观故意或疏忽大意的过失;

(d)该行为对公司造成损失;

(e)(a)和(b)之间具有因果关系。

公司对侵权董事提起诉讼无须满足以上所有的条件,只要(a)、(d)和(e)同时满足即可提起诉讼。(b)和(c)两个构成要件适用举证倒置,即应诉董事应该证明自身的行为没有违反董事义务和不具备主观上的故意。[2]

作为董事违反其勤勉义务对公司承担内部责任的请求权基础,德国《股

[1] 卞耀武主编:《德国股份公司法》,贾红梅、郑冲译,法律出版社1999年版,第54、55页。

[2] § 93 Abs. 2 AktG.

份法》第93条优先于其他的归责条款适用，这是一个强制性责任条款，不可以通过协议废除或者加重。导致公司损害行为的构成要件也满足其他归责条款的请求权要件时（如合同或者侵权行为），德国《股份法》第93条优先适用。更确切地说，是因为该条款中利于请求权人的举证规则优于其他条款。从德国《股份法》的规定来看，德国法上"勤勉义务和忠实义务"被认定为一个总括性的概念，而董事勤勉义务只是其中的一个子概念。〔1〕但不论如何界定，董事勤勉义务在德国仍应是一个客观性的标准，其考量的因子包括正常情况下判断及具体情况下对公司管理投入的支持和精力。同时，由于专家标准对董事勤勉义务的标准较高，董事的个人能力情况被排除在考量因素之外。这可以说是一种纯粹的客观标准，法庭不会接受任何不胜任或无经验的辩解理由。〔2〕

二、内部责任标准的演变及困境

（一）司法裁判中专家标准的演变

德国法律在确认违反注意义务的法律适用上分为不同的等级，尤其是在主观违法性这个要件上。一般合同法上的侵害行为规定债务人要有故意或过失的主观要件，法律规定的严格责任除外。〔3〕但根据德国《股份法》第93条，股份公司董事在公司经营管理中应"尽到一般经理人的注意及勤勉义务"。〔4〕无疑，该注意义务的要求要高于一般交易行为中的注意义务。董事的勤勉义务根据公司的不同特点而有所区别，比如股份公司的大小、公司主营业务等。一个大型商业银行的经理人未尽勤勉义务的裁判标准肯定与一个中等规模制造型企业经理人未尽勤勉义务的裁判标准不同。〔5〕董事在有

〔1〕［德］托马斯·莱塞尔、吕迪格·法伊尔：《德国资合公司法》，高旭军等译，法律出版社2005年版，第161页。

〔2〕刘敬伟：《董事勤勉义务判断标准比较研究》，载《当代法学》2007年第5期。

〔3〕§ 276 Abs. 1 BGB.

〔4〕§ 93 Abs. 1 S. 1 AktG.

〔5〕Hefermehl/Spindler in Münchener Kommentar § 93 AktG Rn. 22.

过错的情形下才承担责任,轻微的过失即可满足其主观要件,[1]作为被告的董事必须对其无过错承担证明责任。[2] 鉴于企业行为在实践中的复杂性,做出错误的指令在所难免,尤其是随时可能有应急事件的发生以及消费者的大量非理性消费行为。对于指向未来的企业行为,有很多预测的成分在其中。所以,判断上市公司董事是否违反其勤勉义务的裁判标准不宜过于严苛,过于严苛会造成董事在面临公司经营行为初步判断及稍带冒险成分的行为时,会因为其严格的裁判标准而畏尾不前,影响公司正确决策。

在美国法中这一情形早已被大量讨论,其中对中国和德国影响都比较大的是美国法中的商业判断规则(Business Judgement Rule)。[3] 在美国法中,以下三种情形同时满足时,上市公司管理人员免于为其行为承担违反勤勉义务的责任,分别是:公司管理人与商业判断主体之间无利益关系、公司被明确告知并相信公司管理人员是在商业判断范围之内做出其决定的合理理由,以及根据理性分析该商业判断符合公司的最佳利益。[4] 美国法中的经营判断规则也会影响德国《促进企业规范及撤销权现代化法》的立法工作。至少在学界争议性很强的案例中确定了董事的经营管理权限和责任范围,[5]比如"ARAG"案。[6] 董事的行为只有在满足以下几个条件才拥有免责特权:一是带有责任意识的特征;二是其目的是公司的健康发展;三是在基于尽注意义务的查明实际情况的基础上做出该决议。如果董事的行为超越了这三个条件的限制,并且因为其不负责任的行为给公司带来相应的风险,则可以认定董事违反了自身的勤勉义务。

---

[1] Hopt in Großkommentar § 93 AktG Rn 252.

[2] 如前所述,此处涉及举证责任倒置,如果董事不能提出使其免责证据则承担相应的侵权责任。

[3] RefE UMAG(德国 UMAG 立法建议稿) S. 16. 立法建议稿中明确表示"该条款参照美国法制定(Vorbildern aus dem angelsächsischen Rechtskreis)"。

[4] Principles of Corporate Governance des American Law Institute(ALI) § 4.01(c),笔者转引自 Paefgen AG 2004,245。

[5] Johannas Semler, Arbeitshandbuch für Vorstandsmitglieder, § 1, Rn 125.

[6] ARAG-Urteil BGHZ 135,244,253.

股份公司董事在公司经营管理中应“尽到一般经理人的注意及勤勉义务”,[1]这一法律规定在德国确定的不只是董事的注意标准,以及上市公司董事免于为哪些特定的行为承担违反勤勉义务的责任。在某种意义上,德国《股份法》第93条中的规范是对董事违反其勤勉义务各种侵权行为的一个兜底条款,类似于美国证券交易委员会(SEC)为配合实施《1934年证券交易法》第10b条规则而制定的一个全方位的(catch-all)兜底条款:反欺诈规定(Rule 10b-5),适用于与证券交易有关的各种欺诈行为。[2] 德国的这一条款也适用于董事违反其勤勉义务的各种侵权行为,因为在实践中不可能一一列举上市公司董事的哪些行为违反其勤勉义务,但是可以通过立法提醒董事在其日常公司决策中尽到注意义务。此外,在德国刑法典中也没有统一的董事侵权行为可能导致承担刑事责任的规范。董事在上市公司中的行为如此复杂,以至于有太多不可预测的行为可能侵犯到公司的利益。

(二)董事内部责任标准的困境

公司董事侵权的请求权由于其严格的裁判标准和有利于原告(公司)的举证倒置的规定,一般情况下并不难达到请求目的。但实践中针对公司机构人员提起诉讼的案例比较少,[3]主要是受股份公司代理制度在请求权实施过程中的影响。法律规定股份公司由董事会为其代理,[4]针对董事会成员的诉讼由监事会提起。[5] 显然,监事会肯定没有多少兴趣对董事提起诉讼,且即使提起也只能说明监事会忽略了构成董事侵权所涉要件中的错误。相应地,董事会应该也很难感受到来自与其有利害关系的监事会成员的诉讼压力(德国股份法规定由监事会指定和监督董事会成员)。尤其是董事可以辩称,正是由于监事会对其监督不力才未能阻止错误的发生。

---

[1] § 93 Abs. 1 AktG.

[2] Hopt in Großkommentar, § 93 AktG Rn. 78, Wieser in MünchHdbGesR AG § 26 Rn. 5.

[3] Hopt, Die Haftung von Vorstand und Aufsichtsrat-Zugleich ein Beitrag zur corporate governance-Debatte, FS Mestmäcker, 1996, SS. 909, 910; ders. § 93 AktG Rn. 16 in AktG-Großkommentar.

[4] § 78 Abs. 1AktG.

[5] § 112 AktG.

股份公司在上述请求权程序上暴露的法律规定上的利害关系,导致实务中出现大量的归责问题。对此司法判例显示出相当的积极作用,在"ARAG-Garmenbeck"案[1]中,过半数的监事会成员拒绝对通过欺诈手段从公司攫取资金,并造成公司巨大损失的股东提起诉讼。联邦法院认为,在任何情况下监事会都能基于客观和法律的因素,发现对公司造成损失的客观状况。此后诉讼风险和损失数额对公司继续运营的影响必须被检验,监事会在此期间的工作需接受法院的审核。监事会在检验的过程中可以基于公司的利益对公司董事不提起诉讼,但前提是董事行为对公司造成的损失不成立,或者至少有同等重要的理由。[2] "ARAG-Garmenbeck"案之后,监事会对公司董事提起诉讼的要求出现比以往更为严格的趋势,至少监事会会担心在其未尽注意义务时自身也可能被提起诉讼请求。但"ARAG-Garmenbeck"案并不能根本改变基于第93条董事责任请求权在公司代理制度面前所出现的基本困境。在该案例判决书的最后一段,法官说理为监事会提供了灵活的变通,即如果基于公司的利益具有同等重要的理由,则针对董事的请求权可以不被提起。这样就在某种意义上给监事会提供了一个机会,通过知名律师或者教授对董事行为提供相应的鉴定,对其不愿针对董事提起诉讼程序提供种种理由。

在监事会不作为的情况下,股东会则承担起针对董事会成员和监事会的诉讼责任,这种情况只有在公司股东过半数通过决议或者至少拥有公司10%注册资本的股东要求时才能实施。在股东大会出席人数较少时,也可以由拥有公司10%注册资本的股东要求或者出席股东人数的25%或者更多同意的情况下通过其提起诉讼决议。[3] 此外,具有表决权的股东必须是善意的,即其必须在股东大会召开3个月前拥有该股份。[4] 即使在相应的表决程序通过后公司还是不能由股东会代理,也就是说针对公司董事会成员由监

[1] BGHZ 135,244,253 ff.

[2] Vgl. BGHZ 135,244,254 bis 257.

[3] § 147 Abs. 1 AktG.

[4] § 147 Abs. 1 S. 2 und S. 3.

事会提起诉讼，针对监事会成员则由董事会提起诉讼。如果股东大会对在这种情况下的诉讼代理的有效性提出质疑，可以指定特定的公司诉讼代理人。〔1〕 拥有公司注册资本10%的股东也可以直接在法院提起诉讼，从而取代由股东大会指定的代理人，这一制度类似于我国的股东代表诉讼制度。上述情形主要出现在德国《加强企业内部控制及促进透明度法》(KonTraG)颁布之前。根据《加强企业内部控制及促进透明度法》，拥有公司5%注册资本或者拥有公司股份票面价值超过50万欧元的小股东可以向法院提起申请，指定针对公司内部人员提起诉讼的特别代理人。提起诉讼的理由相对简单，"对公司内部人员通过不可告人手段，或者对法律或公司章程的中提及的故意导致公司受损的情形具有紧急怀疑的情况下"，即可提起申请。〔2〕 这一规则出台后不久即在学界受到批判，被形容为"打在水里的拳头"(Schlag ins Wasser)。〔3〕 该立法举措暴露的问题正如之前预料的一样，根据德国股东大会的组织结构，事实上即使是拥有5%股份或者拥有公司股份票面价值超过50万欧元的小股东也很难召集。〔4〕

三、与上市公司董事责任相关联的其他法律文件

相较于内部责任，针对董事外部责任的法律基础非常不确定。它不像内部责任仅有一个居于主导地位的请求权条款，而是在不同情形下有多种可能性的请求权基础，其中的焦点常见于股份法中康采恩企业集团涉及的侵权请求权，〔5〕最终这些请求权往往归结到一些特殊的法律规范。〔6〕 总之，董事

〔1〕 § 147 Abs. 2.

〔2〕 § 147 Abs. 3 AktG.

〔3〕 Ulmer, Die Aktionärsklage als Instrument zur Kontrolle des Vorstands-und Aufsichtsratshandelns, ZHR 163 (1999) 290, 293; Brandner, Heinrich Götz, Stellungnahme zur Aktienrechtsreform 1997, AG Sonderheft "Die Aktienrechtsreform 1997", S. 38. Karsten Schmidt, Verhandlungen des 63. Deutschen Juristentags Band Ⅱ 1, Sitzungsberichte S. O 37 und 38.

〔4〕 Heinrich Götz, Stellungnahme zur Aktienrechtsreform 1997, AG Sonderheft "Die Aktienrechtsreform 1997", SS. 38, 39.

〔5〕 § 823 Abs. 2iVm. § 826 BGB; im Konzernrecht § 317 iVm. § 309 AktG.

〔6〕 ZB § 69 AO.

针对债权人及股东的外部责任并不稳定,法教义学上远未达成统一,只是由一些零星案例适用构成事实上的存在。在这种情况下,立法者试图通过立法的方式来规制公司董事及监事会成员的外部责任,以下提到德国近几年相关立法状况:如《促进企业规范及撤销权现代化法》《资本市场法律争端解决模式程序规范法》《资本市场信息责任法》等。根据最新的法律规范,公司管理人员必须为其在资本市场错误信息阐述所造成的股票价值损失承担相应的责任。

德国股份公司中的法定代理制度使得基于《股份法》第93条确立的对董事违反勤勉义务造成公司利益损害的请求权难以得到贯彻,即使通过联邦法院确立的判例[1]也难以从根本上改变这一法律状况。同时,冀望股东大会对这一诉讼请求权起到推动作用也不合适,因为在实践中股东的流动性往往比监事会和董事会要大得多。此后立法者试着通过《促进企业规范及撤销权现代化法》改造以德国《股份法》第93条为中心的内部责任:[2]一方面,承认董事会在企业决议上享有的责任豁免空间;另一方面,则把针对董事违反义务对公司利益造成侵害提起诉讼的标准降到了拥有公司注册资本的1%或者公司股份票面价值10万欧元以上。这一立法变化使得上市公司董事违反勤勉义务责任的诉讼状况得到极大改善。[3]《促进企业规范及撤销权现代化法》的立法目的有两个,[4]一是解决实践中大量出现的公司对董事提起诉讼门槛高的问题,二是因公司决议中往往具有难以估量的风险,需要对相关的公司行政管理人员(当然包括董事)进行保护。一方面诉讼的标准被大大降低,拥有公司注册资本的1%或者票面价值10万欧元的股票的股东即可起诉;另一方面作为由股东大会特殊指定的诉讼代理人可以被撤销,在法院受理董事侵权案件后取而代之由股东以自己的名义提起诉讼(拉丁语这一制

〔1〕 Das "ARAG"-Urteil BGHZ 135,244 bis 256.

〔2〕 Markus Lutter in Kölner Kommentar § 57 AktG Rn 15 ff.

〔3〕 Hoffmann Becking, Börsenzeitung vom 21.07.2004, S. 2.

〔4〕 RegE UMAG S. 44.

度被称为 actio pro societate，类似于中国《公司法》第 152 条规定的股东代表诉讼制度）。为了平衡这两方面对公司管理人员带来的风险，董事的哪些行为享有责任豁免权必须得到确认。

此外，德国《资本市场信息责任法》《企业监督与透明化法》《资本市场法律争端解决模式程序规范法》与《企业完整与撤销权现代化法》也涉及相关的规定。《资本市场信息责任法》规定，证券发起人自己或其内部人员在“能被公众知晓的函件或通知中对涉及公司财务分析或者重要人事任免的决定的内容通过不正当的方式向外发布，对公司股票价值有重大影响，或者这些内容的发布违反其法定义务”时，对其行为对公司造成的损失承担责任，同时违反其对该行为的监督义务的亦应承担相应责任。[1] 1998 年 5 月，德国颁布的《企业监督与透明化法》修订了《股份法》与《商法》的规定，采取广泛的措施改善公司的管理与监督。《股份法》第 91 条 – 2 增订要求公司法定代表人建立一套监督制度，包括扩大董事会对监事会提出报告的义务；增加监事会开会的次数；委任授权的职权、监事会与审计人员应更加密切的合作，明确规定提出报告的义务；《股份法》第 147 条加强了少数股东的诉权。另外，扩大与简化了实行股票选择计划作为管理人员与员工的报酬的方法。[2]《资本市场法律争端解决模式程序规范法》主要适用于资本市场中，由于错误信息造成损失引起的针对董事的诉讼，尤其是资本市场信息通过股票报价表、证券发行人的年度财务报表、公司中期及年度经营报告、康采恩企业财务报表等方式进行传播。实践中，董事行为导致资本市场法律争端解决的申请程序被提出后，下一步需等待是否有其他股东提起相同的诉讼。因为该法律的意义在于把许多相同情况的诉讼申请捆绑在一起，第一个诉讼申请提出 4 个月之内至少随后有 9 个股东提出相应的申请（至少 10 个诉讼申请人），之后则进入下一步的诉讼程序。2005 年 9 月，联邦议会通过《企业完整与撤销权

---

〔1〕 这一规定造成的具体责任规定在德国证券交易法中，in § 37 a bis 37 c WpHG。

〔2〕 郭富青：《当今世界性公司法现代化改革：竞争·趋同·融合》，载《比较法研究》2008 年第 5 期。

现代化法》修改《股份法》,修订的主要内容为:简化股东对董事会、监事会违反义务提起损害赔偿之诉;改革股份公司股东大会的组织与运行;现代化登记股东大会与股东表决权正当性制度,以及顺应国际标准调整规定;限制股东在股东大会的发言与发问权;为防止个别股东对股东大会决议滥用撤销权,增订《股份法》第246a条,将诉讼法院批准程序扩大至股东大会增减资本和企业契约的决议。[1]

德国法上的董事勤勉义务标准的改变也表明了基于上市公司的特殊性以及严苛标准对于董事行为的过度约束所作的妥协和改变。这与上市公司治理结构相关的一个制度是密切联系的,即董事责任保险(D&O-Versicherung)。20世纪80年代理论界才开始有零星的有关公司行政管理人员责任保险的一些讨论,[2]直到20世纪90年代后期该保险才在德国大量的推广。购买董事责任保险至少在德国最重要的股票指数Dax所在的德意志交易所上市的德国股份公司中已经形成一个行业惯例,这样当购买董事责任保险的董事违反其勤勉义务时,公司就不用再提起诉讼了。公司董事,尤其是上市公司董事实际上面临着众多的义务和责任,本身是一种高压力、高风险的职业。试想在规模巨大的上市公司中,董事的一项决策被法院判定违反了勤勉义务而要承担巨额的赔偿责任,这无疑是对董事职业的巨大打击。为了在董事行为谨慎和保持其工作积极性之间保持平衡,董事保险制度应运而生。董事责任保险(Directors and Officers Liability Insurance, D & O Liability Insurance或D & O Insurance),是指以董事或高级职员对公司及债权人应负担的民事赔偿责任为标的的一种保险,是一项发源于英国,在美国被广泛推广使用的保险品种,其主要目的是降低董事履行职责时可能引致的风险,减少民事赔偿责任制度给正常的经营活动所造成的压力,进而确保董事及高级职员的人才

〔1〕 郭富青:《当今世界性公司法现代化改革:竞争·趋同·融合》,载《比较法研究》2008年第5期。

〔2〕 Peltzer, Die Haftung des Aufsichtsrats bei Verletzung der Überwachungspflicht, WM 1981, 346, 352.

供给。〔1〕 我国的相关法律、法规对董事保险虽无完善的规定,但已有一些法律、法规涉及利用保险的方式为公司董事的权益提供保护,如2001年8月16日中国证券监督管理委员会颁布的《关于在上市公司建立独立董事制度的指导意见》中建议“上市公司可以建立必要的独立董事责任保险制度,以降低独立董事正常履行职责可能引致的风险”。2002年1月7日证监会发布的《上市公司治理准则》第39条规定:“经股东大会批准,上市公司可以为董事购买责任保险。但董事因违反法律、法规和公司章程规定而导致的责任除外。”〔2〕但这条规定,事实上将董事违法行为,包括违反注意义务和忠实义务的行为,都排除在保险范围之外。〔3〕 这扩大了董事责任保险的除外责任而使得责任保险制度无法发挥其应有的效能,所以应缩小董事责任保险的除外责任,将其限定在董事违反忠实义务和重大过失而形成的责任,更有利于对董事勤勉义务的衡平。

四、结语

德国《股份法》第93条确定了董事违反其勤勉义务的内部责任,这一法律规范优先于其他责任条款适用,且不可通过协议废除或加重。相较于其他条款的优先适用,意味着该条款利于请求权人的举证规则也优于其他条款。相较于内部责任,德国法中针对董事外部责任的法律基础则非常分散,它不像内部责任存在一个居于主导地位的请求权条款,而是在不同情形下存在多种可能性,如康采恩企业集团中涉及的侵权请求权。〔4〕 法教义上,董事外部

〔1〕 宋炳忠:《论董事注意义务》,苏州大学2007年硕士学位论文,第24页。

〔2〕 同年1月23日,中国平安保险公司和美国丘博保险集团合作推出了中国第一个董事长责任保险。这预示着我国的公司治理结构,在随着引入独立董事制度等一系列强化董事会职能之措施的同时,也开始注意到如何保护董事,如何救济董事的经营责任这个问题。但是,由于董事责任保险在我国还属于一个比较陌生的概念,对于这样一个在国外实施、推广过程中曾饱受非议的制度,我国在理论上还缺少应有的探讨。参见蔡远庆:《董事责任保险制度和民商法的冲突与协调》,载《法学》2003年第4期。

〔3〕 罗培新:《公司法的合同解释》,北京大学出版社2004年版,第307页。

〔4〕 § 823 Abs. 2iVm. § 826 BGB; im Konzernrecht § 317 iVm. § 309 AktG.

责任在德国法中缺少统一建构。这种情况下,德国立法者试图通过各单行法规制公司董事及监事会成员的外部责任,如德国《资本市场信息责任法》《企业监督与透明化法》《资本市场法律争端解决模式程序规范法》《企业完整与撤销权现代化法》等。德国法中董事内、外部责任共同建构了董事勤勉义务的裁判标准,以平衡公司、股东、董事各方的利益。这些法律规范,包括德国法上的董事专家责任、董事责任保险等制度,对我国完善董事勤勉义务的裁判标准起到相当的借鉴作用。

航空产品责任法律关系主体辨析

杜康平*

航空产品的制造涉及众多的供应商。航空产品侵权责任也要处理不同种类主体的权利义务分配问题。航空产品制造商同零部件供应商之间应当维持一种怎样的关系？不同的零部件供应商在侵权责任上的分配应当一样吗？航空产品设计人、销售人、出租人以及维修人又应当在航空产品责任中承担怎样的义务？本文试图对以上问题作出系统性的回答。

一、航空产品责任法律关系权利主体

美国第九巡回法院1979年曾审理过 *Scandianvian Airlines System v. United Aircraft Corp* 案。本案原告是一家大型跨国航空运输公司，拥有并且运营着一系列复杂的喷气式飞机，其中就包括相当数量的出现事故的麦道DC－9型飞机。在两个不同架次的飞行中，该型飞机引擎的第一阶段风扇叶片出现故障，导致了对引擎本身以及机身的损害，但是并没有造成人员伤亡。原告航空运输公司因此向被告航空器制造商提起产品责任诉讼。然而本案首先要解决的问题是，原告作为一个大型跨国航空运输公司，是不是适用严格责任的产品责任法意义上的权利主体？[1]《民法典》第1202条规定，如果生产者制造的缺陷产品对"他人"造成了损害，则该生产者应当承担侵权责

* 杜康平，上海外国语大学法学院讲师，法国巴黎政治大学法学博士。

〔1〕 Scandinavian Airlines System v. United Aircraft Corp. ,601 F. 2d 425 , at 425.

任。这里的他人是一个非常模糊的概念,应当做怎样的理解呢?在民法中,人包括自然人和法人。那么这里"他人"是不是包括其他组织呢?更为重要的是,这里的"他人"是不是包含法人呢?在航空产品责任认定中,又应当做怎样的解释呢?杨立新教授在他的著作《侵权法论》中认为,这里的"他人"应当包括法人以及其他组织。他的观点是,较广范围的权利主体增加了生产者、消费者的法律责任范围,有利于促进他们在生产中尽量降低所生产产品的危险性,提高产品质量。[1] 然而,产品责任与消费者保护紧密相连,它们至少在价值取向和立法目的方面具有相当多的共同点。甚至有人认为产品责任是被消费者保护囊括了的。[2] 法人当然可以是消费者,然而在发生产品交易的情况下,法人是不是始终都处于消费者这样的一种地位,从而可以高枕无忧地引用产品责任的相关规定来维护自己的权利呢?

具体到航空产品责任领域,谁是权利受到损害的"他人"呢?作为自然人的乘客、托运人以及在地面或水面受到损害的第三人当然可以提起产品责任诉讼。然而,航空器制造商、航空公司是否属于"他人"呢?上文提及的*Scandianvian Airlines System v. United Aircraft Corp*案中法院给了它的解答。法院驳回了原告要求被告承担严格责任的请求,原因在于"没有公共政策上的理由来支持这样的决定。隐藏在产品责任背后的公共政策是在于保护普通的消费者,并且将损失的风险转嫁给最有能力承受的那一方"。[3] 诚如王泽鉴教授所指出的那样,严格责任的出现表现了现代侵权行为法已经有了社会风险集体承担的趋向。也就是首先由最有经济实力的企业承担相关的损害,然后由该企业通过价格机制或者是保险将风险传递给多数人,最后大家一起承担,形成"人人为我,我为人人"的这样一种局面。[4] 不同于普通的消费者,原告航空运输公司显然具有承担相应的风险,并且将该风险向客户

〔1〕 参见杨立新:《侵权法论》,人民法院出版社2011年版,第564页。
〔2〕 参见刘静:《产品责任论》,中国政法大学出版社2000年版,第25页。
〔3〕 同上。
〔4〕 参见王泽鉴:《侵权行为法》,中国政法大学出版社2002年版,第8页。

通过价格机制进行传递的能力。另外,产品责任之所以规定严格责任是考虑到消费者欠缺相应的专业知识,有举证的困难。而在本案中,原告在购买该机型时,与麦道公司就一系列的细节进行了长期的谈判,这些细节就包括出现故障并引发事故的飞机引擎,[1]并且该公司作为一个大型跨国航空运输商当然具有相应的专业知识和人员对引擎进行检验并进而举证的能力,所以这样看来法院拒绝原告严格责任的请求具有相当的合理性。在 *Braniff Airways, Inc v. Curtiss-Wright Coorp* 案中,受伤的乘客以及航空公司状告道格拉斯 DC-7C 型飞机的引擎制造商。法院指出被告在发生事故前 8 个月就已经发现了缺陷,却不向原告提供相应的警告,应当承担相应的赔偿责任。在这个案子的判决中,法院强调被告明确知道缺陷是偏向于普通过错责任的认定。这样一来,我们似乎可以认定航空公司与航空器制造商属于平等主体,不应当适用严格责任意义上的产品责任。

然而在 *Sun Valley Airlines, Inc. v. Avco-Lycoming Corp* 案中,原告航空公司向被告航空器制造商提起诉讼,认为严格飞机引擎明显具有缺陷,被告应当承担严格责任。法院也同意了这样的请求。[2]

同样的案情,美国联邦巡回法院和州法院得出了完全不同的结论。这样的冲突是由美国特殊的法律体系造成的,但是它也提醒我们,对于这个相关的争议,并没有出现一边倒的情况。那么应当如何来看待和解决它呢?笔者认为,我们应当跳出受损害的“他人”仅包含自然人,还是同时包含自然人和法人这样的怪圈,从立法的目的角度来考虑这个问题。产品责任法的出现是为了调整实力不平等的交易双方关于产品造成的损害的分配,其中具有保护弱者的理念。法院在判案的时候不应当依据原告是不是法人搞“一刀切”,而应当考虑被告在经济实力上、专业知识上,对于产品缺陷的发现能力上与原告相比是不是具有明显的优势,从而决定是不是适用产品责任。在 *Scandianvian Airlines System v. United Aircraft Corp* 案中,法院的判决是值得

---

[1] Scandinavian Airlines System v. United Aircraft Corp., 601 F. 2d 425, at 425.

[2] Sun Valley Airlines, Inc. v. Avco-Lycoming Corp., 411 F Supp 598, at 600.

商権的。航空公司相比于普通的消费者,确实具有更多人员和专业知识。但是航空器尤其是大型飞机包含上百万个零部件,构造非常复杂。大飞机的制造往往需要全球范围内多家大型制造商通力合作才能生产出来。航空制造商相对于航空公司来讲,仍然具有压倒性的专业知识优势。那么航空器制造商能否向航空零部件供应商提起产品责任的诉讼呢?笔者认为,对于航空零部件供应商应当分情况看待。将航空零部件供应商分为参与航空器整合设计,对于航空零部件采纳具有一定程度决定权的零部件供应商称为的系统零部件供应商。对未参与航空零部件本身设计或同航空器整合设计和对于航空零部件采纳没有决定权的零部件供应商称为普通零部件供应商。系统零部件供应商在自己所负责生产的领域,往往比航空器制造商更加熟悉状况,具有相关的技术优势,应当可以提起产品责任诉讼。而未参与航空零部件本身设计或同航空器整合设计的普通零部件供应商与航空器制造商在制造缺陷方面具有相关优势,可以适用严格责任。在设计缺陷、警告缺陷以及制造缺陷方面与航空器制造商相比处于劣势,应当适用过错责任。航空公司诉航空零部件供应商时,应当比照航空器制造商,适用相同的规则。

综上,笔者认为,航空产品责任法律关系权利主体包括自然人以及在经济实力上、专业知识上,对于产品缺陷的发现能力上与航空产品责任法律关系义务主体相比不具有明显优势的法人。这些可以成为航空产品责任法律关系权利主体的法人包括航空公司,以及向系统零部件供应商提起诉讼的航空产器制造商。

二、航空产品责任法律关系义务主体

航空产品生产、交易和使用有一个漫长的过程,其中会涉及诸多主体。首先,航空器设计者要设计航空器,然后零部件供应商生产零件,航空器制造商将零部件整合成整机,航空产品的销售者将航空器销售给最终的使用人,飞机在报废前如果出现故障,还要被送到维修人那里进行维修,飞机也有可能由航空器出租人出租给使用人。那么在整个交易中的任意一个环节,航空器出现故障缺陷造成损害时，哪些主体应当承担严格责任意义上的产品责任，哪些主体又只承担普通的过错责任就成了一个值得关注的问题。

我国《民法典》第1203条规定，当缺陷产品对被侵权人造成损害时，该被侵权人可以向产品的生产者和销售者请求损害赔偿。第1204条规定："因运输者和仓储者等第三人的过错使产品存在缺陷，造成他人损害的，产品的生产者、销售者赔偿后，有权向第三人追偿。"从第1204条表面的规定可以看出，生产者和销售者有权向运输者和仓储者提起损害赔偿，这种责任是过错责任，并且以已经向被侵权人做出赔偿为条件。这一条并没有赋予被侵权人直接向第三人提出产品责任侵权之诉的请求权。在产品责任侵权之诉中，如果生产者和销售者对于相应损失的赔偿出现了无法实现的情况，被侵权人可以依据民法中代位求偿的规定，向运输者和仓储者等第三人请求损害赔偿。综上，我国产品责任承担的直接主体是生产者和销售者，间接主体是运输者、仓储者等第三人。笔者意识到，有人可能会指出，《民法典》中的运输者和仓储者责任的规定似乎难以运用到航空产品责任中。这样的观点是有问题的。实践中，我国就出现歼-31战机被装载到卡车上进行运输的经历。[1] 另外，各个飞机场可不可以被视为仓储者呢？如果将"仓储者"这个词的外延放宽，无须目的性的扩张解释就可以将飞机场的运营商囊括在仓储者的范围内。另外，第1204条运用的是非穷尽式的列举，即"运输者和仓储者等第三人"。这样一来，飞机从生产到投放运营中所接触到的一系列主体都由可能被迫在"生产者"和"第三人"之间站队，从而引发法律解释适用的难题。

《产品质量法》第2条第2款规定："本法所称产品是指经过加工、制作，用于销售的产品。"应当说，我国法中的对于产品的定义是非常模糊的。该条第2款明确排除了建设工程属于产品的可能性，但即便这样也给法院留下了极大的法律解释空间。最为广泛的诟病莫过于"产品是……产品"的循环定义问题，认为这种定义模式使得产品没有办法跟我国现有的法律体系进行衔

[1] 歼-31，载 http://baike.baidu.com/view/9333443.htm? fromId=8887153，最后访问时间：2020年6月15日。

接。但是,我们要注意到《民法典》并没有对"动产"一词做出详尽解释。动产是否包括无形物,如果是的话包括哪些无形物呢?在《民法典》对这个问题进行清晰的回答之前,当前的定义依然是最为理想的选择。它在不破坏法律系统性前提下,给了法律足够灵活的适用空间,使得其能够适应社会的变化和发展。另外,该定义中,"加工""制作"以及"用于销售"等词语的含义非常模糊,在实践中,有做出更为具体解释的必要。

(一)航空器制造商

毋庸置疑,航空器完全满足"加工""制作""用于销售"以及"产品"这样的标准。其他法律又没有做出相应的特殊规定。航空器制造商当然属于产品的生产者。值得注意的是直升机同喷气式飞机在性能和活动范围上的不同会不会影响产品责任的认定。到目前为止,美国法上的判例中对于直升机和喷气式飞机的产品责任认定并没有法律层面的区别。但是不排除在未来会有更进一步的发展。另外,飞机通常被分为商务飞机和通用飞机。对这两种不同的航空器是不是应当适用同样的规则呢?对于这一问题,笔者会在下文进行论述。

(二)航空零部件供应商

值得商榷的是,零部件以及航空零部件属于产品吗?杨立新教授主张零部件供应商被认为是"生产者"或者"第三人"。[1] 在我国零部件供应商在产品责任中的地位是一个被有意模糊化处理,悬而未决的法律问题。在美国侵权法实践当中,该问题也引发了极大的争议。《美国第三次侵权法重述》(以下简称《重述》)第5条第2款规定,零部件生产者对于零部件本身的缺陷承担产品责任;第3款规定,如果零部件供应商参与将该零部件加入产品的设计,而这样的加入导致了产品缺陷的,该零部件生产者亦承担相应的产品责任。[2] 笔者对于此处的法条撰写比较困惑,认为该关于产品零部件供

[1] 参见杨立新:《侵权法论》,人民法院出版社2011年版,第565页。

[2] 参见肖永平、龚凡乐、汪雪飞:《侵权法重述第三版:产品责任》,法律出版社2006年版,第186页。

应商的法条在逻辑上有所重复。《重述》第2条第3款规定的“设计缺陷”是指对于可预见的风险,产品本可以采纳更为合理的设计,但供应商却没有采纳,则产品具有设计缺陷。[1] 从该款可以看出零部件与其他动产相结合的设计缺陷似乎也被包含在设计缺陷当中。笔者认为,《重述》第5条第3款实际上是对第2款的一种解释性的说明,意在明确“设计缺陷”对于零部件供应商而言的范围。那么,航空零部件供应商应不应当承担产品责任呢?对于这个问题的回答是肯定的。因为很多航空零部件供应商具有非常高的专业化程度,他们中的一部分对于自己产品的制造缺陷、设计缺陷以及警示缺陷等风险具有非常强的控制能力。但是,航空零部件供应商是一个非常庞大的群体。产品责任在适用于他们的时候,应当做出具体的调整。

(三)航空器设计人

通常航空器的设计人和制造人是同一主体。到目前为止,美国航空产品责任的判例中仍然没有出现专门向设计人提出产品责任诉讼的情况。王瀚教授撰文指出,对于航空产品应当分阶段认定责任,在设计阶段造成航空产品缺陷的就由设计者承担严格责任。[2] 实际的情况是,在我国,航空器的设计成果并不一定归入产品范围内,而且上述主张也会对航空产业创新造成负面的影响。但航空器的运行涉及人的生命以及巨额财产的安危,要求其承担严格责任有助于促进航空器安全的提高。

(四)航空器销售人

美国第十巡回法院所判决的 *Mike Bruce et al. v. Martin-Marietta Corporation and Ozark Airlines, Inc* 是一个涉及航空器销售人员的案件。1970年10月2日,威齐塔州立大学租用一架马丁404型飞机将该校的足球队和啦啦队运往犹他州。途中,这架飞机不幸坠毁。事故中,飞机客舱的座椅脱离地板上的固定装置,被巨大的冲力甩到了隔离壁上。飞机随后起火,造成

---

〔1〕 参见肖永平、龚凡乐、汪雪飞:《侵权法重述第三版:产品责任》,法律出版社2006年版,第15页。

〔2〕 王瀚、张超汉:《国际航空产品责任法律问题研究》,载《法律科学》2010年第6期。

32 人死亡。Martin-Marietta 公司建造了该架飞机,并于 1952 年销售给美国 Eastern 航空公司。这架飞机在 Eastern 服役 10 年之后转手两次到了作为销售者被告的 Ozark 航空公司。在 Ozark 公司服役两年之后,几经周折到了一个航空运输企业的手中直至出现事故。原告主张两被告在飞机缺陷和适撞性方面的产品责任,这里具体就是指飞机座椅固定和防火方面的问题。[1] 航空器销售人应不应当适用严格责任呢?

我国《民法典》第 1202 条规定,当产品缺陷是销售者造成,并且该缺陷导致损害的,销售者应承担相应的责任。当销售者不能提供信息,披露缺陷产品的生产者和供货者时,销售者应当承担侵权责任。结合第 1203 条的规定,我们知道这里的侵权责任是指严格责任。可见产品的销售者在我国法上承担的是过错责任,其承担的严格责任是一种替代责任,事后可以向生产者求偿。航空公司为了对所属飞机进行更新换代,或者为了业务策略的调整而将所属的航空器进行出卖时,作为航空器销售人的航空公司是否应当承担关于产品销售者的产品责任呢?

法官认为:"Ozark 是一个中间所有者和出卖人。而 Ozark 是否承担严格责任的关键在于 Ozark 是不是从事飞机出售的业务。被告不能提供任何证据证明 Ozark 在拥有飞机期间对它进行了大规模的改装。Ozark 从事的是商业航空运输,它是以一个航空承运人的身份获得并销售飞机。原告称 Ozark 在同其后手的这笔交易中出售了将近 40 架飞机。但是法庭并不认为交易量是决定一个出卖者是不是产品责任法中销售者的决定因素。要想成为产品责任法中的销售者,则出卖人要具有强制性的面向公众提供信赖的义务。但是本案中没有任何证据证明买受人在决定是否从 Ozark 手中购买事故飞机时,是依据对于 Ozark 任何行为的信任。"[2]

本案中,法官的论证采纳的是从两边向中间推的路径。从 Ozark 公司这方面来讲,这家公司主营的是航空运输,不是航空器买卖,它不应当向公众承

---

〔1〕 Mike Bruce et al. v. Martin-Marietta Corporation and Ozark Airlines, Inc, 544 F. 2d 442, at 422.

〔2〕 Ibid., at 425.

担信赖保证的义务。而从航空器买受人角度来讲，在交易当中，也没有证据证明买受人依据对于卖方行为的信赖而进行该笔交易。最后得出结论 Ozark 不是产品责任意义上的销售者。该案至今在美国法上都有较高的引用率，堪称航空产品器销售人责任认定的经典案例。我国法上对于产品的销售者没有进行专门定义。该案中所规定的，依据出卖人是否对于买受人具有信赖义务来认定销售者，颇具参考意义。但是，我们不能仅从这个案子出发就得出航空公司不是产品责任意义上的航空器销售者这样的结论，主要还是看航空公司对买方是否应当负有信赖义务。比如，一个普通的自然人从航空公司购买二手飞机时，该航空公司对于自然人是负有信赖义务的。它应当对买方承担销售者责任。另一个值得注意的问题是，《民法典》对于链式交易没有做出规定。一个商品在到达消费者手里之前，往往会经过若干次转卖。出现产品责任问题时，消费者可否跳过与其直接交易的人，而向销售链中的任意销售者求偿呢？笔者认为，消费者至少不能向该任意销售者就另一销售者的过错导致产品缺陷并造成损害的情况提起诉讼。因为我国侵权责任法当中，只有生产者向销售者，销售者向生产者就替代责任求偿的规定，并没有销售者向销售者求偿的规定。那么消费者能不能向销售者提起生产者导致的缺陷赔偿呢？这主要取决于法官是否将销售者做缩小的解释，将其限制在直接的销售者。从消费者保护的角度来讲，这样的主张应当被接受。

(五)航空器出租人

产品的出租人对产品应承担何种责任？对于这个问题，我国法律并没有明确规定。美国阿拉斯加州最高法院 1970 年时曾经审理过一个这样的案件：1962 年 11 月 15 日，一架 Piper Comanche 飞机在阿拉斯加 Fairbanks 附近坠毁，飞机上的飞行员和 3 名乘客都受到不同程度的伤害，该飞机系飞行员向 Bachner 公司租赁。他们随后向法院提起诉讼，认为飞机的排气和热交换系统出现故障，导致所产生的一氧化碳进入飞机座舱，使飞行员和乘客产生窒息,最终引发了事故。[1] 法官随后认定:(1)飞机的排污系统存在缺陷;(2)该缺陷在飞机被租出时就已经存在;(3)该缺陷导致了事故的发生。这时候,案件能否适用严格责任,就主要是看主体是不是适格了。法官称:“产品责任在侵权法上主要适用于买卖交易,但这并不意味着该责任体系不能扩张适用于其他领域。要求产品的制造人和销售人承担严格责任是为了保证由将缺陷产品带入时市场的生产者,而非那些无力保护自己的消费者来承担缺陷产品造成的损失。笔者认为,这样的原理同样适用于租赁关系。商业出租人的行为跟制造者和销售者将产品置于流通领域在性质上没有什么区别。在大多数情况下,出租人比消费者更有能力阻止有缺陷产品的流转。最后,出租人也有能力为产品所可能产生的缺陷购买保险,并将相应增加的费用向下游输送。所以我们认为产品的出租亦负严格责任。但必须强调的是,同买卖法律关系一样,在租赁的法律关系中,严格责任不适用于单笔交易或非商业的行为,也不适用于脱离于出租人日常业务的偶然交易。”[2]很显然,本案中被告是 Piper 飞机的经销商,营业范围涉及 Piper 飞机的各种型号。除此之外,被告还涉及飞机维修业务。租赁双方使用的是被告提供的格式合同,该合同中被告负有检修飞机的义务。[3] 所有的证据都辅佐了法庭这样的认定,即该租赁关系属于被告日常商业行为。综合以上因素之后,法院判决飞机出租人承担严格责任。1980 年,在 *Goldenberg v. Corporate Air* 一案中,被告航空器出租人提出,出租人不应当承担产品责任,康涅狄格州法院并没有接受这样的主张,作出了同前述案件相同的判决。[4] 法律诚然是概念组合而成的王国,但是被告的抗辩并没有从根本上动摇歉意判决的基础,所以被法院驳回抗辩亦属情理之中。

还需要注意的是,航空器租赁案件中的缺陷认定具有其特殊性,可能所

---

〔1〕 Bachner v. Pearson 479 P. 2d 319, at 320.

〔2〕 Ibid. , at 319.

〔3〕 Ibid. , at 323.

〔4〕 Goldenberg v. Corporate Air, 15 CCH Avi 18397.

提供的航空器本身并没有缺陷，但仅仅因为服务中的一些问题，即可以使缺陷被证立。在 *Hubschman v. Antilles Airboats* 案中，原告并没有成功证明出现故障的飞机的燃料系统存在设计缺陷。法庭判决认为，飞机的引擎里没有加上足够的油是出乎普通消费者预料的，因此飞机是有缺陷的。[1] 该案件提醒我们的是，租赁法律关系中，双方当事人如果可以适用产品责任，那么买卖交易中的缺陷的概念需要经过修改才能运用于租赁的双方当事人之间。

比较上述案件会发现，航空器销售人就航空器缺陷造成的损失，承担的是过错责任。而航空器出租人却要承担严格责任。这种区分的源头还是在于买方的性质。具有购买航空器，尤其是大宗的航空器交易的买方通常具有相应的操作、检验人员，知识和技术。而且，这些买方具有一定的财政实力，对于产品缺陷引发的风险具有一定的承受能力。并且，他们购买飞机是为了营运，因此，有能力向下游的消费者分散承担风险的成本。据此，法院认为并没有让他们承担严格责任的必要。而租赁航空器的交易特征就是另外一个样子了。首先，租赁飞机的人未必具有相应的检验能力，根据交易性质，他们也不应当被要求具有全面检验航空器性能的能力。租赁航空器主要是为了临时使用的目的。如果每一次使用租赁飞机都要对其进行从里到外的检查，会增加交易成本，降低市场效率。而且，承租人也往往不具有这样的技术条件。从风险的承担和分散的角度来讲，租赁人可以是法人，也可以是自然人，其承担航空产品风险的能力处于一种相对比较弱的地位。有时候，航空器租赁仅为私人使用，而非投入商业营运，其风险分散的能力也很成问题。由此可见，要求航空器出租人承担严格的产品责任，降低了交易成本，提高了交易效率，且保护了弱者，应当被认为是对传统产品责任成功的扩张解释。我国法应当对于这样的权利义务安排予以吸收适用。笔者担忧的是，我国法院在审理类似案件时，会将航空器出租人的法律地位拟制成为销售者。查诸我国法，产品责任法律关系的主体被分为两大类，即承担严格责任的生产者，以及

---

〔1〕 Hubschman v. Antilles Airboats, 400 F. Supp. 828, at 837.

(概括性地讲)承担过错责任的其他主体。这会给人一种错觉,即生产产品者承担严格责任,其余提供服务者承担过错责任。进而推论航空器出租人所适用的规则与航空器销售人相同。笔者主张,产品责任出现的意义在于保护弱势的交易方。因此,在航空租赁案件中,应当考虑租赁人的风险控制、风险承担、风险分散能力。于此种路径进行论证,得出的结论更接近立法本意,并且可以降低交易成本,促进经济流通。

(六)航空器维修人

同航空器出租人一样,航空器维修人在产品责任法上的地位,目前我国法律并没有定论。在美国 *Hoffman v. Simplot Aviation* 案中,爱达荷州最高法院对这个问题进行了回答。本案中原告于 1971 年购买了一架 1939 Piper Cub 单引擎飞机。1971 年 9 月,原告驾驶飞机在降落中撞到一个水沟,使左起落架没有打开,最终造成螺旋桨弯曲以及飞机左翼尖的损坏。1971 年 11 月,原告联系被告要求对受损飞机进行维修。当时,被告与原告达成一致,决定先对飞机进行简单的维修,使其可以飞行,然后将该飞机飞到某地,进行更进一步的维修。12 月 4 日,被告派来两名职员对飞机进行维修,并且对整架飞机进行了目视检查,认为该飞机可以飞到目的地进行检修。然而之后,飞机在向检修地飞行时坠毁。〔1〕法庭在判决中,拒绝将严格责任扩张到飞机的维修人。因为"同货物的买卖相比,人工服务并不涉及大规模生产。如此一来,对过错的证明就不如前者那么困难。在涉及人工服务的交易中,消费者跟服务的提供者有直接的接触,他们对于由谁,怎样以及是否进行相关的服务有直接的决定权。因此不应当承担严格的产品责任。〔2〕"应当说,本案的判决中,法庭的说理比较简单,其论证的核心就是飞机维修的交易对象是服务,而产品买卖的交易对象是物品;而且原告在选择服务提供者,选择维修的方式等方面都有很强的控制力,与普通的消费者并不相同。综上,认为飞机的维修人对飞机不负担产品责任。然而,法庭却没有解释飞机租赁人与飞

〔1〕 Hoffman v. Simplot Aviation, 539 P. 2d 584, at 584.

〔2〕 Ibid., at 589.

机维修人之间的不同，为什么前者适用严格责任，后者则否。

对于这样的疑问，在 *Raritan Trucking Corp v. Aero Commander* 案中，法庭作出了回答："买卖法律关系中适用严格责任的大多数原因都适用于租赁关系。这些原因包括：(1)对于承租人来讲，造成伤害的风险巨大；(2)出租人对于出租的机器的陈述非常关键；(3)承租人对于出租人的陈述具有相当大的依赖性。上述特征似乎也可以运用到航空器维修关系上来。但是新泽西州的法律将严格责任限于产品买卖的交易，以及与之相类似的交易。货物买卖交易的是货物，而服务提供者提供的是服务。笔者认为，与货物买卖相比较而言，飞机的维修跟服务提供者的相似度更高。因此，不适用严格责任。"〔1〕由该法庭的判决可以看出，航空器维修人的责任，它的法律性质介于生产者的产品责任和服务提供者的过错责任之间。它跟这两种法律关系都有一定程度的相似性。法庭在衡量之后，认为航空器维修人同服务提供者的法律性质更为相似，因此认定其承担过错责任。为什么航空器出租人同产品生产者的法律性质更为相似呢？笔者认为，这是因为在航空器租赁交易涉及将航空器的用益权能在一定时间里的移转；航空器维修则不存在这样的移转。另外，出租人相较于承租人，对于租赁物具有更强的控制力，能更好地对航空器的性能进行监测。而航空器维修中，维修人对于航空器的了解程度和控制程度是不如其交易对手的。综上，笔者认为，要求航空器维修人承担普通的过错责任殊为合理。然而，笔者亦大胆预测，如果航空器维修人在航空器大修时，对于所维修航空器的安全性能有全面的类似于制造人的控制和掌握时，不排除要求其承担严格责任的可能性。

三、结论

上文已经分析了航空器的生产者，供应人，销售人等一系列主体的责任承担问题。追根溯源，我们将视角放得更为开阔一些就会发现，这些不同的

---

〔1〕 Raritan Trucking Corp v. Aero Commander 458 F. 2d 1106, at 1109.

规定所围绕的只有一个中心点,就是风险的负担。产品缺陷造成社会上人身财产的损失乃制造业不能避免的问题。法律要解决的是,如何让社会平稳有序地将这些损失消化掉。法院采取的策略是根据谁制造了风险、谁更有能力控制风险、谁的财力更为强大能够承受风险、谁有能力向社会分散风险来进行评价。如果交易双方在前述能力上具有巨大的差距,那么该交易就很有可能采纳严格责任。这样的做法也体现于民事纠纷中,从我国《民法典》舍弃"侵权行为编"这样的名称,而使用"侵权责任编"可知,我国侵权法的主要目标不是惩戒和制止不法行为,而是对社会风险进行分散。因此,法官在适用法律时,应将此作为法律解释的指导思想。航空产品责任中,交易主体比较复杂,法院在解释适用法律时,应探寻立法本意,对于相关法律问题做具体分析,进而作出相应的判断。

民事法律行为概念的重构

——《民法典》第 134 条的解释论

朱晓喆*

民事法律行为是大陆法系民法典的核心和灵魂,是对于各种民事交易行为的高度抽象与提炼。我国《民法典》第 134 条规定:“民事法律行为是指民事主体通过意思表示设立、变更、终止民事权利义务关系的行为。”这一定义比以往《民法通则》第 54 条发生较大变化,对于我国今后民法发展将产生深远影响。本文采取法律注释的研究方法,对于该条所定义的“民事法律行为”进行理解与适用的分析,以便读者能够全面了解民事法律行为的来源及发展趋势。

一、民事法律行为概念的历史演变

(一)德国民法上的法律行为与意思表示

法律行为源于德国民法,并广泛地散布于大陆法系国家。《德国民法典》的立法者将法律行为(Rechtsgeschäft)与意思表示(Willenserklärung)相提并论,其第一草案的立法理由书指出:“法律行为是旨在产生特定法律效果的私人意思表示,该法律效果之所以依法律制度而产生,是因为人们希望产生这一法律效果。”[1] 德国民法学理上一般将法律行为定义为旨在实现某种私

---

* 朱晓喆,上海财经大学法学院教授,博士生导师,民商法学科带头人,法学博士。

[1] 《德国民法典立法理由书》(第 1 卷),第 126 页。转引自[德]维尔纳·弗卢梅:《法律行为论》,迟颖译,法律出版社 2013 年版,第 26 页。

法上效果的意思表示。[1]

法律行为概念最早可追溯至德国18世纪至19世纪的学说汇纂法学。18世纪末,法律行为概念出现在一些法学家包括内特尔布拉德(Nettelbladt)、古斯塔夫·胡果(Gustav Hugo)等人的作品中,但并没有形成统一的内涵。19世纪初,德国法学家阿诺尔德·海塞(Arnold Heise)在其名著《供学说汇纂讲授之用的普通民法体系纲要》中正式将法律行为与不法行为对比论述,并在法律行为之下讨论意思决定(Willensbestimmung)和意思表示(Willenserklärung)这对概念。此后,19世纪德国学说汇纂法学家诸如萨维尼、普赫塔、温德沙伊德等,都普遍承认和阐述法律行为的概念。立法上首次采用意思表示概念的是1794年《普鲁士一般邦法》,其第一部分第四节第1条规定:"意思表示是由表意人作出的,按照其意思应该发生或者不该发生某事的表述。"19世纪法律行为理论发展成熟以后,1863年《萨克森王国民法典》第88条规定的法律行为的定义是"某一意旨依据法律形成、消灭或变更法律关系的行为即为法律行为"。《德国民法典》尽管没有法律行为或意思表示的法定定义,但其以上述概念作为立法基础毋庸置疑。[2]

就法律行为与意思表示的具体关系,《德国民法典》立法者指出:"意思表示与法律行为为同义之表达方式。使用意思表示者,乃侧重于意思表达之本身过程,或者乃由于某项意思表示仅是某项法律行为事实构成之组成部分而已。"[3]德国民法学理上将意思表示理解为法律行为的本质要素,但二者并不完全等同。法律行为由双方一致的意思表示构成,为双方法律行为,即合同;由单方的意思表示构成单方法律行为;由多方的意思表示构成决

---

〔1〕 Larenz, Wolf, Allgemeiner Teil des Bürgerlichen Rechts, 9. Aufl., C. H. Beck 2004, S. 394. Köhler, BGB Allgemeiner Teil, 35. Aufl., C. H. Beck 2011, S. 39.

〔2〕 关于法律行为和意思表示发生史的概略,参见[德]维尔纳·弗卢梅:《法律行为论》,迟颖译,法律出版社2013年版,第32页以下;朱庆育:《法律行为概念疏证》,载《中外法学》2008年第3期;顾祝轩:《民法概念史·总则》,法律出版社2014年版,第117页以下。

〔3〕 《德国民法典立法理由书》(第1卷),第125页。转引自[德]迪特尔·梅迪库斯:《德国民法总论》,邵建东译,法律出版社2000年版,第190页。

议。[1] 此外,某些法律行为的成立,除意思表示之外,尚须其他的构成要件,例如法律要求的特定形式(如书面或公证);第三人之参与,如婚姻缔结须于登记部门进行意思表示;一定行为的实施,如动产物权变动的物权行为须有物之交付。概言之,法律行为至少包含了一个意思表示,意思表示单独或者结合其他的要件引起法律效果的发生。[2]

关于意思表示的含义,一般认为是旨在达到某个法律后果的私人的意思表达(Willensäußerung),[3]具体的结构分析参见本条"意思表示"的解释部分。

(二)民事法律行为概念在中国民法上的演变

在《民法通则》颁布之前,我国民法学理上已存在"法律行为"这一术语。首先,1949年之后我国大举翻译和移植苏联民法理论,关于法律行为的概念,苏联民法教材中一般将法律行为界定为"旨在发生、变更或消灭法权关系的意思表示",[4]或"预期达到法律后果的意思表示"。[5] 由此可见,苏联民法学理上还保留着德国法律行为概念的意思表示的内涵特征。但《苏俄民法典》第26条规定:"法律行为,即设定、变更或废止民事权利关系之行为,得为单方者及双务者(契约)。"[6]这一定义在字面上已失去意思表示的含义。

1958年中央政法干部学校编著的《中华人民共和国民法基本问题》中采用《苏俄民法典》第26条的定义,将法律行为界定为"公民或法人自觉地以

[1] Larenz, Wolf, Allgemeiner Teil des Bürgerlichen Rechts, 9. Aufl., C. H. Beck 2004, S. 394.

[2] Ibid., SS. 394 - 395. 洪逊欣先生从法律事实角度区分意思表示与法律行为:意思表示仅系构成法律行为要件之一个法律事实,而法律行为乃指发生法律效果之事实全部。参见洪逊欣:《民法总则》(洪满惠修订),1992年自版,第246页。

[3] [德]布洛克斯、瓦尔克:《德国民法总论》,张艳译,中国人民大学出版社2012年版,第68页。

[4] [苏联]布拉都西主编:《苏维埃民法》(上册),中国人民大学民法教研室译,中国人民大学出版社1954年版,第51页。

[5] [苏联]坚金:《苏维埃民法》(第1册),中国人民大学民法教研室译,法律出版社1956年版,第134页。

[6] 《苏俄民法典》,王增润译,新华书店1950年版,第14页。

发生、变更、消灭一定民事法律关系为目的的行为”。[1] 此外,在20世纪50年代我国第一次民法典起草的过程中,历次草案均有法律行为或民事行为的规定。例如,1955年《中华人民共和国民法总则草稿》第37条规定,“法律行为是设立、变更、消灭民事权利义务关系的行为;可以是单方的,也可以是双方的。”[2]继而1956年在《中华人民共和国民法典》(第二次草稿)的讨论过程中,有建议者提出应将“法律行为”与“民事行为”区别开来,并以后者代替前者,主要理由在于:(1)所有民事主体引起民事法律后果的行为,包括合法与不合法的,法典都应规定;(2)如果像《苏俄民法典》那样规定“法律行为”,“没有办法解决法律行为是指合法的,但又产生法律行为无效的矛盾问题,而按照‘民事行为’来规定则不发生这一矛盾”;(3)名词上改“法律行为”为“民事行为”通俗易懂。据此,所有能够引起民事权利义务关系及其他法律后果的行为,包括合法(有效)行为和不合法(无效)行为,也包括引起法律后果的侵权(违法)行为,合称为“民事行为”。[3] 这一观点被该草案的第三次草稿吸收。[4] 由此可见,我国民法学上法律行为概念的内涵从一开始未能与意思表示直接关联起来,混入法律行为究竟为“合法”或“非法”的问题争议,并引发“民事行为”这一上位概念的出现,从而使法律行为在我国民法上的发展命运多舛。

20世纪60年代数次中国民法典的草案,在民法总则部分“法律行为”消失不见。在20世纪80年代中国民法典的草案中,前两次草案仍有法律行为的规定,而第三次、第四次草案中则删除法律行为部分。[5]

---

〔1〕 中央政法干部学校编著:《中华人民共和国民法基本问题》,法律出版社1958年版,第56页。

〔2〕 何勤华、李秀清、陈颐编:《新中国民法典草案总览》(上册),法律出版社2003年版,第8页。

〔3〕 同上书,第23页。

〔4〕 何勤华、李秀清、陈颐编:《新中国民法典草案总览》(上册),法律出版社2003年版,第30页。第三次草稿第四章“民事行为”的首条规定:“民事主体的行为,不论是单方的或双方的,凡能引起民事关系的发生,变更消灭及其他民事法律后果的,都是民事行为。”

〔5〕 参见何勤华、李秀清、陈颐编:《新中国民法典草案总览》(下册),法律出版社2003年版,第371页以下。

1986年《民法通则》同时采用“民事法律行为”和“民事行为”的概念，以便化解法律行为“合法性”的难题。具体言之，第54条规定民事法律行为是“公民或者法人设立、变更、终止民事权利和民事义务的合法行为”。与此相对，第58条至第61条规定无效、可撤销的行为，因其具有效力瑕疵而未获法律认可，但也属于意思表示行为之类，故而仍可称为民事行为。根据顾昂然先生的解释：“既然叫民事法律行为，就应当具有法律约束力，法律就要予以保护，但又说有些民事法律行为无效，这就矛盾了。因此，我们把民事行为和民事法律行为加以区别，概念就准确了。”[1]而佟柔教授的理解是：“在民法通则的民事法律行为概念体系中，如果要在本来的意义上使用‘法律行为’概念，可将其称为‘民事法律行为’……如果要在扩大的意义上使用‘法律行为’的概念，则可将其称之为‘民事行为’，这样，民事行为概念就成为统率民法中所有行为的总概念。”[2]朱庆育对此评价道，民事行为和民事法律行为配套使用，在维持法律行为合法性特征的前提下，“无效法律行为”之类的概念得以回避，法律行为的“合法性”矛盾得到解决，《民法通则》的这一创举是重大的学术贡献。[3]

由上可见，与德国传统的法律行为概念不同，《民法通则》有两点创造：一是将法律行为界定为合法行为，二是采用“民事行为”作为合法的法律行为与违法行为的上位概念，且二者互相依存。朱广新教授谓之“民事行为概念是民事法律行为概念在法律行为制度规范体系上的必要衍生品”。[4]

此外，我国部分法理学家将法律行为定义为“具有法律意义的行为”或者“能够导致法律关系发生的行为”，它既包括宪法行为、民事法律行为、行政法律行为、诉讼法律行为这些一般的法律行为，也包括各类别的法律行为

〔1〕 顾昂然：《〈民法通则〉的制定情况和主要问题》，载顾昂然：《新中国民事法律概述》，法律出版社2000年版，第35页。

〔2〕 佟柔主编：《民法总则》，中国公安大学出版社1990年版，第208页。

〔3〕 朱庆育：《民法总论》，北京大学出版社2016年版，第92页。

〔4〕 朱广新：《民事法律行为制度的反思与完善》，载《政治与法律》2015年第10期。

如合法行为、违法行为、犯罪行为等,因此法律行为是这些行为的上位法学概念。[1] 这已远远脱离法律行为(Rechtsgeschäft)的本意。[2]

总之,中国民法在继受大陆法系法律行为概念的过程中,因理论来源的复杂多元,加上本土改造的随意性和法理学家混乱使用术语,使法律行为的概念内涵纠结不清,引起诸多理论争议。

二、民事法律行为制度的功能和价值

(一)私法自治与法律行为

民法以私法自治(Privatautonomie)为根本原则。根据德国法学家维尔纳·弗卢梅的定义,"私法自治指个体基于自己的意思为自己形成法律关系的原则"。[3] 据此,私法上的每一主体均可根据自己的意愿为自己创设各种民事权利义务关系,藉此追求和塑造自己的生活,发展自己的人格。在诸多可以导致民事权利义务发生得丧变更的法律事实中,法律行为(Rechtsgeschäft)以自愿的意思表示为要素,体现了民事主体极大的自由度,从而被称为"私法自治的工具"。[4] 相比而言,"事实行为"和"自然事实"尽管同为民事权利变动的依据,但后者显然较少体现民事主体的自由意志(如先占、无因管理),或者根本无论权利义务主体是否自愿(如果实落地、人之死亡)。

我国1986年制定的《民法通则》第四章"民事法律行为和代理"首次在我国立法上确立了法律行为制度。《民法通则》第54条规定:"民事法律行为是公民或者法人设立、变更、终止民事权利和民事义务的合法行为。"与德国民法学理上"法律行为是旨在实现私法自治,依当事人之意愿而发生一定私法上效果的意思表示行为"定义相比,第54条未能直接体现法律行为的自

---

〔1〕 张文显主编:《法理学》,高等教育出版社、北京大学出版社1999年版,第101页。

〔2〕 孙宪忠:《民法典总则编"法律行为"一章学者建议稿的编写说明》,载《法学研究》2015年第6期。

〔3〕 [德]维尔纳·弗卢梅:《法律行为论》,迟颖译,法律出版社2013年版,第1页。

〔4〕 [德]迪特尔·梅迪库斯:《德国民法总论》,邵建东译,法律出版社2000年版,第142页。

由意志内涵,因此有学者认为中国民法上的法律行为概念被抽出"意志决定论"和私法自治理念。[1] 但其实我国民法学理上一直认可法律行为的私法自治内涵。参加《民法通则》起草和制定工作的已故民法学家佟柔教授的观点是:"民法奉行自愿原则,民法规范大多为任意性规范,作为引起民事法律关系变动的最重要和最典型的法律事实,即民事法律行为,也具有自愿性。"[2] "民事法律行为制度集中地反映了商品经济关系的客观要求……民事法律行为正式以确认主体的平等权利为前提,以保证主体在法定范围自由地为意思表示为目的。"[3] 由此可见,《民法通则》所确立的法律行为制度,与私法自治原则具有紧密的内在价值关联,有学者深刻指出私人自治是法律行为制度的价值基础和伦理基础。[4] 正是在《民法通则》法律行为制度技术的基础上,我国民法上合同、婚姻、遗嘱、决议等一系列体现意思自治的各项民法制度才得以逐步确立和展开,我国社会主义市场经济建设才具有根本的法治保障。总之,《民法通则》制定40余年以来的中国民法发展成就,与法律行为须臾不可分离。

2017年颁布的《民法总则》第六章规定"民事法律行为",并将民事法律行为定义为"民事主体通过意思表示设立、变更、终止民事权利义务关系的行为",更凸显意思表示为法律行为的核心地位,意志决定论的色彩浓厚,再一次重申法律行为的私法自治原则,具有重大的历史意义。

尽管私法自治是法律行为的内在灵魂,但现代社会任何一个国家的私法制度都不可能赋予民事主体绝对的自由。一方面,在民法的内部,通过

---

〔1〕 朱庆育:《民法总论》(第2版),北京大学出版社2016年版,第105页;孙宪忠:《民法典总则编"法律行为"一章学者建议稿的编写说明》,载《法学研究》2015年第6期。

〔2〕 佟柔主编:《民法总则》,中国公安大学出版社1990年版,第213页。

〔3〕 同上书,第215页。

〔4〕 易军:《法律行为制度的伦理基础》,载《中国社会科学》2004年第6期。近期关于法律行为与私人自治的专门讨论,参见王洪亮:《法律行为与私人自治》,载《华东政法大学学报》2016年第5期;窦海洋:《法律行为概念的再思考》,载《比较法研究》2016年第1期;易军:《法律行为制度的私人自治根基》,载《暨南大学学报》2012年第4期;迟颖:《法律行为之精髓——私法自治》,载《河北法学》2011年第1期。

法律行为效力制度,尤其是规定因违反强制性法律规定以及公序良俗原则的法律行为无效,实现国家政策或社会公共利益对于法律行为内容的控制。《民法典》第143条第3项和第153条第2款都对此有规定。此外,民法基于公平思想,对于当事人利用格式条款订立合同,也做出诸多限制(参见原《合同法》第39条至第41条)。由此可见,法律行为所体现的私法自治是在国家法律和社会道德一定制约之下的自由。另一方面,自20世纪以来,民法外部的其他法律,尤其是公法对于私法的渗透,产生劳动法、经济法、社会法等公、私法融合的新兴法域,极大限缩了这些领域中私法自治的空间。总之,法律行为所体现的私法自治总是在法律秩序的约束下的自由。[1]

(二)民法总则与法律行为

民法总则对民法分则各部分内容的共通性规则作出一般规定,主要包括权利主体、权利客体、法律行为、代理、诉讼时效以及权利行使等。其中,法律行为占据民法总则的大量条文,是其规范的重点内容。如弗卢梅所说:"学说汇纂的主要特点是将总则置于最前面,总则部分的核心内容是法律行为理论。"[2]

1895年颁布的《德国民法典》在立法上首创将"法律行为"规定于总则之中。法律行为是对于各种因意思表示发生法律效果的行为的概括,民法分则中的债务合同、债权让与、物权行为、婚姻、遗嘱、社团决议等均属之。这种提炼概括各类意思表示法律事实的立法技术,体现了德国民法抽象化的立法技术。[3] 这种立法模式的优点是节约法律条文数量,避免同样内容的条文重复,使民法典简约美观。但缺点在于,民法总则中法律行为的一般规定总是会被民法分则中的特别规定修正,导致查阅法典时经常是按"从后向前"的

---

〔1〕 [德]维尔纳·弗卢梅:《法律行为论》,迟颖译,法律出版社2013年版,第19页。

〔2〕 同上书,第32、33页。

〔3〕 [德]卡纳利斯:《民法典总则的功能及其作用的限度》,载《中德私法研究》(第10卷),北京大学出版社2014年版,第93页以下。

顺序进行。[1] 而且，由于法律行为和意思表示概念的高度抽象性，初学者常常会产生理解上的困难，增加法律适用的难度。这一困难应尽量通过专业化的法学教育来克服和解决。

三、中国《民法典》总则的制定与法律行为的争议问题

（一）法律行为（Rechtsgeschäft）术语翻译之争

19 世纪日本在制定民法典的过程中，首先用中文“法律行为”一词翻译德国民法上的 Rechtsgeschäft。[2] 中华民国时期制定民法典时，历次草案都采用法律行为的术语，并延续至今。[3] 如前所述，1949 年新中国成立后，民法学理和立法上也采用“法律行为”或“民事法律行为”的术语。

但是，近期我国学者通过对法律行为术语在欧洲的起源和发展的考察，反思法律行为翻译 Rechtsgeschäft 的正当性。或许是因为 Rechtsgeschäft 原文的词根 Geschäft 本意有交易、生意、事务的含义，米健教授认为 Rechtsgeschäft 应该翻译为“法律交易”，可反映其商品交易的含义，相对而言，“法律行为”对应德文的“Rechtshandlung”，是指法律交易以外的、其他能够引起民事法律后果的行为。[4] 薛军教授也从私法史的角度考察指出，近代早期的欧洲法学家常常用拉丁文 negotium iuridicum 来指称那些“产生行为人的意志所欲求的法律后果的行为”，即法律行为，而该词中的 negotium 正有交易、协商的含义，德文中的 Geschäft 一词是拉丁文中 negotium 的一个非常精确的对译，二者具有完全相同的语义内涵。[5] 田士永教授在认可法律行为中 Geschäft 有“交易”的意思的基础上，进一步解读 Recht 应指“权利”的意思，因此

---

〔1〕 [德]迪特尔·梅迪库斯：《德国民法总论》，邵建东译，法律出版社 2000 年版，第 34 页。

〔2〕 [日]平井宜雄：《法律行为论在日本的形成》，柯伟才译，载《比较法研究》2007 年第 6 期。

〔3〕 胡长清：《中国民法总论》，中国政法大学出版社 1997 年版，第 184 页。

〔4〕 米健：《法律交易论》，载《中国法学》2004 年第 2 期。

〔5〕 薛军：《法律行为理论在欧洲私法史上的产生及术语表达问题研究》，载《环球法律评论》2007 年第 1 期。

Rechtsgeschäft 的直译为“权利交易”。[1]

是否有必要替换现有的法律行为这一术语值得商榷。首先,确定语言的含义应该根据社会历史语境以及约定俗称的用法。即使 Geschäft 本意有交易的意思,但法律行为是我国自近代以来就继受德国、日本和苏联的法律术语,并已明确其特定内涵,并遍布于各种法律规定和学术文献,如再强行人为改变,社会成本过于高昂。其次,交易一词的商品经济色彩浓厚,在财产法中尚可勉强称法律交易,但如果把身份法中的身份行为称为“身份法律交易”,把单方行为称为“单方法律交易”,这些词语构造将令人费解。[2] 最后,德文“Rechtshandlung”意义过宽,泛指民法上一切能引起法律效果的行为,包括事实行为甚至违法行为,将其对应翻译为“法律行为”无助于理解其确切意义,反而破坏了中文“法律行为”的固有含义。[3]

在我国《民法总则》制定的过程中,2015 年 8 月 28 日全国人大法工委民法室室内稿(以下简称室内稿)第五章采用“法律行为”的标题;2016 年 6 月第十二届全国人大常委会第二十一次会议初次审议的《民法总则》(草案第一次审议稿)(以下简称一审稿,下文第二、三次审议稿亦使用简称)开始,一直沿用“民事法律行为”的表述,不再改换术语。

(二)“合法性”之争

在法律行为理论的来源地德国,民法学理上侧重从私法自治与意思表示角度界定法律行为内涵,不太关注无效法律行为是否为法律行为,即合法性问题。我国台湾地区民法理论上,将法律行为与事实行为合称为“适法行为”,与“违法行为”相对而言。所谓适法行为是指适合于法律精神,法律认

〔1〕 田士永:《物权行为理论研究——以中国法和德国法中所有权变动的比较为中心》,中国政法大学出版社 2002 年版,第 20 页。

〔2〕 参见朱庆育:《民法总论》(第 2 版),北京大学出版社 2016 年版,第 110 页;薛军:《法律行为理论在欧洲私法史上的产生及术语表达问题研究》,载《环球法律评论》2007 年第 1 期。

〔3〕 参见朱庆育:《民法总论》(第 2 版),北京大学出版社 2016 年版,第 109 页;“Rechtshandlung”翻译为“法律上之行为”较为妥当,内涵包括法律行为、事实行为与违法行为。

许其得发生法律上效果之行为。[1] 一般也无质疑无效法律行为不合逻辑之类的论调。

如前所述,《民法通则》第54条将法律行为定义为"合法行为",且为避免"无效法律行为""可撤销法律行为"这样逻辑矛盾的表述,创制"民事行为"作为上位概念。我国的法律行为"合法性"观念可以追溯至20世纪50年代。苏联法学家诺维茨基在《法律行为·诉讼时效》一书中指出:"法律行为是合法行为,这一点乃是法律行为所特有的本质的要素之一。换句话说,构成法律行为内容的行为,应经受得起国家的检查和评定;国家应该认定这种行为是与国家的利益相符合的,或至少不与这种利益相抵触的。法律行为正是在这种意义上作为被认可的行为,即不被禁止的行为。"[2] 与此同时,1956年《中华人民共和国民法典(第二次草稿)》的讨论中确立了法律行为系合法行为的观点。

《民法通则》颁布之初,我国民法理论界关于第54条的"合法行为"的界定均持赞同意见。[3] 但自20世纪90年代以后,关于法律行为的合法性问题呈现如下几种反思性观点:

其一,反对将民事法律行为界定为合法行为。代表性的是董安生教授在《民事法律行为》一书中提出如下几点批判理由:(1)如果法律行为中包含合法有效的内容会造成"某一具体表意行为可能不属于合法有效的法律行为,但在诉讼判断这一行为有效与否以及是否属于法律行为时,又须首先根据法律行为有效成立的规则和法律行为的解释规则"。此外,在法律行为绝对无

---

[1] 参见洪逊欣:《民法总则》(洪满惠修订),1992年自版,第136页;史尚宽:《民法总论》,中国政法大学出版社2000年版,第303页。

[2] [苏联]诺维茨基:《法律行为·诉讼时效》,康宝田译,中国人民大学出版社1956年版,第9页。

[3] 参见柴发邦:《民事法律行为》,载最高人民法院《民法通则》培训班编辑组:《民法通则讲座》,北京市文化局出版社1986年版,第144页;刘岐山:《民法通则读本》,中国人民公安大学出版社1987年版,第97页;王利明、郭明瑞、方流芳:《民法新论》(上册),中国政法大学出版社1988年版,第361页;佟柔主编:《民法总则》,中国公安大学出版社1990年版,第215页;顾昂然:《〈民法通则〉的制定情况和主要问题》,载顾昂然:《新中国民事法律概述》,法律出版社2000年版,第35页。

效和有效之间,还存在可撤销和效力不确定行为,这些处于中间状态的行为是否属于法律行为存在疑问;(2)民法一般规则只认可合法的法律行为,而特别法具体规则上却存在无效合同、无效婚姻之类的概念,发生矛盾;(3)大陆法系国家的民法理论和实践将法律行为泛指一切意思表示行为,我国的法律行为是合法行为概念障碍对外的民法交流;(4)苏联和我国学者对传统民法的法律行为概念作出改造没有充分的根据和必要性。[1] 此外,薛军教授激烈地批评法律行为合法性观点,认为其“压制私人意思自治的空间,强调法律对社会生活进行直接的、全面的干预”,以公法的调整模式对待私法,应予摒弃。薛军教授提出解决法律行为合法性矛盾的办法是:合法性判断是一种事实性质的陈述,而有效性判断是规范性质的陈述,这两者所针对的对象并不相同。法律行为效力评价的后果,不能归入“合法”或“不合法”的范畴。从尊重私人意思自治的角度出发,对法律行为应采规范性的视角,分为有效、无效、可撤销、效力待定,而放弃合法性的前提要求。[2]

其二,态度比较模糊的批评。例如,梁慧星教授在其编著的教材中虽未对法律行为的合法性进行批判,但其界定法律行为仅注重私法自治与意思表示,丝毫未提及合法行为,[3]可谓暗自抛弃合法性学说,且观点保持始终一致,难能可贵。此外,我国部分原先主张法律行为合法性的学者最近也放弃之前观点,转而认为法律行为不限于合法行为,非法的行为也可引起民事法律效果。[4]

其三,重申法律行为的合法性,并试图调和法律行为合法性的矛盾。例

---

〔1〕 董安生:《民事法律行为》,中国人民大学出版社2002年版,第73~78页。类似批判观点参见龙卫球:《民法总论》(第2版),中国法制出版社2002年版,第427页。

〔2〕 薛军:《法律行为“合法性”迷局之破解》,载《法商研究》2008年第2期。迟颖教授提出类似的解决方案如下:应将判断某一行为是否属于法律行为与法律行为是否生效问题区别开来,超出法律规定框架的法律行为是无效法律行为,但无效法律行为仍然是法律行为。因此,无效法律行为并不存在矛盾。参见迟颖:《法律行为之精髓——私法自治》,载《河北法学》2011年第1期。

〔3〕 参见梁慧星:《民法》,四川人民出版社1988年版,第121页以下;梁慧星:《民法总论》,法律出版社1996年版,第151页以下;梁慧星:《民法总论》,法律出版社2001年版,第175页以下;梁慧星:《民法总论》(第3版),法律出版社2007年版,第158页以下。

〔4〕 王利明:《民法总论》(第2版),中国人民大学出版社2015年版,第226页。

如,朱庆育教授通过研究德国民法学说发现,许多德国学者也将法律行为置于"合法行为"(rechtmäßiges Verhalten,erlaubtes Verhalten)之下,与不法行为(unerlaubte Handlungen,rechtswidrige Handlungen)相对而言。只是德国法学家在阐述法律行为时突出其私法自治工具之意义,淡化或搁置合法性问题,但不能否认德国民法学将法律行为归入合法行为之列。[1] 朱庆育教授认为解决法律行为合法性矛盾的办法是从定义入手,法律行为的定义是抽象的共相(集合概念),而无效法律行为是指具体法律行为(非集合概念),并引齐特尔曼的观点:"概念定义,乃是针对正常的法律行为而论,各种非正常状态对之不构成影响。"[2]

总体而言,《民法通则》以来关于法律行为合法性的讨论倾向于否定。与此同时,《民法通则》创制的"民事行为"概念也受到连带批判。因为如果法律行为与合法性无关,"无效法律行为"并非矛盾的表述,则根本无须创造一个"合法"与"违法"法律行为的上位概念。[3]

在制定民法典的过程中,"一审稿"出台前夕,民法学界学者再次呼吁应废除《民法通则》第54条关于法律行为合法性的界定。[4] 2015年8月全国人大法工委"室内稿"第93条规定:"法律行为是自然人、法人或者其他组织通过意思表示设立、变更和终止民事权利义务关系的行为。"2016年6月公布的"一审稿"第112条规定:"民事法律行为是指自然人、法人或者非法人组织通过意思表示设立、变更、终止民事权利和民事义务的行为。"根据2016年6月第十二届全国人大常委会"关于《中华人民共和国民法总则(草案)》

---

〔1〕 参见朱庆育:《民法总论》(第2版),北京大学出版社2016年版,第95页以下;朱庆育:《法律行为概念疏证》,载《中外法学》2008年第3期。此外,近期支持朱庆育教授的观点,参见胡东海:《论法律行为的规范性》,载《中外法学》2012年第6期。

〔2〕 Zitelmann, Das Recht des Bügerlichen Gesetzbuchs: Allgemeiner Teil, 1900, S. 87. 转引自朱庆育:《民法总论》(第2版),北京大学出版社2016年版,第103页。

〔3〕 迟颖:《法律行为之精髓——私法自治》,载《河北法学》2011年第1期。

〔4〕 参见朱广新:《民事法律行为制度的反思与完善》,载《政治与法律》2015年第10期;柳经纬:《论民法典总则的基本构造——以〈中华人民共和国民法通则〉为基础》,载《法商研究》2015年第4期;董彪、李建华:《我国民法典总则中法律行为构成要素的立法设计——以权利本位为视角》,载《当代法学》2015年第5期。

的说明”,立法机关在此有意调整《民法通则》“民事法律行为”的内涵,并采纳如下意见:“民法通则规定的‘民事法律行为’和‘民事行为’都是有法律意义的行为,建议将二者统一规定为‘民事法律行为’,使其既包括合法行为,也包括无效行为、可撤销行为和效力待定行为。”此后,2016年11月的“二审稿”以及2016年12月的“三审稿”,除了将“自然人、法人或者非法人组织”更改为“民事主体”,均保持一审稿的表述。

由上可见,我国立法机关已废除法律行为合法性的观念,并不认为无效法律行为存在逻辑矛盾。对此,我国民法学者普遍表示赞同,认为“一审稿”取消法律行为之合法性要件,正本清源,使法律行为的本质回归到按意思表示发生相应法律效果的正轨。[1]

(三)“民事”之争

《民法通则》创制的“民事法律行为”与“民事行为”这对概念不仅为了解决所谓合法性矛盾,而且也显示了“民事”与其他法域的区别。按佟柔教授的解释,“民事法律行为就同其他具有法律意义的行为(如行政行为、刑事行为等)区分开来了”。[2] 但源自德国民法的法律行为概念就是实现私法自治工具的意思表示,专属于私法领域,其他法域根本没必要使用这一概念,所以民法学者提出应删除法律行为之前的“民事”二字。[3]

这种回归法律行为本意的观点,得到了民法学术界的普遍认可。梁慧星教授在其《民法总论》2001年版中还认为民事法律行为与大陆法系的“法律行为”并无任何差异。[4] 但是在《民法总论》第3版中改变了观点,认为:“法律行为是大陆法系民法普遍采用的概念,在比较法上有坚实的立法基础和理论基础,采用法律行为概念有助于国际交流,且民法通则生造所谓‘民事

---

〔1〕 参见尹田:《〈民法总则(草案)〉中法律行为制度的创新点之评价》,载《法学杂志》2016年第11期;王洪亮:《法律行为与私人自治》,载《华东政法大学学报》2016年第5期。

〔2〕 佟柔主编:《民法总则》,中国公安大学出版社1990年版,第208页。

〔3〕 参见朱庆育:《民法总论》(第2版),北京大学出版社2016年版,第103页以下;迟颖:《法律行为之精髓——私法自治》,载《河北法学》2011年第1期;薛军:《法律行为理论在欧洲私法史上的产生及术语表达问题研究》,载《环球法律评论》2007年第1期。

〔4〕 梁慧星:《民法总论》,法律出版社2001年版,第176页。

行为'和'民事法律行为',存在逻辑矛盾,所以本书采用'法律行为'这一术语。"[1]而王利明教授在其最近的《民法总论》(第2版)中也直接采用"法律行为"的表述。[2]

在制定我国民法典的过程中,关于是否沿用"民事法律行为"的表达,发生过激烈争执。2015年8月全国人大法工委"室内稿"第五章名为"法律行为",具体条文中也只使用"法律行为",而无"民事法律行为"或"民事行为"的表述。但是2015年9月14～16日法工委召开民法总则草案专家讨论会,讨论室内稿的过程中,虽然多数学者认为《民法通则》发明的"民事行为""民事法律行为"是不适当的,但也有学者认为是正确的。而且,民法学界之外其他法学专业的学者指出,民事立法直接采用"法律行为"概念,那别的法律部门叫什么"行为"呢? 换言之,"法律行为"这一术语不能为民法部门独占。对此,梁慧星教授认为:"其他部门法上的行为,并不存在于平等主体之间,而是存在于不平等主体之间,属于公权力的行使行为。即使称为'某某法律行为',也不至于与民法特有的'法律行为'概念发生混淆。因此,民法总则应当坚持采用'法律行为'概念。"[3]

鉴于存在反对意见,立法机关为避免在个别概念上的纠缠,在发布的民总草案"一审稿"第六章中改用"民事法律行为"的术语表达。但根据梁慧星教授的理解,其内涵已完全等同大陆法系民法通用的"法律行为"概念,并无二致。在废弃"民事行为"概念之后,"民事法律行为"已经抛弃《民法通则》起草人赋予的特别含义,与大陆法系民法"法律行为"(Rechtsgeschäft)概念,已毫无区别。[4] 这种妥协的方案,也得到部分学者的认可。[5]

---

[1] 梁慧星:《民法总论》(第3版),法律出版社2007年版,第159页。

[2] 王利明:《民法总论》(第2版),中国人民大学出版社2015年版,第225页以下。

[3] 梁慧星:《民法总则立法的若干理论问题》,载《暨南学报》(哲学社会科学版)2016年第1期。

[4] 梁慧星:《〈中华人民共和国民法总则(草案)〉:解读、评论和修改建议》,载《华东政法大学学报》2016年第5期。

[5] 尹田教授指出,尽管根据法理学等基础理论学科的学者建议保留了"民事法律行为"的用语(以避免与该学科中已经习惯使用的"法律行为"概念相混淆),但已无伤大雅。参见尹田:《〈民法总则(草案)〉中法律行为制度的创新点之评价》,载《法学杂志》2016年第11期。

四、《民法典》第134条的教义学解释

(一)规范目的

《民法典》第134条是关于民事法律行为的定义,属于说明性的法条。民事法律行为是民事主体通过意思表示设定自身权利义务的法律工具,在民法总则中处于核心的地位。大陆法系中规定法律行为制度的民法典,一般不采用法律行为的定义规定,而通常规定意思表示或者合同(如《德国民法典》第116条以下、《日本民法典》第90条以下)。我国民事立法中规定法律行为的定义,可能与苏联的立法模式有关。1955年《中华人民共和国民法总则草稿》第37条就规定“法律行为是设立、变更、消灭民事权利义务关系的行为;可以是单方的,也可以是双方的”,其字面表述与《苏俄民法典》第26条规定的“法律行为,即设定、变更或废止民事权利关系之行为”几乎完全一致。1994年《俄罗斯联邦民法典》第153条仍采上述定义。1986年《民法通则》第54条也对民事法律行为作出定义。由上可见,本条延续苏联至我国民事立法传统的法律行为定义模式。

自体系言之,该条是《民法典》总则第六章“民事法律行为”第一节“一般规定”的首条,具有提纲挈领的作用,此条以下所规范的法律行为(第134～163条)都是指意思表示行为。

(二)意思表示

第134条属定义性规范,可通过分析该条中的术语来厘清民事法律行为的含义。本条的核心术语有二:意思表示和设立、变更、终止民事权利义务。

意思表示(Willenserklärung)是法律行为的核心要素,在近代私法史上与法律行为同生同源。[1] 现代大陆法系的民法典一般不在民法典中定义意思表示,而是将该任务交给学说。德国民法学上将意思表示定义为“旨在达到

〔1〕 参见[德]维尔纳·弗卢梅:《法律行为论》,迟颖译,法律出版社2013年版,第32页以下;顾祝轩:《民法概念史·总则》,法律出版社2014年版,第137页以下。

法律效果的私人的意思表达(Willensäußerung)”。〔1〕我国民法通说则认为意思表示是“将欲发生私法上效果之意思表达于外部之行为”。〔2〕无论定义如何,民法学理上通常将意思表示分为内部和外部两个层面的要素,前者又称主观要素,后者又称客观要素。

1. 内部要素

19世纪的德国法学家借鉴心理学理论探讨意思表示的内在意思构造。1919年海因里希·雷曼(Heinrich Lehmann)在其《民法总则概要》中首次全面区分内心意思三层构造:行为意思(Handlungswille)、表示意思(Erklärungswille)和效果意思(Geschäftswille),此后德国民法学基本沿用这一构造来解释意思表示的内部要素。〔3〕分析言之:

第一,行为意思指向实施外部行为的、有意识的意志行动。〔4〕内心意思可以通过语言、手势、点头或摇头,乃至沉默表现出来。在睡眠中或在催眠状态下进行的行为,或反射性的动作,或身体受直接强制,就缺少行为意思。〔5〕

第二,表示意思(或表示意识 Erklärungsbewusstsein)是行为人意识到其参与法律行为性质的交往,而且通过其行为发出某种法律行为意义上的表示。〔6〕表示意思不需要行为人明确知道自己所从事的究竟是哪一具体的法律行为及特定法律后果,而只需意识到表示具有法律意义即可。例如,某人在处理公函时,误将要约以为是通知终止的函件而签署,但仍有表示意思;如

〔1〕[德]布洛克斯、瓦尔克:《德国民法总论》,张艳译,中国人民大学出版社2012年版,第68页。

〔2〕梁慧星:《民法总论》(第3版),法律出版社2007年版,第170页;朱庆育:《民法总论》(第2版),北京大学出版社2016年版,第188页以下。

〔3〕参见[德]穆谢拉克:《论“意思”与“表示”的关系——关于意思表示构成要件的探讨》,王剑一译,载《中德私法研究》(第10卷),北京大学出版社2014年版,第111页;杨代雄:《意思表示中的意思与意义》,载《两岸民商法前沿:民法典编纂与创制发展》,中国法制出版社2016年版,第263页以下。

〔4〕Heinz Hübner, Allgemeiner Teil des Bürgerlichen Gesetzbuches, Walter de Gruyter 1985, S. 284.

〔5〕参见[德]布洛克斯、瓦尔克:《德国民法总论》,张艳译,中国人民大学出版社2012年版,第69页。Heinz Hübner, Allgemeiner Teil des Bürgerlichen Gesetzbuches, Walter de Gruyter 1985, S. 288. Larenz, Wolf, Allgemeiner Teil des Bürgerlichen Rechts, 9. Aufl., C. H. Beck 2004, S. 436 f.

〔6〕Larenz, Wolf, Allgemeiner Teil des Bürgerlichen Rechts, 9. Aufl., C. H. Beck 2004, S. 437.

果在拍卖场所举手向朋友示意而并无要约的意思,则缺少表示意思。[1]

第三,效果意思(或法效意思 Rechtsfolgewille)是希望表示引起特定的法律后果的意思。与表示意思不同,效果意思要求明确具体的法律后果。[2]例如,出卖人向买受人发出要约以 500 元出卖一块手表,但其内心真意是以 5000 元价格出售,只是书写错误,因此,缺少 500 元出售手表的效果意思。

一个完整的、正常的意思表示应同时具备上述三个主观要素。但行为人往往因为这样或那样的故障,发生意思表示瑕疵的问题。民法典对此应作出规范,理论上也须系统地阐释。

通说认为,如果缺少行为意思,则意思表示根本没有发生或不成立。原因在于行为人要对意思表示负责,前提是存在可归责的行为,而且在法律行为交往中,缺少行为意思的状况通常也较容易辨认,因而,也无保护之必要。[3]

有疑问的是,如果表示意思或效果意思发生瑕疵,意思表示是否成立呢?于此涉及两种理论的对立,即"意思说"(Willenstheorie)和"表示说"(Erklärungstheorie)。19 世纪的德国法学家(萨维尼、温德沙伊德、齐特尔曼)多主张"意思说"。据此,意思表示的效力起决定作用的是内心意思,与表意人内心真意不符合的表示不发生法律效果。这种观点有利于表意人,而不利于表示的受领人。与此相对,"表示说"基于交易安全和信赖保护的理由,从意思表示受领人的角度出发,认为即使表意人缺少相应的真意,也应坚持其所表达出来的意义。这种观点有利于表示受领人,而不利于表意人。[4] 以上二说均过于极端,20 世纪的民法学理上相继出现"折中说""效力说",以调

---

〔1〕 [德]布洛克斯、瓦尔克:《德国民法总论》,张艳译,中国人民大学出版社 2012 年版,第 69 页。

〔2〕 同上书,第 69 ~ 70 页。

〔3〕 Larenz, Wolf, Allgemeiner Teil des Bürgerlichen Rechts, 9. Aufl., C. H. Beck 2004, S. 436.

〔4〕 参见[德]布洛克斯、瓦尔克:《德国民法总论》,张艳译,中国人民大学出版社 2012 年版,第 234 页;Heinz Hübner, Allgemeiner Teil des Bürgerlichen Gesetzbuches, Walter de Gruyter 1985, S. 289。

和这种对立。[1]

实际上，大陆法系民法典的具体规则通常不拘泥于上述任一理论，而是权衡表意人和表示受领人之间的利益状况，分别不同类型问题找寻公正的解决方法。具体而言，根据表示意思瑕疵的情形，其法律效果认定如下：

(1)有效。如果表意人单方内心缺乏真意(真意保留)，应采表示理论，保护相对人的合理信赖，意思表示有效。《德国民法典》第116条第1句、我国台湾地区"民法"第86条前句，均为真意保留有效的规则。可惜我国《民法典》制定过程中，虽有学术界民法总则建议稿规定了真意保留，[2]且提供详细说理应增加此项规定，[3]但全国人大法工委的民法总则草案一直未采纳该规则。

(2)无效。如果当事人各方均内心缺乏真意(通谋虚伪表示，《德国民法典》第117条第1款)，或预期对方不致产生误解而非作出真意的表示(戏谑表示，《德国民法典》第118条)，因意思表示受领人明知或同意对方的虚伪表示，所以没有保护之必要，故而无效。我国《民法典》第147条第1款规定通谋虚伪表示无效。

(3)可撤销。如果表意人缺乏表示意思(如误为举手要约)或效果意思(如误写价格)，尽管并非其内心完全的真意，但已使意思表示受领人有理由信赖其表示的内容，因此意思表示应成立并生效。同时，为平衡表意人的利益，允许其撤销意思表示，但须赔偿受领人的信赖利益损失，且撤销权有除斥期间限制。这种因错误可撤销意思表示的规则已普遍被认可。我国《民法通则》第59、61条、《合同法》第54、55、58条均有规定。2017年新颁布的《民法

---

[1] Heinz Hübner, Allgemeiner Teil des Bürgerlichen Gesetzbuches, Walter de Gruyter 1985, S. 289. Larenz, Wolf, Allgemeiner Teil des Bürgerlichen Rechts, 9. Aufl., C. H. Beck 2004, SS. 442-443. 王泽鉴：《民法总则》，北京大学出版社2014年版，第334页。

[2] 参见中国社会科学院民法典立法研究课题组编写的《民法总则建议稿》第146条。中国法学会组织编写的《中华人民共和国民法典·民法总则专家建议稿》第133条，均有真意保留的规定。

[3] 参见陈华彬：《论我国民法总则法律行为制度的构建——兼议〈民法总则草案〉(征求意见稿)的相关规定》，载《政治与法律》2016年第7期；冉克平：《真意保留与戏谑行为的反思与构建》，载《比较法研究》2016年第6期；潘运华：《心意保留意思表示的效力——兼评三部〈民法总则专家建议稿〉的相关规定》，载《现代法学》2016年第4期。

总则》第148、153、154条作出同样规定。

总之,意思表示的主观要素出现障碍,或缺乏某些主观要素,并不必然导致意思表示的不成立或无效,而且还有成立并生效或可撤销的后果。如果反向思考这个命题,就会发现,其实并非所有的主观要素都具备才能构成一个有效的意思表示。

2. 外部要素

意思表示的外部要素就是表示行为(Erklärungshandlung),即引起特定法律后果的意思表示出来。只有人们能够从行为推断出其所表达的效果意思时,才存在表示行为。[1] 表示行为有明示和默示方式之分。所谓明示的意思表示,通常是以口头或书面的语言文字形式明确表达之行为。而默示的意思表示包括如下几种情形:(1)可推断的意思表示(点头或摇头,硬币投入自动售货机);(2)须补充解释的意思表示;(3)完全的沉默,只有在法律规定或当事人约定时才能被认为意思表示。[2]

3. 传统的意思表示构造之反思

尽管意思表示的理论构造层次清楚,解释力强,但晚近的民法学对主观要素的存在必要性提出了质疑。

首先,如果欠缺效果意思,即表示错误,各国民法典一般应采表示主义,先使错误的意思表示生效,然后允许撤销。除了传统的意思表示受领人信赖利益保护的理由之外,还因为意思表示错误发生在表意人的风险领域内,表意人应对此负责。[3]

其次,如果欠缺表示意思,为保护意思表示受领人的合理信赖,应与欠缺效果意思等同处理。[4] 就理论基础而言,民法学说上有认为欠缺表示意思也成

---

〔1〕[德]布洛克斯、瓦尔克:《德国民法总论》,张艳译,中国人民大学出版社2012年版,第71页;史尚宽:《民法总论》,中国政法大学出版社2000年版,第350页。

〔2〕[德]迪特尔·梅迪库斯:《德国民法总论》,邵建东译,法律出版社2000年版,第252页以下。

〔3〕纪海龙:《走下神坛的"意思"——论意思表示与风险归责》,载《中外法学》2016年第3期。

〔4〕参见Detlef Leenen, BGB Allgemeiner Teil: Rechtsgeschäftslehre, De Gruyter 2011, S. 61;[德]布洛克斯、瓦尔克:《德国民法总论》,张艳译,中国人民大学出版社2012年版,第98~99页。

立意思表示，是因为表意人对此具有过失（表示过失 Erklärungsfahrlässigkeit），表意人尽到交往中的必要注意本可以避免。[1] 近期学理上又从风险归责原则，即缺少表示意思引起的后果属于表意人控制的风险范围，进一步论证其效果为成立意思表示但可撤销。[2]

最后，意思表示须有行为意思，此为绝对的通说，理由是如果没有表意人的行为，根本谈不上意思表示。但反对者，如迪特尔夫·莱嫩认为，传统上被归入欠缺行为意思的情形（如无意识或反射性动作），或者依《德国民法典》第 105 条第 2 款无意识或精神错乱状态下的意思表示无效，或者按欠缺表示意思处理使之可撤销。[3] 而诺伊尔认为，行为意思本质上是表意人的行动能力问题，即私主体自由形成意思的能力。因为《德国民法典》第 105 条第 2 款的存在，讨论行为意思根本就是多余的，但意思表示因此而无效可发生缔约过失责任。[4] 更激进的观点认为，缺乏行为意思也适用风险归责原则，使之成为可撤销的意思表示。[5]

总之，按晚近的学术观点，意思表示中没有不可或缺的主观要素（无论效果意思、表示意思或行为意思）。[6] 如不存在上述意思，但表示人具有可归责性（尤其是风险归责）时，亦可能成立意思表示。

（三）设立、变更、终止民事权利义务关系

德国民法上的法律行为概念紧扣意思表示和私人自治。但我国民法上的民事法律行为概念受苏联立法和法学影响较重，尤其是借鉴《苏俄民法

---

〔1〕［德］穆谢拉克：《论“意思”与“表示”的关系——关于意思表示构成要件的探讨》，王剑一译，载《中德私法研究》（第 10 卷），北京大学出版社 2014 年版，第 115 页以下。

〔2〕参见纪海龙：《走下神坛的“意思”——论意思表示与风险归责》，载《中外法学》2016 年第 3 期。

〔3〕Detlef Leenen, BGB Allgemeiner Teil: Rechtsgeschäftslehre, De Gruyter 2011, S. 62.

〔4〕［德］诺伊尔：《何为意思表示？》，载《华东政法大学学报》2014 年第 5 期。

〔5〕参见纪海龙：《走下神坛的“意思”——论意思表示与风险归责》，载《中外法学》2016 年第 3 期。行为意思是否为意思表示必备主观要素，肯定说和否定说各执理由，参见杨代雄：《意思表示中的意思与意义》，载《两岸民商法前沿：民法典编纂与创制发展》，中国法制出版社 2016 年版，第 271 页以下。

〔6〕杨代雄：《意思表示中的意思与意义》，载《两岸民商法前沿：民法典编纂与创制发展》，中国法制出版社 2016 年版，第 276 页。

典》第 26 条“法律行为,即设定、变更或废止民事权利关系之行为”,在 1955 年《中华人民共和国民法总则草稿》第 37 条规定“法律行为是设立、变更、消灭民事权利义务关系的行为”。这一观念延续至《民法通则》第 54 条。《民法典》第 134 条增加了“意思表示”因素,并通过“设立、变更、终止民事权利义务关系”表达了法律行为所追求的一般后果。

民事权利义务关系,又称民事法律关系,是经民法调整而形成的人与人之间的社会关系。按《民法通则》第 2 条的规定,就是指平等主体之间的财产关系和人身关系。民事法律关系的主要内容是民事权利,对应着的是民事义务,因此我国台湾地区学者多从民事权利的得丧变更视角,讨论法律事实(主要是法律行为)所带来的法律后果。[1] 我国民法学者一般从民事法律关系的变动角度讨论法律事实的后果。[2] 德国民法学者也多从法律关系逐步进入主观私权的论述。[3] 客观地说,民事法律关系是一个总括性概念,其中,权利包括主观权利(如物权、债权),权能(占有、使用、处分、形成权能等),取得权利的期待(Anwartschaft)等,而法律关系中的各项负担(Belastungen)包括法律义务(如给付义务、损害赔偿等)、法律上之拘束(Gebundenheiten)(如形成权的相对人之服从)、不真正义务(Obliegenheiten),以及民事程序上的主张和证明负担。[4] 由此可见,民事法律关系是一个综合的有机体,《民法典》第 134 条规定法律行为是“设立、变更、终止民事权利义务关系”的行为,具有较高概括性。当然,如不过分纠缠概念,仅从权利的得失和变更角度考察法律行为之后果,较为简洁明快。

---

〔1〕 史尚宽:《民法总论》,中国政法大学出版社 2000 年版,第 298 页以下;王泽鉴:《民法总则》,北京大学出版社 2014 年版,第 221 页以下。

〔2〕 梁慧星:《民法总论》(第 3 版),法律出版社 2007 年版,第 56 页以下;王利明:《民法总论》(第 2 版),中国人民大学出版社 2015 年版,第 83 页以下;崔建远等:《民法总论》,清华大学出版社 2010 年版,第 222 页以下。

〔3〕 参见 Larenz, Wolf, Allgemeiner Teil des Bürgerlichen Rechts, 9. Aufl., C. H. Beck 2004, § 13;[德]迪特尔·梅迪库斯:《德国民法总论》,邵建东译,法律出版社 2000 年版,第九章;[德]布洛克斯、瓦尔克:《德国民法总论》,张艳译,中国人民大学出版社 2012 年版,第 28 节。

〔4〕 Larenz, Wolf, Allgemeiner Teil des Bürgerlichen Rechts, 9. Aufl., C. H. Beck 2004, S. 233 ff.

导致民事法律关系发生、变更和消灭的事由大致可分两类，一者为法律行为，二者为法律规定，前者是当事人根据自己的意思设定法律关系，例如，单方行为、合同、遗嘱等，后者是直接依据法律规定而生，例如，因添附发生财产取得和不当得利，所有权人依法取得自然孳息，自然人死亡导致法定继承等。民法本为意思自治之法，因法律行为而发生、变更和消灭的民事法律关系更能体现民法之精神，因此大陆法系各国民事立法均将其作为重点规范对象。

在具体分析法律行为导致民事权利义务关系的发生、变更和消灭时，须注意是个别权利或义务之变动，抑或是法律关系整体之变动。

1. 个别权利或义务之变动

如果个别权利或义务可与法律关系分离，则通过民事法律行为可以使个别权利或义务发生、变更或消灭。就权利变动而言：

第一，权利之发生。民法学理上区分权利之绝对发生和相对发生，前者是权利之原始取得，例如，先占无主物、天然孳息之取得、添附取得权利、取得时效而取得等，后者为权利之继受取得或传来取得，系承继他人之权利而取得，例如，权利之让与、继承等。〔1〕 因法律行为导致的权利义务之发生，常见为继受取得，例如，所有权让与、担保物权之设定，但不可误认法律行为仅导致继受取得，而不适用原始取得。例如，通过订立合同取得（原先未有之）债权、通过创立或加入社团取得成员权，均为法律行为方式的原始取得。〔2〕

第二，权利之变更。权利之变更是指权利不丧失其存在而发生改变。通过法律行为发生：(1)主体变更，即权利发生转移，例如债权让与；(2)客体变更，例如债务因一部分免除而债权缩小范围，选择之债因行使选择权而债权之内容固定为一个给付；(3)效力变更，例如抛弃诉讼时效抗辩权，使债权回复请求力。

---

〔1〕 参见史尚宽：《民法总论》，中国政法大学出版社2000年版，第298页。善意取得究为原始取得或继受取得有争议，参见朱庆育：《民法总论》（第2版），北京大学出版社2016年版，第504页。

〔2〕 Larenz, Wolf, Allgemeiner Teil des Bürgerlichen Rechts, 9. Aufl., C. H. Beck 2004, S. 245；朱庆育：《民法总论》（第2版），北京大学出版社2016年版，第504页。

第三,权利之消灭。权利消灭分为绝对消灭和相对消灭,前者是指权利本身客观失其存在,例如抛弃所有物,免除全部债务,解除或终止合同等;[1]后者是指权利主体之变更,如前已述。

个别义务之发生、变更和消灭,得由权利变动之对应面获得解释,于此不予赘述。

2. 民事法律关系整体之变动

与个别权利或义务的变动不同,民事法律关系整体变动是全部的权利、权能或义务、负担等一起发生变动。就民事法律关系产生和消灭而言,例如缔结租赁合同或终止租赁合同,导致租赁合同当事人的债权和债务之产生或消灭,与所谓租赁合同法律关系整体的产生或消灭并无二致,不作详述。民法中常见的法律关系整体变动是主体的变更(转移)。

民事法律关系的转移有法定和意定两种原因。前者例如继承人概括继受被继承人之财产,被继承人的权利和义务,伴随法律关系的取得期待(Erwerbsaussichten)、受领权限(如要约之受领)、法律上之拘束、不真正义务等一并由继承人承受。[2] 再如,出租人在租赁期间将出租的房屋转让给他人,则买受人承受原租赁合同中的权利义务(买卖不破租赁,《合同法》第229条)。后者是基于法律行为发生之民事法律关系转移,例如合同概括转让(《合同法》第88条),不仅是单个权利和义务的结合转移,而且是合同整体地位的转移。[3]

五、《民法典》第134条与处分行为的证立

(一)处分行为及其无因性问题

负担行为(Verpflichtungsgeschäft)与处分行为(Verfügungsgeschäft)之区

---

〔1〕 Larenz, Wolf, Allgemeiner Teil des Bürgerlichen Rechts, 9. Aufl., C. H. Beck 2004, S. 248.

〔2〕 参见 Larenz, Wolf, Allgemeiner Teil des Bürgerlichen Rechts, 9. Aufl., C. H. Beck 2004, S. 237;崔建远等:《民法总论》,清华大学出版社2010年版,第266页。

〔3〕 参见 Larenz, Wolf, Allgemeiner Teil des Bürgerlichen Rechts, 9. Aufl., C. H. Beck 2004, S. 238;崔建远等:《民法总论》,清华大学出版社2010年版,第266页。

分乃德国民法上法律行为之基本分类。是否采纳这对基本概念的区分，以及《合同法》第51条规定无权处分的“合同效力待定”，究竟是“债权合同效力待定”还是“处分行为效力待定”，在我国的争议由来已久。[1] 我国在《民法总则》草案的起草和审议过程中，再次就是否应规定处分行为以及无权处分合同效力问题产生争议。[2] 尽管《民法典》总则第六章并未明确规定“处分行为”，但面临以往司法实践提出的问题（典型的是最高人民法院《关于审理买卖合同纠纷案件适用法律问题的解释》第3条），以及《民法典》第134条规定法律行为“设立、变更、终止民事权利义务关系”在外延上包括处分行为的可能性，都需要在法律行为的概念层面，予以融贯地解释和澄清，以便指导民法总则的理解与适用。

（二）德国民法上的区分原则与无因原则

德国民法根据债权与物权的区分安排学理和民法典的框架，进而也将法律行为分为负担行为和处分行为。简单地说，负担行为是使当事人承担给付义务的法律行为，[3] 因为大部分的负担行为规定在债法编，因此有时又称为“债权行为”。负担行为主要是双方行为，如买卖合同，但也有单方的负担行为，如悬赏广告。而处分行为是使既有的权利转移、设定负担、变更或消灭的

---

〔1〕《合同法》颁布后，关于处分行为和无权处分的争议观点，参见梁慧星：《如何理解合同法第51条》，载《人民法院报》2000年1月8日；王利明：《论无权处分》，载《中国法学》2001年第3期；崔建远：《无权处分辨——合同法第51条规定的解释与适用》，载《法学研究》2003年第1期；孙宪忠：《物权变动的原因与结果的区分原则》，载《法学研究》1999年第5期；张谷：《略论合同行为的效力——兼评〈合同法〉第三章》，载《中外法学》2000年第2期；孙鹏：《论无权处分行为——兼析合同法第51条》，载《现代法学》2000年第8期；韩世远：《无权处分与合同效力》，载《人民法院报》1999年11月23日；王轶：《论无权处分行为的效力——以物权变动模式的立法选择为背景》，载《中外法学》2001年第5期；葛云松：《论无权处分》，载《民商法论丛》2001年第4号总第21卷，金桥文化出版（香港）有限公司，第185～257页。

〔2〕参见崔建远：《处分行为理论真的那么美妙吗？——〈民法总则〉（草案）不宜采取负担行为与处分行为相区分的设计》，载《中国政法大学学报》2016年第5期；梁慧星：《民法总则立法的若干理论问题》，载《暨南学报》（哲学社会科学版）2016年第1期；孙宪忠：《民法典总则编“法律行为”一章学者建议稿的编写说明》，载《法学研究》2015年第6期。

〔3〕［德］布洛克斯、瓦尔克：《德国民法总论》，张艳译，中国人民大学出版社2012年版，第77页。

法律行为。[1] 针对物权的处分就是“物权行为”,包括双方的物权合意,单方的抛弃行为等。此外,债法编中也有大量的处分行为,如债权让与、债务免除等。

负担行为与处分行为的划分不是非此即彼,因为民法上还存在一些同时包含负担行为和负担行为的混合行为,例如免责的债务承担、债务变更、和解合同等。[2]

通说一般将负担行为与处分行为作如下比较:(1)处分行为须处分人具备处分权才能生效,而负担行为则不须义务人有此权利。(2)处分行为适用优先原则,即处分人实施数次处分行为,那么时间上最早的行为有效,而此后的处分行为不生效力(unwirksam)。例如,债权人将一个债权处分数次,则第一次处分有效,其余的不生效力。反之,针对不同人的数个负担行为不论时间先后,都是有效的。(3)处分行为适用确定原则(Bestimmtheitsgrundsatz),即最迟在处分行为生效时,处分的客体必须予以确定,否则无法确定处分行为变动的哪一项客体的权利状态。而负担行为(如种类之债)在债务特定化之前已然生效。(4)物权法上的处分行为还适用公示原则(Publizitätsprinzip),即处分行为须通过交付或登记的方式予以公示。[3]

负担行为和处分行为原本包含在同一交易之中,甚至可能在同一时间一起发生,但德国法学将二者从概念逻辑上严格区别开来:负担行为仅导致债权债务发生,并未直接使权利发生变动,而处分行为是对负担行为的履行,由此发生权利的变动。这一原则被称为“区分原则”或“分离原则”(Trennungsprinzip)。据此,负担行为和处分行为的有效要件和无效事由都要各自分别考虑和判断,其法律效果也不相同。[4]

负担行为或处分行为都能使相对方获得财产价值,称为给予(Zuwendung),

---

〔1〕 See Staudinger Kommentar zum BGB/ Karl-Heinz / Gursky, 2009, § 185, Rn. 4.

〔2〕 Larenz, Wolf, Allgemeiner Teil des Bürgerlichen Rechts, 9. Aufl., C. H. Beck 2004, S. 417.

〔3〕 参见[德]布洛克斯、瓦尔克:《德国民法总论》,张艳译,中国人民大学出版社2012年版,第80、81页;[德]迪特尔·梅迪库斯:《德国民法总论》,邵建东译,法律出版社2000年版,第168、169页。

〔4〕 Larenz, Wolf, Allgemeiner Teil des Bürgerlichen Rechts, 9. Aufl., C. H. Beck 2004, S. 421.

如所有权让与或取得一项合同的债权。通常发生财产上的给予需要法律上的原因(causa),即证明给予合理性的原因。罗马法上将原因分为赠与原因、信用原因和清偿原因。对于绝大多数负担行为而言,法律原因是法律行为的组成部分,因此,称为“原因行为”或“要因行为”,如果当事人未对法律原因达成合意,则不存在有效的法律行为。而所有的处分行为〔1〕(所有权让与、质权设定、债权让与)和少量的负担行为(如无因债务承认或票据债务的行为),都不需要法律原因作为法律行为的内容,因此称为“抽象行为”或“无因行为”。其实抽象行为并非完全没有原因,只是其原因通常存在于作为基础行为的原因行为中。当然有些处分行为基于纯粹的原因约定(如即时赠与),乃至根本不需要原因(如抛弃所有权)。〔2〕

负担行为与处分行为区分原则延伸出无因原则(或译抽象原则),即处分行为的效力判断不受负担行为效力的影响,作为原因的负担行为不成立或无效,不会导致处分行为的无效。《德国民法典》的立法目的在于通过无因原则确保交易的安全性。但无因原则也有缺点:(1)将统一的交易过程分为原因行为和抽象行为,有悖于大众观念;(2)无因原则保护交易安宁的功能可以被善意取得制度所代替;(3)以买卖为例,如果原因行为无效,不导致处分行为无效,则出卖人彻底丧失所有权,而仅享有不当得利请求权,如果买受人陷入破产或被其他债权人强制执行,出卖人利益得不到充分保护。尽管存在上述批评意见,但未对德国民法的无因原则形成根本冲击或否定。〔3〕

当然,法律行为的区分原则,并不一定必须伴随无因原则。〔4〕 例如,同为德国法系的瑞士和奥地利,就物权法上的物权变动采用负担行为和处分行

〔1〕 所有的处分行为以无因性为原则。参见 Vgl. Maximilian Haedicke, Der bürgerlich-rechtliche Verfügungsbegriff, JuS 2001, 966。

〔2〕 参见[德]布洛克斯、瓦尔克:《德国民法总论》,张艳译,中国人民大学出版社 2012 年版,第 83、84 页;[德]迪特尔·梅迪库斯:《德国民法总论》,邵建东译,法律出版社 2000 年版,第 169、170 页。

〔3〕 参见[德]布洛克斯、瓦尔克:《德国民法总论》,张艳译,中国人民大学出版社 2012 年版,第 84 页以下;[德]迪特尔·梅迪库斯:《德国民法总论》,邵建东译,法律出版社 2000 年版,第 176 页以下。

〔4〕 反之成立,即无因原则必然包含区分原则。参见 Larenz, Wolf, Allgemeiner Teil des Bürgerlichen Rechts, 9. Aufl., C. H. Beck 2004, S. 421。

为区分原则,但立法和通说并不承认无因原则,而采有因原则,即处分行为的效力受负担行为的影响。债法上的债权让与和个别无因债务契约,则仍采无因原则。[1]

负担行为与处分行为的区分,对于解决"无权处分"的法律构造问题,具有逻辑清晰的优点。[2] 处分行为是独立的法律行为,须以处分人具有处分权为必要,故处分人没有处分权或超出处分权限范围所实施的处分行为不生效力(效力待定)。倘若无权处分人得到权利人的事先允许或者事后追认,以及处分人事后取得处分权,则处分行为确定发生效力(参见《德国民法典》第185条)。如果处分行为不符合上述要求,从而确定不生效力,也不影响负担行为的效力。例如,出卖人出卖他人之物并为处分行为,权利人最终拒绝同意处分,只是发生债务的履行不能,即原初实际履行的给付义务消灭。[3] 但买受人仍可向无权处分人主张债务不履行的违约责任。[4]

(三)我国民法上的区分原则和无因原则的理论与实践

我国民法上关于负担行为和处分行为的问题,可以1999年《合同法》和2007年《物权法》作为"分水岭"。

第一阶段是1999年《合同法》颁布之前,我国民法学者主要从物权变动的角度探讨中国民法是否应采用物权行为理论,尚未从法律行为总则的高度讨论负担行为和处分行为的区分。由于这一时期物权行为理论刚刚被引入中国民法讨论,所以否定论占据优势地位,而否定物权行为独立性的学者,通常也会否定物权行为的无因性。[5] 承认物权行为独立性者,既有坚持物权

[1] Astrid Stadler, Gestaltungsfreiheit und Verkehrsschutz durch Abstraktion, Mohr Siebeck, 1996, S. 24 ff. 关于瑞士民法上物权行为有因性的述评,参见常鹏翱:《另一种物权行为理论——以瑞士法为考察对象》,载《环球法律评论》2010年第2期。

[2] 关于德国民法上无权处分制度的中文介绍,参见章正璋:《德国民法上无权处分之概念及规范体系》,载《私法研究》(第11卷),法律出版社2011年版,第3~23页。

[3] Medicus, Lorenz, Schuldrecht AT, 21. Aufl., Rn. 408. Staudinger Kommentar zum BGB/Löwisch / Caspers, 2009, § 275, Rn. 70.

[4] 陈自强:《契约违反与履行请求》,台北,元照出版公司2015年版,第212、213页。

[5] 代表性观点,参见梁慧星:《我国民法是否承认物权行为》,载《法学研究》1989年第6期;王利明:《物权行为若干问题探讨》,载《中国法学》1997年第3期。

行为无因性者，[1]也有不承认无因性者。[2]

这一时期我国的立法和司法实践未意识到处分行为的独立存在。例如，1984年最高人民法院《关于贯彻执行民事政策法律若干问题的意见》第55条曾规定：非所有权人出卖他人房屋的，应废除其买卖关系。部分共有人未取得其他共有人同意，擅自出卖共有房屋的，应宣布买卖关系无效。可见，无权出卖他人之物的买卖交易，不分买卖合同与处分行为，其法律效果统统为“买卖关系无效”。1990年最高人民法院《关于公房买卖的成立一般应以产权转移登记为准的复函》指出：“房管二所与哈铁办事处签订房屋买卖协议后，提出解除买卖协议，未办理产权转移登记手续，应认为该民事法律行为依法尚未成立，一方翻悔是允许的。”据此推断，法院认为房屋买卖合同须以登记作为成立要件，混淆了买卖合同与所有权转移登记。1995年颁布的《担保法》第41条规定：“当事人以本法第四十二条规定的财产抵押的，应当办理抵押物登记，抵押合同自登记之日起生效。”由该条的思想可见，立法者也未能彻底区分抵押合同和抵押权的设立登记。以上司法实践的结果往往使无辜的买受人、债权人遭受损害而得不到救济。[3]

第二阶段是1999年《合同法》颁布后至2007年《中华人民共和国物权法》（以下简称《物权法》）颁布前。《合同法》第51条首次规定无权处分的“合同”效力待定，此处“合同”究竟是“债权合同”抑或“处分行为”引发众多争议，由此可以透视这一时期关于区分原则的状况。对此主要有三种观点：

（1）债权行为效力待定说。梁慧星教授尽管在物权变动问题上认可原因行为与物权变动本身应区别开来，[4]但他并不承认负担行为与处分行为的区分，而是认为处分行为、物权变动的效果意思应纳入债权行为中一体把

---

〔1〕 孙宪忠：《物权行为理论探源及其意义》，载《法学研究》1996年第3期。

〔2〕 参见陈华彬：《基于法律行为的物权变动》，载梁慧星主编：《民商法论丛》（第6卷），法律出版社1997年版，第149页；李永军：《我国民法上真的不存在物权行为吗?》，载《法律科学》1998年第4期。

〔3〕 梁慧星：《制定中国物权法的若干问题》，载《法学研究》2000年第4期。

〔4〕 同上。

握。据此,《合同法》第 51 条中的“合同”就是指债权合同效力待定。[1] 由于梁慧星是《合同法》的主要起草人,该说在《合同法》颁布后较长时期内被奉为通说,也被我国司法实践遵从。从实证的案件来看,我国法院的裁判并不区分负担行为与处分行为,仍然是一体把握,并将“处分权”作为判断合同效力的要件,对于未经权利人追认,也未取得处分权的无权处分合同,通常按照合同无效处理。[2]

(2)区分原则与处分行为效力待定说。此说的主要代表为孙宪忠、韩世远、张谷等。[3] 该说以负担行为与处分行为的区分为基础,认为在无权处分中,处分行为效力待定,而出卖他人之物的买卖合同效力应按合同效力的一般规则判断。其最具说服力的理由是,如果出卖他人之物的债权合同因欠缺处分权,且未获得同意或事后取得处分权,则买卖合同不生效力,出卖人亦不用承担违约责任,仅须承担缔约过失责任,赔偿相对方的信赖利益损失,由此不利于保护合同当事人的履行利益。

(3)债权形式主义与债权合同有效说。尹田教授认为,我国物权法不承认物权行为理论,物权变动采债权形式主义模式,即债权合同加上形式要件(交付或登记)导致物权变动。由于债权合同不包含权利变动的意思,并不发生无权处分的问题,因此出卖他人之物的买卖合同是有效的。但他又认为交付或登记所体现的处分行为并非法律行为,而是事实行为。《合同法》第 51 条应理解为无权处分的事实行为效力待定。[4] 因为事实行为并不涉及合同效力问题,所以该理论并不符合基本的概念逻辑。

此外,还有些学者采取变通的解释,将《合同法》第 51 条效力待定的法律效果限缩为处分人“无处分能力”,[5] 或仅限于当事人约定动产物权自债

---

〔1〕 梁慧星:《如何理解合同法第 51 条》,载《人民法院报》2000 年 1 月 8 日。

〔2〕 黄泷一:《无权处分——理论实务总结与民法总则制订》,载《东方法学》2016 年第 6 期。

〔3〕 参见孙宪忠:《物权变动的原因与结果的区分原则》,载《法学研究》1999 年第 5 期;张谷:《略论合同行为的效力——兼评〈合同法〉第三章》,载《中外法学》2000 年第 2 期;韩世远:《无权处分与合同效力》,载《人民法院报》1999 年 11 月 23 日。

〔4〕 尹田:《法律行为分类理论之探讨》,载《法商研究》2007 年第 1 期。

〔5〕 崔建远:《无权处分辨——合同法第 51 条规定的解释与适用》,载《法学研究》2003 年第 1 期。

权合同成立即发生变动(意思主义)的情形,[1]或将无权处分合同效力与第三人的善意联系起来具体认定。[2] 这些理解显然都未直面问题且略显牵强。

综上,从《合同法》第51条的问题可以看出,《合同法》颁布后一段时期,我国民法理论和实务上对于负担行为与处分行为的态度。概言之,否定区分原则,一般会否定《合同法》第51条是处分行为的效力待定;肯定区分原则,通常会认定无权处分中的债权合同有效,而处分行为的效力待定。

与此同时,原先坚持物权行为理论的学者,仍继续主张中国民法应认可物权行为。[3] 而否定物权行为理论者,继续否定之。[4]

最后,2007年《物权法》颁布后,关于区分原则的理论和司法实务进入一个新发展阶段。《物权法》第15条规定:"当事人之间订立有关设立、变更、转让和消灭不动产物权的合同,除法律另有规定或者合同另有约定外,自合同成立时生效;未办理物权登记的,不影响合同效力。"根据立法机关的解释,本条确立了物权变动和基础关系即原因行为的区分原则,通过规定"有关设立、变更、转让和消灭不动产物权的合同"有效,有利于解决合同成立后没有办理登记或拒绝登记的违约问题。[5] 但需注意,根据通说,我国《物权法》采债权形式主义的物权变动模式,不承认独立的物权行为及无因性,所以立法机关所称的"区分原则"并非负担行为与处分行为的区分,而是"合同"与"物权变动"的区分,交付或登记等物权变动事实并非指物权行为。据此,梁

[1] 王轶:《论无权处分行为的效力——以物权变动模式的立法选择为背景》,载《中外法学》2001年第5期。

[2] 王利明:《论无权处分》,载《中国法学》2001年第3期。

[3] 参见孙宪忠:《再谈物权行为理论》,载《中国社会科学》2001年第5期;谢怀栻、程啸:《物权行为理论辨析》,载《法学研究》2002年第4期;徐涤宇:《物权行为无因性理论之目的论解释》,载《中国法学》2005年第2期。

[4] 参见米健:《物权抽象原则的法理探源与现实斟酌》,载《比较法研究》2001年第2期;崔建远:《从立法论看物权行为与中国民法》,载《政治与法律》2004年第2期;崔建远:《从解释论看物权行为与中国民法》,载《比较法研究》2004年第2期。

[5] 全国人大委员会法制工作委员会民法室编:《中华人民共和国物权法条文说明、立法理由及相关规定》,北京大学出版社2007年版,第22~24页。

慧星坚持认为,处分行为被纳入债权行为之中,物权变动是债权行为直接发生的效力。[1]

但《物权法》的新规则给法律解释带来更大的空间。一些学者从《物权法》第15条及有关物权变动的规定解读认为,《物权法》中存在大量的通过物权行为独立性和无因性来理解的规定。[2]

司法实践也逐渐向区分原则的方向发展。2009年最高人民法院《关于适用〈中华人民共和国合同法〉若干问题的解释(二)》(以下简称《合同法司法解释(二)》)第15条规定出卖人订立的多重买卖合同,如没有《合同法》第52条的无效情形,则买受人因不能按照合同约定取得标的物所有权的,可以请求追究出卖人的违约责任。据最高人民法院的解释,该条的基础正在于债权合同与物权变动区分原则,因为债权合同的效力是独立的,是否登记或交付影响物权变动的效果,而对于债权合同效力的判断依据是《合同法》第52条。并且,如果多重买卖的其中一个买受人取得所有权后,出卖人仍继续出卖标的物,实际上构成无权处分,而依据区分原则,物权不能发生变动,不影响债权合同的效力。[3]

2012年最高人民法院《关于审理买卖合同纠纷案件适用法律问题的解释》(以下简称《买卖合同司法解释》)第3条第1款规定:"当事人一方以出卖人在缔约时对标的物没有所有权或者处分权为由主张合同无效的,人民法院不予支持。""出卖人因未取得所有权或者处分权致使标的物所有权不能转移,买受人要求出卖人承担违约责任或者要求解除合同并主张损害赔偿的,人民法院应予支持。"据最高人民法院的解释,该条的理论基础是:根据"物权变动的原因与结果区分原则",出卖人缔结合同时没有所有权或处分

---

〔1〕 梁慧星:《民法总论》(第3版),法律出版社2007年版,第165页。

〔2〕 参见葛云松:《物权行为:传说中的不死鸟——〈物权法〉上的物权变动模式研究》,载《华东政法大学学报》2007年第6期;田士永:《〈物权法〉中物权行为理论之辨析》,载《法学》2008年第12期。

〔3〕 最高人民法院研究室编著:《最高人民法院关于合同司法解释(二)理解与适用》,人民法院出版社2009年版,第114、115页。

权,并不影响作为原因行为的买卖合同效力,买受人是否取得标的物所有权取决于出卖人嗣后能否取得处分权,因此《合同法》第51条的无权处分“合同”应限缩理解为处分行为,而不包括负担行为。无权处分中的负担行为确定有效,而处分行为效力待定。[1]

从法院的裁判情况来看,区分原则和处分行为概念逐渐获得法院的认可。兹按法院解决的不同纠纷问题,举例如下:

(1)未经抵押权人同意不得转让抵押物,该限制仅针对物权变动。例如,最高人民法院(2008)民一终字第122号民事判决书中指出:因抵押人转让抵押物未通知抵押权人,当事人主张抵押物转让合同无效。最高人民法院裁判理由是:根据《物权法》第15条的规定,当事人之间订立有关设立、变更、转让和消灭不动产物权的合同,除法律另有规定或者合同另有约定外,自合同成立时生效;未办理物权登记的,不影响合同效力。该规定确定了不动产物权变动的原因与结果相区分的原则。物权转让行为不能成就,并不必然导致物权转让的原因即债权合同无效。当事人双方签订的物权转让合同作为物权转让的原因行为,是一种债权形成行为,并非该物权转让的物权变动行为。相关法律关于未经通知抵押权人而导致物权转让行为无效的规定,其效力不应及于物权变动行为的原因行为。[2]

(2)明确某些强制性法律规定仅约束物权行为。例如,江苏省南京市中级人民法院(2013)宁民终字第2559号民事判决书指出:房屋买卖合同签订时,出卖人尚未取得房屋所有权,其援引《城市房地产管理法》第38条第6项之规定,即“未依法登记领取权属证书的”,不得转让,主张合同无效。对此一审法院认为:当事人签订的房屋买卖合同,合法有效。买受房在买卖时尚未取得产权证书,不影响合同效力。出卖人朱卫国援引的《城市房地产管理

[1] 最高人民法院民事审判第二庭:《最高人民法院关于买卖合同司法解释理解与适用》,人民法院出版社2012年版,第69~87页。

[2] 最高人民法院(2008)民一终字第122号民事判决书,载《最高人民法院公报》2009年第4期。类似案件裁判理由参见山东省威海市中级人民法院(2013)威商终字第123号民事判决书。

法》第38条第6项之规定,即"未依法登记领取权属证书的,不得转让",系管理性规范,主要约束物权行为,不影响合同效力。据此判决出卖人毁约在先,无权解除合同,也无权要求返还定金。二审法院维持原判。[1]

(3)转让尚未取得的股权,股权转让合同有效。例如,最高人民法院(2010)民提字第153号民事判决指出:本案的焦点问题是,中岱公司与达宝公司签订股权转让合同,约定将其持有的部分中珊公司股权转让给达宝公司,但在转让合同签订时,中岱公司未持有中珊公司的股权,该股权转让合同是否有效。最高人民法院审理后认为,"股权转让合同中,即使双方约定转让的股权系合同外的第三人所有,但双方的约定只是使一方负有向对方转让股权的义务,而没有实际导致股权所有人的权利发生变化,不能以出让人对股权无处分权为由认定股权转让合同系无权处分合同进而无效"。可见,股权转让合同仅为负担义务行为,不因出让人欠缺处分权而无效。[2]

(4)合同解除并非对物的处分,当事人应遵守合同约定。最高人民法院(2013)民提字第90号民事判决的裁判理由指出:"根据《物权法》第15条规定之精神,处分行为有别于负担行为,解除合同并非对物进行处分的方式,合同的解除与否不涉及物之所有权的变动,而只与当事人否继续承担合同所约定的义务有关。本案中,蜀都实业公司确实仍然对该房屋享有所有权,但这并不意味着其可在不符合当事人约定或者法律规定的情形下随意解除双方之间的合同关系。在双方房屋买卖法律关系成立并生效后,蜀都实业公司虽系该房屋的所有权人,但其应当依约全面、实际履行其在房屋买卖法律关系项下的义务。"[3]

(5)无权处分中的"处分"不包括负担行为。例如,江苏省扬州市中级人民法院(2014)扬民终字第0145号民事判决中指出:当事人薛×要求确认无权出卖他人的房屋买卖合同无效。法院认为:首先,确认合同是否无效,应当

---

〔1〕 江苏省南京市中级人民法院(2013)宁民终字第2559号民事判决书。

〔2〕 最高人民法院(2010)民提字第153号民事判决书,载《最高人民法院公报》2012年第5期。

〔3〕 最高人民法院(2013)民提字第90号民事判决书。

以《合同法》第52条为依据,而薛×主张的无权处分显然并非上述法定合同无效的情形之一。其次,《合同法》第51条规定:无权处分人处分他人财产,经权利人追认或者无处分权的人订立合同后取得处分权的合同有效。这里的"处分"和"合同",仅指处分行为即标的物之物权的转移变更,而不包括负担行为及处分合同在内。在出卖他人之物的情形,处分合同的效力并非未定,而是确定有效的。本案中,虽房屋出卖人薛×系无权处分,但并不因此而导致本案所涉房屋买卖协议无效。最后,《买卖合同司法解释》第3条已明确规定:当事人一方以出卖人在缔约时对标的物没有所有权或者处分权为由主张合同无效的,人民法院不予支持。综上,薛×以其系无权处分为由要求确认涉案房屋买卖合同无效的诉求依法不能支持。[1]

综上所述,我国目前关于物权变动的区分原则已获得通说地位,但关于区分原则的含义,民法理论上仍有不同认识:

(1)坚持债权形式主义者,主张区分原则是"债权合同"与"物权变动"的区分,物权变动的要件包括交付和登记属于事实行为,而非法律行为(物权行为)。无权处分情形下,债权合同仍然有效,但未经权利人同意不发生物权变动。这种观点仍是否定物权行为的独立性。[2]

(2)坚持物权行为论者(物权形式主义),主张区分原则是"债权合同"与"物权合同"的区分,对应着二者的上位概念是"负担行为—处分行为"。无权处分情形下,债权合同有效,物权合同(处分行为)效力待定。[3] 从前述所引案件裁判文书看,近期法院更倾向于采纳负担行为—处分行为区分的

---

〔1〕 江苏省扬州市中级人民法院(2014)扬民终字第0145号民事判决书。类似案件裁判理由参见重庆市第四中级人民法院(2014)渝四中法民终字第00146号民事判决书;上海市第一中级人民法院(2013)沪一中民二(民)终字第3506号民事判决书。

〔2〕 梁慧星研究员、王利明教授坚持这种观点。此外,最近观点,参见杨明宇:《物权法第15条的涵义与负担行为、处分行为的区分——兼评最高人民法院买卖合同司法解释第3条》,载《暨南学报》2013年第9期;吴光荣:《再谈无权处分行为的效力——兼论法释[2012]8号第3条的理论基础》,载《法学家》2015年第5期。

〔3〕 除前文引注的相关研究者之外,近期观点,参见黄泷一:《负担行为与处分行为区分的实务继受——以最高法院的司法判决和裁判文书为分析对象》,载《河北法学》2015年第5期。

表述。

就物权变动的无因性问题,坚持债权形式主义者,当然不认可物权行为的无因性。而主张物权行为论者,多数进一步主张无因原则。也有学者提出瑞士民法上物权行为无有因性也是一种理论构造方向。[1]

关于债法上的处分行为及其无因性问题,也有分歧。就债权让与而言,有学者认为其具有独立性和无因性;[2]有学者认为债权让与是债权让与合同的当然效果,债权让与是事实行为,因而没有独立性和无因性;[3]有学者认为债权让与具有独立性,但不具有无因性,原因行为无效或被撤销,债权让与不生效力。[4] 但票据法上的债权让与或证券化的债权让与,都认可无因性。[5] 关于债务免除,主流观点认为是处分行为和无因行为。[6]

归纳而言,负担行为与处分行为是法律行为的基本分类,在我国《物权法》上,二者的区分原则基本获得认可,但无因原则尚有争议。负担行为和处分行为的区分原则和无因原则,在我国债法上分歧较大,未形成稳定的通说。

此外,关于票据法上的无因债务行为,通说认为具有独立性和无因性。[7]

(四)处分行为与民法典总则的制定和解读

在制定《民法典》《民法总则》的过程中,就是否应规定处分行为、无权处分以及负担行为和处分行为的区分原则,仍延续此前鲜明对立的观点:

---

[1] 常鹏翱:《另一种物权行为理论——以瑞士法为考察对象》,载《环球法律评论》2010年第2期。

[2] 张广兴:《债法总论》,法律出版社1997年版,第234页。

[3] 崔建远:《合同法》(第2版),北京大学出版社2013年版,第238~239页。

[4] 参见韩世远:《合同法总论》(第2版),法律出版社2008年版,第410~412页;朱广新:《合同法总则》(第2版),中国人民大学出版社2012年版,第404页。

[5] 参见崔建远:《合同法》(第2版),北京大学出版社2013年版,第239页;韩世远:《合同法总论》(第2版),法律出版社2008年版,第412页。

[6] 胡康生主编:《中华人民共和国合同法释义》(第2版),法律出版社2009年版,第175页;韩世远:《合同法总论》(第2版),法律出版社2008年版,第513、514页。

[7] 参见谢怀栻:《票据法概论》,法律出版社2006年版,第45页;朱庆育:《民法总论》(第2版),北京大学出版社2016年版,第175、176页;陈华彬:《罗马法的traditio、stipulatio与私法上无因性概念的形成》,载《中国法学》2009年第5期。

(1)肯定说。2014 年我国民法典制定计划启动以后,许多学者发表文章,主张在《民法典》中应规定处分行为的概念以及区分原则。孙宪忠提出《民法典》的法律行为制度应采纳负担行为与处分行为的区分原则,在权利的设立、变更、转让和处分上均贯彻意思自治原则。民商事交易中普遍存在先成立请求权,然后发生权利变动的过程,区分原则对于民商事包括知识产权交易的案件,具有普遍的指导价值和贯穿的作用。不承认区分原则会造成民事裁判规则的混乱,最典型者为无权处分规则。近期最高人民法院的司法解释逐步采纳区分原则的思路。[1] 陈卫佐教授提出,在制定民法典的过程中,应以处分行为概念代替物权行为概念,因为后者不够精确、不够概括。他希望通过澄清处分行为的概念,解决《合同法》第 51 条、《物权法》第 15 条中的无权处分和区分原则的本意。[2] "一审稿"出台后,金可可教授撰文指出法律行为章若不规定处分行为,必致重大的法律漏洞,姑且勿论物权行为的独立性和无因性,物权法之外仍有大量的处分行为现象,如债权让与、债务免除、免责的债务承担等,因此建议增设"处分行为之生效,以处分人有处分权为要件"作为处分行为的一般规定。[3] 此外,还有学者提出《民法总则》应直接规定负担行为与处分行为的区分,以及无权处分的效力待定的条文。[4] 但上述学者对于是否采用处分行为的无因性,未做肯定的表态。

(2)否定说。在制定民法典总则的过程中,梁慧星首先反对采纳负担行为与处分行为的区分原则,他认为《民法典》应延续《物权法》的债权形式主义物权变动模式,不采纳德国的物权行为的独立性和无因性;至于无权处分规则,应交由民法典的合同编来规定,不宜放在民法总则。[5] 崔建远也明确

---

〔1〕 孙宪忠:《民法典总则编"法律行为"一章学者建议稿的编写说明》,载《法学研究》2015 年第 6 期。

〔2〕 陈卫佐:《处分行为理论之正本清源》,载《政治与法律》2015 年第 7 期。

〔3〕 金可可:《对草案体系等若干重大问题的修改意见》,载《东方法学》2016 年第 5 期。

〔4〕 黄泷一:《无权处分——理论实务总结与民法总则制订》,载《东方法学》2016 年第 6 期。

〔5〕 梁慧星:《民法总则立法的若干理论问题》,载《暨南学报》(哲学社会科学版)2016 年第 1 期。

反对负担行为与处分行为的区分原则,而其理由亦未超出否定论者此前的观点。[1]

从立法机关的起草过程来看,自 2015 年 8 月 28 日人大法工委民法室的"室内稿"开始,法律行为章一直未规定处分行为或处分权。但是否意味着《民法总则》中的法律行为一定排除处分行为呢?《民法总则》未直接规定处分行为,就未必就是反对处分行为以及区分原则。更有可能的理解是,鉴于我国民法学界在该问题上一直存在重大争论,为稳妥起见,立法机关将此问题留给学术讨论,而避免在《民法典》中采取一锤定音式的规定。

基于民法学说的立场,笔者认为,我国《民法典》第 134 条规定的法律行为概念应包括处分行为。除其他支持者作出的论证之外,笔者补充理由如下:

首先,按文义解释方法,《民法典》第 134 条规定法律行为是"民事主体通过意思表示设立、变更、终止民事权利义务关系的行为",此处的民事权利义务关系,应作广义理解,包括债权、物权、身份权、知识产权等民事法律关系。就其中的财产权而言,"设立"债权债务关系,可以通过债权合同,或单方法律行为(如悬赏广告)这样的负担行为发生。但是通过法律行为"设立"其他的财产权,或变更、终止财产权,必定是对既有的物权、债权、知识产权等进行直接变动,例如所有权让与、用益物权或担保物权的创设、抛弃物权、变更物权内容、债权让与、债务免除、知识产权转让、知识产权质押等,这些法律行为正符合"既有的权利转移、设定负担、变更或消灭"的处分行为特征,不能否认这些客观存在的意思表示。

其次,以体系方法考察,处分行为是对既有民事权利或民事法律关系的变动,不限于物权行为,也不限于必须有原因行为(负担行为)的情形(如抛弃、解除)。即使我国部分学者基于对物权行为独立性或无因性的疑虑,反对其上位概念处分行为,但如何理解物权行为以外的、变动民事权利义务关系

〔1〕 崔建远:《处分行为理论真的那么美妙吗?——〈民法总则〉(草案)不宜采取负担行为与处分行为相区分的设计》,载《中国政法大学学报》2016 年第 5 期。

的意思表示就成为难题。处分行为的对象可以是个别权利,也可以是整体的民事法律关系,除物权法上的处分行为之外,债法上还有大量的处分行为:我国《合同法》第77条合同变更、第79条债权让与、第84条免责的债务承担、第88条合同权利义务概括承受、第105条债务免除等;以及各种形成权的行使,[1]如《合同法》第54条撤销权或变更权,第93、94条的解除权,第99条的抵销权,第47、48、51条的追认权等。此外,知识产权法和商法上也涉及诸多民商事权利义务关系变动的法律行为。如果否认处分行为概念,从民法的外部体系来看,上述法律行为将无处安放。作为总则性的规定,第134条的民事法律行为理当包括处分行为。

最后,从我国司法实践发展趋势来看,《合同法司法解释(二)》第15条、《买卖合同司法解释》第3条基于区分原则思想,认可出卖他人之物的买卖合同,并不以处分权为必要,债权合同有效。尽管区分原则有两种理解,包括债权合同——物权变动的区分;负担行为——处分行为的区分,但从上文所引案例的裁判理由可见,我国法院的法官越来越倾向于采用后一对概念来理解当事人的民事法律关系。

总之,尽管《民法典》总则第六章"法律行为"未作规定,但我们可以从第134条解读出处分行为的内涵。我国今后的民法学说应继续完善处分行为和区分原则的理论体系,司法实践中也可采用处分行为理论作为裁判依据。

至于处分行为与原因行为的有因、无因问题,涉及立法上的重大价值判断,《民法典》未显示端倪,且我国通说物权变动采有因原则,暂可维持有因原则。

六、结语

我国《民法典》第134条民事法律行为概念的界定源自德国民法上的法

〔1〕 形成权的行使是处分行为,并不是因为它的行使而自身消灭,而是作为权利对象的法律关系受到影响而发生变动。形成权因行使而消灭只是权利行使的附带后果。参见 Maximilian Haedicke, Der bürgerlich-rechtliche Verfügungsbegriff, JuS 2001, 966. Larenz, Wolf, Allgemeiner Teil des Bürgerlichen Rechts, 9. Aufl., C. H. Beck 2004, S. 412。

律行为,它的核心是民事主体通过意思表示设定自身权利义务的法律工具,是最为重要的导致民事权利义务关系发生的法律事实。总体而言,德国民法学理上关于意思表示包括内部要素和外部要素的二重构造具有较强的解释力,在解释我国民法上意思表示规则时仍然可以参考适用。《民法典》未规定负担行为和处分行为的区分,但我国民法学理仍不妨将其作为概念分析工具,以解释出卖他人之物合同的效力、无权处分行为的效力。

免责条款的合同法效力

——判例、规则、现代法干预与借鉴

廖志雄*

引 言

让我们从一个真实的免责条款例子引出我们将要讨论的问题。顺丰速运有限公司“我的顺丰”系统平台(i. sf-express. com)在其网页上公布的《服务条款》包括这样一些条款:[1]

一、特别申明

1. 用户必须完全同意所有服务条款,才能注册成为“我的顺丰”的正式会员,用户在进行注册过程中点击“同意协议并进入下一步”即表示用户已完全知悉并接受全部服务条款。

顺丰速运有权根据业务需要酌情修订“条款”,并在其网站上予以公告。如用户不同意相关修订,请用户立即停止使用“服务”。经修订的“条款”一经在顺丰速运网站公布,即产生效力。如用户继续使用“服务”,则将视为用户已接受经修订的“条款”。

……

* 廖志雄,新西兰怀卡托大学法学院高级讲师,法学博士。

〔1〕 参见顺丰速运有限公司《服务条款》,载 https://www. sf-express. com/cn/sc/about_us/member_interests/,最后访问时间:2020 年 5 月 18 日。

七、免责声明

1. 用户明确同意使用“我的顺丰”下单及查询服务所存在的风险及产生的一切后果将完全由用户自己承担。

2. “我的顺丰”不担保服务一定能满足用户的要求,也不担保服务不会受中断,对服务的及时性、安全性、出错发生均不作担保。

……

九、违约赔偿及责任限制

1. ……

2. 用户同意“我的顺丰”不会为用户因使用本网站而招致的损失负上任何法律责任,也同意放弃追究“我的顺丰”任何赔偿。如果此项声明不适用于个别的例子,“我的顺丰”的责任不会超过用户在本网站下单所付出的金额。

假设出现下面这些情形,上面这些条款的效力会被法院接受吗?

1. 用户在注册账户时并没有阅读该《服务条款》;

2. 顺丰速运单方面修改了服务条款并公布于网站上,但是某一注册用户并没有注意到该修订,并使用了下单或查询服务,该用户受到该修订后条款的约束吗?

3. 假定完全由于顺丰速递自身或者其员工的过错,甚至是极端严重的错误,导致了用户的损失,并且该损失明显超出该用户在该网站下单所付出的金额,顺丰速递是否可以依赖上述条款免除或限制责任?

本文将结合原《合同法》以及新颁布的《民法典》的有关法律规定,尝试回答上述问题,并结合对其他国家特别是普通法系有关判例和法律规则的讨论,提出如何借鉴完善我国相关立法和司法的建议。

一、《合同法》的相关规定及疑问

《合同法》第40条规定:“格式条款具有本法第五十二条和第五十三条

规定情形的，或者提供格式条款一方免除其责任、加重对方责任、排除对方主要权利的，该条款无效。”

该条列出了格式条款无效的三种情形。一是《合同法》第 52 条的情形，即一方以欺诈、胁迫的手段订立合同，损害国家利益；恶意串通，损害国家、集体或者第三人利益；以合法形式掩盖非法目的；损害社会公共利益；违反法律、行政法规的强制性规定。依据该条并不能直接得出上述相关《服务条款》无效的结论。

二是《合同法》第 53 条所列的情形。第 53 条规定：“合同中的下列免责条款无效：（一）造成对方人身伤害的；（二）因故意或者重大过失造成对方财产损失的。”显然，以上顺丰速递的《服务条款》属于格式条款。比照《合同法》第 53 条的规定，上述《服务条款》的第 7 条第 1、2 款以及第 9 条第 2 款的法律效力就非常值得疑问。因为该等条款排除了顺丰速递的一切责任，即使该公司或者其员工存在故意或重大过失的情形下。

三是“提供格式条款一方免除其责任、加重对方责任、排除对方主要权利”的情形。很明显，《服务条款》第 9 条第 2 款规定的“（顺丰速运）不会为用户因使用本网站而招致的损失负上任何法律责任”属于免除格式条款提供方责任。第 7 条第 1 款规定的“用户同意……所存在的风险及产生的一切后果将完全由用户自己承担”属于提供格式条款一方加重对方责任或排除对方主要权利。第 9 条第 2 款规定的“（用户）同意放弃追究……任何赔偿”属于提供格式合同一方排除对方主要权利。

从以上简要观察至少可以得出一个表面结论，该《服务条款》的上述条款是否在合同法上有效是存疑的。而这些条款似乎是整个《服务条款》的核心，如果这些条款无效，整个《服务条款》的价值或意义就大打折扣。那么，为什么顺丰速运还要有加入这些似乎“显然无效”的条款呢？这些条款真的就绝对没有合同法上的效力吗？法院对这样的条款将会如何认定和处置？

事实上，许多商品或服务提供者都在其网站上公布了类似这样的条款，如果依照合同法当然无效，它们就既不充分也无必要；它们是普遍存在的事实,是否至少表明存在其他的可能性呢?譬如在某些情形下它们可能是有效的;或者说,《合同法》的上述规定过于刚性,法院在司法的过程中可能引入某些柔性的处理或变通?如果这样,法院应该依据什么样的规则或者考虑哪些因素呢?新颁布的《民法典》对此是否有所改变呢?

免责条款如果是合同条款之一,免责条款的效力问题涉及两个重要的合同法原则的冲突。一方面,依照合同自由原则,[1]合同当事人可以自由决定是否订立合同,跟谁订立合同,以怎样的条款来订立合同。除非存在明显违反法律和公共政策的情形,合同当事人的自由应当得到尊重。法官的职责不包括告诉合同当事人如何订立合同,更不包括将当事人已经一致同意的合同条款进行删除或变更,或者强加于合同当事人一个从未达成过的条款。而另一方面,合同法的公平原则和诚实信用原则要求合同各方不得滥用权利、利用优势地位强加他方不公平的交易条件。[2] 因此,对免责条款合同法上效力的认定,是一个在相互冲突的法律基本原则中寻求平衡的过程。单纯强调一方面而忽略另一方面的方法是不可取的。

免责条款有悠久的历史,并且关于该等条款是否应该具有法律效力,几乎是所有法律体系普遍要面对的命题。合同法是相对而言较少地域色彩的法律,这使得观察和借鉴其他法系或法域的立法司法经验具有意义。对于如何处理免责条款的合同法效力,普通法系已经建立起一套较为成熟的规则,并且在其丰富的判例中得到应用佐证,不断完善。为此,本文拟对普通法的相关规则及判例做一系统考察,以供借鉴。

二、分析免责条款效力的基本逻辑思路

某合同法著作中提到这样一个案例,某洗衣公司印制的“取衣凭证”上注明:“自取货之日起逾期 15 日不取,如遇不可抗拒的损失,本公司概不负

〔1〕 见《合同法》第 4 条;《民法典》第 5 条。
〔2〕 见《合同法》第 5、6 条;《民法典》第 6、7 条。

责,并应自付保管费。"[1]从上下文分析,可以推断该书作者主张该凭证上的条款无效,其理由是该凭证"并未规定逾期交货所应承担的责任",并且"不可抗拒的损失"如何解释完全由该公司自己决定,顾客不能提出异议。[2]

这样的分析逻辑是存在问题的。假设该"取衣凭证"加上洗衣公司"逾期交货所应承担的责任",并且顾客可以就"不可抗拒的损失"如何解释提出异议,那么该书作者提出该条款无效的原因或理由就消失了,那么,这样的免责条款就有效了吗?

其实该书作者忽略了一个重要的逻辑起点,即该"取衣凭证"是否构成洗衣合同条款的组成部分。如果该"凭证"并非合同的组成部分,一切关于其所记载的条款如何解释、是否有效的讨论都是多余的。按通常的交易习惯,顾客将需要洗涤的衣物交到洗衣公司职员的手中,职员依照价目表或其他依据计算应当收取的费用,不论该费用是否即时收取,邀约和承诺的缔约过程已经完成,洗衣合同已经成立。此后,洗衣公司的职员将"取衣凭证"交给顾客,此行为明显发生在洗衣合同成立之后,所以不论该"取衣凭证"上记录了怎样的条款,都并非已经成立了的洗衣合同的组成部分,因而不可能对顾客有任何约束效力。除非顾客阅读了"取衣凭证"的条款并表示接受,否则该等条款充其量只是一个由洗衣公司提出的在已经成立的洗衣合同之外的新的邀约。

本文认为,分析免责条款效力的基本逻辑思路应该包括这样几个步骤:首先,涉及的条款是否是合同的组成部分,如果答案是否定的,则该条款在当事人之间不具有合同法上的效力,条款如何解释、公平合理与否成为不必要的问题。其次,如果涉及的免责条款构成合同的组成部分,那么该条款如何恰当解释,之后发生的情形是否为免责条款的范围所涵盖。如果解释的结果显示之后发生的情形超出了免责条款的涵盖范围,则免责条款不起作用,此时,免责条款本身公平与否仍然是一个多余的问题。再次,如果之后发生的

---

[1] 吴飙、朱晓娟:《合同法——原理、规则、案例》,清华大学出版社2006年版,第73页。
[2] 同上。

情形为免责条款的范围所涵盖,则看该条款是否公平合理,是否违反有关的法律或者公共政策。最后,在特定的情况下,或者需要考虑依赖免责条款的一方,是否存在"根本违约"的情形,从而导致其依赖免责条款的保护显失公平,进而促使法院部分或全部地否定该免责条款的效力。

三、免责条款是否合同的组成部分

这涉及几个重要的问题,第一,免责条款呈现的时间问题。免责条款呈现给合同他方的时间是判断其是否为合同组成部分的逻辑起点。

要成为合同的组成部分,免责条款应当在合同缔结之前或之时就为对方所得知,这样对方才有机会考虑是否接受,如此才能够形成合意,对方才可能受到该条款的约束。因此,加入免责条款的一方,对他方有告知的义务,他方应当得知或理应得知(如因为过往双方的多次交易都包含该条款)该条款,这样该条款才有可能成为合同的组成部分。这个时间要求也同样适用于单方修订的合同条件,如果合同他方并未知悉或者理应知悉,则该条款对合同他方没有约束力。

试想这样的例子,顾客走到酒店的前台,定了房间,付了费用,拿到钥匙,进入房间。进入房间后发现,在房间门的里侧,贴有酒店的免责声明:"本酒店对客人的财物损失概不负责,除非客人已经将贵重物品交由前台保管"。顾客外出时,酒店的清洁工疏忽,未能及时锁上房门,盗贼趁机进入房间盗取了客人的贵重物品。[1]那么,在这种情形下,酒店是否能够依赖于房门里侧张贴的免责声明免除责任呢?答案是否定的,除非该客人之前曾经多次到该酒店,已经得知该免责条款,否则,他/她是在与酒店的服务合同订立之后才得知该免责条款,该条款并非酒店服务合同的组成部分。这是因为,顾客与酒店之间的服务合同,已经在酒店前台计价付款之时完成缔约过程,合同已告成立,而当时顾客并不得知这个免责条款,因而合同并不包括这个条款。

---

〔1〕 参见英国上诉法院判例:*Olley v. Marlborough Court Ltd* [1949] 1 KB 532,[1949] 1 All ER 127(CA)。

即使酒店主张其“有权单方面修改合同”,该单方面修改也并未得到客人的接受,加入免责条款的合同变更对该顾客并不具有法律约束力。

第二,免责条款是否已经得到合同他方的签署。免责条款或者包含免责条款的文件,是否必须得到合同他方的签署才有可能生效?依照通常证据规则,一个人对其签署的文件负责,除非他/她能够证明签署该文件并未出自其真实意思,譬如是在被强迫、被欺诈等情形下签署的。这个规则在一个英国判例里得到体现。在该案中,原告向被告购买了一台自动香烟售卖机。《销售协议》中包含这样一个条款:“本协议包含了本人同意购买的上述售卖机的全部条款和条件;任何本协议未提及的明示或默示条件、陈述、(质量及服务)保证,无论是否法定,在此一并排除。”原告取得售卖机后,发现其不能正常使用,起诉被告违反货物销售法中关于商品符合特定目的用途的义务。[1]法院判决原告败诉,理由是,当一个包含合同条款的文件被签署,在没有欺诈、虚假陈述等(否定签署人的真实意思表示的)情形下,签署人应当受到该文件的约束;至于他是否已经阅读该文件无关紧要。[2]

这涉及一个重要的合同法问题,签字是否代表了签署人的真实意思。内在意思与外在形式之间如何取舍?上述英国法院的判例表明,签署包含免责条款的文件通常会被认为是接受约束的结论性证据。这个立场,得到了澳大利亚和新西兰法院的支持。但是,加拿大法院采取了不同的立场。在*Crocker v. Sundance Northwest Resorts Ltd*案中,[3]原告在酒醉的状态下,参加被告滑雪场的轮胎滑雪比赛。参赛者坐在充气的汽车内胎上,从滑雪场高处往下滑。原告签署了参赛申请表,该申请表包含了意图排除被告作为比赛组织者的任何责任。在比赛过程中,原告从轮胎滑落并被甩出,严重受伤,原告因此起诉被告,称被告举办具有内在危险性的比赛,且允许严重醉酒的人

---

〔1〕 对于非消费者特别法管辖的一般货物销售,合同双方可以以合同排斥或变更合同补充性质的货物销售法条款。

〔2〕 *L' Estrange v. F Graucob Ltd* [1934] 2 KB 394(KB).

〔3〕 *Crocker v. Sundance Northwest Resorts Ltd*(1985) 51 DLR(4th) 321 at 333.

参加,这是疏忽大意,应当承担责任。被告依赖申请表里包含的免责条款抗辩。加拿大最高法院判决被告不能依赖该免责条款,理由是尽管原告人签署了申请表,但是被告人并没有就免责条款提请原告人注意,原告人也并未阅读甚至根本就不知道免责条款的存在,因此该免责条款对原告人不具有约束力。

考虑到大陆法系关于民事法律行为的规则以及法院在合同解释中比普通法系法院更为重视探寻当事人的真实意思的状况,中国法院在司法实践中,如果把签字当作合同他方接受免责条款约束的真实意思表示的结论性证据,恐怕过于绝对,并不妥当。加拿大法院的做法,或许更值得借鉴。

第三,加入免责条款的一方是否已经采取必要措施使得免责条款引起合同他方的足够注意。在合同他方没有签署包含免责条款文件的情形下,或者即便合同他方已经签署,如果法院采取类似于加拿大法院的立场,并不将签署文件当然地看作结论性证据,那么,免责条款是否引起合同他方的足够注意,是免责条款是否已经被合同他方接纳并可能生效的关键。引起合同他方注意的方法多种多样,譬如向他方特别指出免责条款所在,口头提醒他方阅读免责条款,用鲜明的颜色和大号的字体突出免责条款等。免责条款越不寻常,越难以预料,排除的责任越大,提请注意的义务也越重,对提请注意的要求也越高。[1]在一个关于停车场免责条款的案子中,原告将其汽车停放在被告的停车场,他之前并未使用过该停车场。停车场外边有一个牌子,上面写着"停放于本停车场车辆的车主承担一切风险"。停车的流程是这样的,车主驾车到入口处,从自动闸机口取一张停车票,然后继续往里开,找位置停车。停车票包含这样的字句"本小票依照本场所展示的条件签发"。停车场内墙上展示的条款之一,是免除被告停车场对客户人身伤害的责任。原告并

〔1〕 这一点可以从英国上诉法院在 *Interfoto Picture Library Ltd v. Stiletto Visual Programmes Ltd* [1989] QB 433(CA) 的判决得到例证。该案并非关于免责条款,但其中包含负担非常沉重的逾期归还付费条款,法院认定如此沉重的负担条款,应当需要依赖该条款的一方采取非常明显的必要措施提请对方注意。正如丹宁勋爵在 *Spurling v. Bradshaw* [1956] 2 All ER 121 所指出的,有些免责条款是如此的(非同一般或者令人惊诧),以致需要一只红色的大手指来指向它来提请他方注意。

没有注意到停车小票上的字句，也没有阅读停车场内墙上展示的条款。他在返回取车时受伤，起诉要求被告停车场承担责任。被告主张依赖停车场内展示的条款免责，但该主张被法院拒绝。英国上述法院认为，停车场地自动停车售票闸机代表其向前来停车的人邀约，邀约的条件是受要约人，即驾车进入的车主能够在该闸机附近能够看到条款内容，投币取票已经表明合同成立。一方面，停车小票的字句来得太晚，已经是停车合同成立之后，故此并非合同组成部分；另一方面，停车场也没有采取足够的步骤提请对方注意免责条款，除非被特别提醒，罕有停车者在入口处取得停车小票后阅读小票上面的字句。因而，该免责条款对原告没有约束效力。[1]免除人身伤害责任非同寻常，所以提请他方注意的步骤也应当非同寻常。

如果合同各方之间已经存在多次交易，并且免责条款已经包括在之前的交易合同之中，那么，依赖免责条款的一方可以主张合同他方知道或者应当知道该免责条款，提请注意的义务将大大减轻。对免责条款尽提请注意的义务，也被《合同法》及《民法典》所确认。[2]但对于过往交易是否能够减轻或者免除提请注意免责条款义务，我国法律未作规定。

第四，是否对免责条款内容存在虚假陈述或者免责条款以非合同文件的形式呈现。通常情况下，法院对于免除责任的条款抱有敌对的态度。即使免责条款似乎可能构成合同的组成部分，法院仍然可能通过各种途径否定或者限制免责条款的效力，例如寻找诸如存在虚假陈述，或者免责条款被淹没于一个非合同文件之中这样的理由来否定其效力。如果加入免责条款的一方，通过虚假陈述，将免责条款的范围效力等缩小，告知对方或提请对方注意，对方可以主张其所被提请注意的内容与后来依赖的免责条款并非同一事物，因而不后者的受约束。在一个干洗店试图免责的判例中，[3]原告把她的白色纱裙交给被告洗衣店清洗。洗衣店员工让她签一张收据，告诉她这是要免除

---

〔1〕 *Thornton v. Shoe Lane Parking Ltd* [1971] 2 QB 163(CA).

〔2〕 《合同法》第39条，《民法典》第496条。但该两条仅适用于格式条款合同。

〔3〕 *Curtis v. Chemical Cleaning and Dyeing Co Ltd* [1951] 1 KB 805, [1951] 1 All ER 631(CA).

干洗店对于某些风险的责任,特别是整理衣服时可能造成对纱裙上镶嵌的亮片和小珠子的损坏。而事实上,收据上的免责条款是排除洗衣店对衣服可能损害的任何责任。由于洗衣店的过失,原告的白纱裙被沾上了颜色无法去除。原告起诉要求赔偿,被告洗衣店企图依赖原告签署的收据上的免责条款,被法院拒绝,依据是洗衣店对于免责条款的范围存在虚假陈述。

如果免责条款包含于一个处于合同他方位置的理性的人看起来不像合同文件的文件之中,即便他签署了该文件,法院也可能否定该免责条款的效力。[1]

四、免责条款的解释规则

在无法否定免责条款已经构成合同组成部分的情况下,法院仍然可以通过对免责条款作限制性解释来否定或限制其效力。但是,这并不是说法院可以任意解释,法官仍然需要遵循某些既定的规则,并且在可能的情况下,尽量维持合同自由与公平原则的平衡。

首先,英美法法官通常运用 Contra proferentem 规则来解释免责条款。Contra proferentem 是拉丁语 verba chartarum forties accopiuntur contra proferentem 的简称,是指在存在歧义的情况下,字句应当作出对依赖于它们的一方(通常也是起草合同或者提供格式合同的一方)不利的解释。[2] 在一个新西兰的案件中,原告将其车辆存放于被告的车行,车行的门外有一个显眼的牌子,上面写着:"在本车行内存放或行驶的车辆由车主承担风险。尽力照看:不负责任(All Vehicles Stored and Driven at Owners Risk. All Care Taken:No Responsibility)。"周末的时候,修车行的大门没有锁好,车辆的钥匙挂插在启动钥匙孔上,原告的车辆被盗。原告起诉索赔,被告认为车行门外的牌子上的免责条款构成合同组成部分,据此车行可以免责。法院认为,要排除疏忽大意过失的责任,免

---

〔1〕 一个典型的判例,是 *Burnett v. Westminster Bank Ltd* [1966] 1 QB 742(OB)。

〔2〕 该规则也在《合同法》第41条以及《民法典》第498条得到体现,尽管其适用范围似乎局限于格式合同条款。

责条款必须清楚、没有歧义,并且这样的条款应当(在可能的情况下)作出对依赖于条款一方不利的解释。而车行告示牌上的字句,并不清晰,存在两种可能的合理解释。它可以被解释为(车行将)尽力照看(车辆),但即使车行没有做到,也不承担任何责任;也可以被解释为(车行将)尽力照看(车辆),在车行做到(这样)的情况下,不承担任何责任。因此,法院认为,这个条款是有歧义的,因而法院依照 Contra proferentem 规则对该免责条款作出对车行不利的解释,即只有在车行尽到注意义务全力照看车辆的情况下,才能免除责任。[1]

运用这个规则来解释的前提是免责条款存在模糊或者歧义之处。这一点也得到了《合同法》及《民法典》的确认。[2] 如果免责条款所用的字句非常清晰明确,法官不能够强行曲解,作出不同于当时双方合意的解释。法官的任意强行曲解会严重损害合同自由,要么忽略了合同各方已经达成的合意,要么强加给合同双方从来没有达成的条款。

其次,在可能的情况下,法官将尽力对免责条款的适用范围做限制性的解释。如果出现的情形超出免责条款的覆盖范围,该免责条款就不适用。一个典型的英国判例是 *Wallis, Son & Wells v. Pratt & Haynes*。[3] 在该案中,被告向原告销售"common English sainfoin"种子。合同中包括这样一个条款:"销售方对于(种子)的发芽、品种以及其他任何事项不提供任何明示或默示保证(warranty)。"结果送货的是"giant sainfoin"种子,一种不同且质量更低的种子。原告(买方)起诉要求被告即卖方赔偿损失。被告依赖合同中的免责条款拒绝。法院认为,上述合同中的免责条款只是涉及对"保证"(warranty)的免责,但是关于货物的"描述"(descript)是一种"条件"(condition)[4] 因而该

[1] *Livingstone v. Roskilly* [1992] 3 NZLR 230(HC).

[2] 见《合同法》第 41 条,《民法典》第 498 条。

[3] *Wallis, Son & Wells v. Pratt & Haynes* [1911] AC 394(HL).

[4] 在多个英美法系国家的货物销售的立法中,包含关于条件(condition)与保证(warranty)的区分。销售方违反 warranty 的,买方只能要求赔偿不能退货,而违反 condition 的,买方可以退货。所谓 condition,即除非这个条款得到满足,否则买方是不会订立这个合同的实质性的重要条款。参见英国《1979 货物销售法》(Sale of Goods Act 1979)第 11 条,新西兰《1908 货物销售法》(Sale of Goods Act 1908)[已经被《2017 合同与商业法》(Contract and Commercial Law Act 2017)所取代]第 13 条。

案中卖方的行为属于对于条件而非保证的违反,并不在免责条款的范围之内,卖方不能依赖该免责条款。

五、"根本性违约"与免责条款的效力

如果合同一方严重违约,甚至根本就没有履行任何实质性的合同义务,该"根本性违约"方能否依赖免责条款来免除或者限制其责任呢？所谓根本性违约,是20世纪50年代在英国法院逐步发展起来的概念,其含义是,每一个合同必然包含某些绝对重要的关键性的合同义务,如果没有履行这些合同义务,其实质性后果相当于整个合同都没有得到履行。也就是说,对于规定关键性合同义务条款(所谓"根本性条款")的违反,称为"根本性违约",相当于对整个合同的违反。

合同法在如何处置根本性违约上存在两难问题。如果合同法的规则是忽略"根本性违约"的特殊性,仅把它作为如其他(一般)违约做相同的他处理,这样就可能产生一个严重的问题,即受免责条款保护的一方,可以根本就不履行合同义务或者合同的主要义务,在违约事项落入免责条款范围的情况下,仍然可以免责,这样相当于给违约方提供某种激励,鼓励违约。这样不仅违背鼓励合同履行促进交易的公共政策,还对合同他方极不公平。一个英国20世纪50年代的上诉法院的判例证实了这个"给违约者激励"的问题。[1]在该案中,被告买方在一个车行挑选了一辆二手别克轿车,他检查并试驾了车辆,觉得车的整体状况不错,就签订了融资购买合同,融资申请被批准以后,车行把车辆送到他家。车辆送到时是傍晚时分。第二天一大早,他检查车辆,发现虽然送来的车确实是他当时选中的车辆,但是新的轮胎已经全被换成了旧的,车上的收音机被拆走了,车体上的铬合金条没有了,汽缸盖不见了,气门嘴已经烧秃了,两个活塞已经裂了。这辆车在这种状态下根本就不能依靠自身来行走,这一点也可以从还留在车前部保险杠的拖车绳得到印

〔1〕 *Karsales(Harrowe) Ltd v. Wallis* [1956] 1 WLR 936(CA).

证——它不是被开到买方家里,而是被拖到买方家里来的。买方拒绝支付,要求卖方修理。卖方依据合同中包含的免责条款拒绝修理,并且起诉买方要求支付。合同中包含的免责条款规定,卖方对于交付给买方的车辆的状况不承担任何责任。在这样的情况下,如果没有关于"根本性违约"的特殊规则,法院就容易陷于困境。首先,法院无法否定该免责条款是合同的组成部分。其次,无论做怎样的限制性解释或者尽力做出对依赖免责条款一方不利的解释,出现的状况都会落入免责条款的范围之内。然而,如果在这样极端的情形下,仍然尊重合同自由,允许卖方免责,又显然严重损害买方利益,明显不公。

那么,英国上诉法院是如何判决的呢?法院认为,这样的根本性违约导致违约一方不能依赖免责条款,[1]其基本逻辑是,依据合同,买方要购买的是一辆可以使用的车,而交付的车辆是根本不能使用的,所以根本就不在(买卖可用车辆的)合同的范围之内,因而不能被合同中的免责条款所覆盖。

但是,这样的合同法规则,即根本性违约的一方完全不能依赖免责条款,也存在问题。它会导致对合同自由的否定,也过于绝对,在某些特定情形下不符合商业交易的实际情况。这个担忧在 *Susse Atlantique Societie d' Armement Maritime S A v. NV Rotterdamsche Kolen Centrale* 案中[2]得到充分体现。当时具有英国最高法院职能的 House of Lords 认为,对于所谓的根本性违约,不应该存在一个单独的法律规则;免责条款生效与否,仍然是一个关于该条款是否合同的组成部分,以及合同条款如何解释的问题。如果免责条款是合同的组成部分,并且范围足够宽来覆盖出现的违约情形包括所谓的根本性违约,那么免责条款仍然生效。当然,要使在根本违约的情形下免责条款仍然生效,其用语必须非常清楚明确地表明它适用于根本违约的情形。这个态度在 House of Lords 的 1980 年的判决中得到再次确认,[3]并在英

---

〔1〕 *Karsales(Harrowe) Ltd v. Wallis* [1956] 1 WLR 936(CA).

〔2〕 *Susse Atlantique Societie d' Armement Maritime S A v. NV Rotterdamsche Kolen Centrale* [1967] 1 AC 361 [HL].

〔3〕 *Photo Production Ltd v. Securicor Transport Ltd* [1980] AC 827(HL).

国、[1]加拿大[2]和新西兰[3]的法院得到确认和运用。

在 *DHL International (NZ) Ltd v. Richmond Ltd* 案中,[4]新西兰 Richmond 公司(原告,出口合同卖方,邮件快递服务的使用人)依照合同向意大利 Bini 公司(买方)出售皮毛产品。依照合同,卖方的提货文件应当邮寄到意大利银行,然后买方 Bini 公司向意大利银行支付价款并获得提货文件才能向承运人提货。Richmond 公司使用 DHL 新西兰公司的邮递服务,要求其将提货文件送达意大利银行。然后,DHL 错误地将整套文件直接送达 Bini 公司,使该公司无须支付价款即可向承运人提货。该公司提货后即清算消失,导致 Richmond 公司无法追索货款。Richmond 公司起诉 DHL 新西兰公司,要求其赔偿全部出口货物价款损失。DHL 新西兰公司依赖它与 Richmond 公司之间快递服务合同的一个限制责任条款提出抗辩,该条款规定 DHL 对客户的最高赔偿额为直接损失 100 美元,并不承担任何间接损失。新西兰上诉法院认为,该限制责任条款明显适用于所出现的情形,因而 DHL 可以依赖该条款。在 Richmond 公司与 DHL 新西兰公司之间,也不存在不平等的经济权力(unequal economic power),因而为了保护 Richmond 而对他们之间的合同条款进行强行扭曲的解释并不合适。合同条款应当在整个合同之中依据其平白的通常自然含义去解释。Richmond 公司本来可以通过购买保险来避免风险,当然它也可以选择承担这样的风险以此来节约商业费用,这也是理性的商业决策。该判决至少表明,在合同双方不存在不平等的经济权力的情况下,如双方都是商业经营者的情况下,根本性违约并不当然导致免责条款无效。免责条款的解释和适用问题,仍然遵循关于免责条款处理的一般规则,只是在根本性违约的情况下,或许对免责条款的清晰性(免责条款明白无误地表明包括根本性违约的情形)或许应有更高的要求。

---

〔1〕 *Ailsa Craig Fishing Co Ltd v. Malvern Fishing Co Ltd* [1983] 1 WLR 964(HL).

〔2〕 *Hunter Engineering Co v. Syncrude Canada Ltd* [1989] 1 SCR 426.

〔3〕 *DHL International(NZ) Ltd v. Richmond Ltd* [1993] 3 NZLR 10(CA).

〔4〕 Ibid.

加拿大最高法院近期的判决似乎表明,它在支持该规则的同时,引入了有限的法院自由裁量考量,以应对严格适用该规则可能导致的明显不公平。[1]加拿大最高法院认为,即使在免责条款确实构成合同的组成部分,并且依照解释规则来解释仍然覆盖所出现的根本性违约的情形下,法院仍然有有限的自由裁量权去拒绝免责条款的效力。当然这种自由裁量权必须严格限制,只能在广泛认可的与该违约行为的性质直接相关的公共政策允许的情形下运用。也就是说,只有在该本质上无可争议的公共政策考量足以超越合同自由公共政策考量的情况下,法院才能运用有限的自由裁量权而在根本性违约的情形下来拒绝本该认定为有效的免责条款的效力。[2]

六、免责条款的现代法干预

出于加强消费者保护以及促进公平交易等需要,无论是大陆法系还是英美法系国家,都越来越多地通过立法限制免责条款的效力。因而,法院在处置某一免责条款是否有效时,在确定了该条款确实为合同组成部分之后,首先考虑的是该条款是否违反强制性的法律规定。如果答案是肯定的,法院可以拒绝赋予该条款法律效力。有些立法明确规定法院可以依据一方当事人或者法定机构的请求,宣布有些合同条款为不公平条款,进而否定其效力。[3]

在特定情形下,特别是当违约行为导致他方完全丧失或者本质上失去其在合同中的所有或根本性的期待利益(类似于前述"根本性违约"的概念),而涉及的免责条款从根本上剥夺合同他方寻求司法救济或损害赔偿权利的情况下,立法赋予法院权力去忽略或限制免责条款的效力,给受害人以某些救济。[4]某

[1] 参见加拿大最高法院在 *Tercon Contrators Ltd v. British Columbia* (*Transportation and Highways*) 2010 SCC 4,[2010] 1 SCR 69 一案判决,第117~120段。

[2] 一个典型的公共政策是(根本违约行为构成)犯罪或者严重欺诈。

[3] 如新西兰《1986公平交易法》(Fair Trading Act 1986)第46H-M条。

[4] 如英国的《1977不公平合同条款法》(Unfair Contract Terms Act 1977)、澳大利亚联邦《2010竞争与消费者法》[Competition and Consumer Act 2010(Cth)]、新西兰《1993消费者保证法》(Consumer Guarantees Act 1993)及《1986公平交易法》(Fair Trading Act 1986)等。

些立法还赋予法院以修改甚至重写不公平合同条款的权力。[1]一些立法甚至明确规定通过合同排除或者试图排除该等强制性法律适用的行为为刑事违法。[2]由于合同法是地域性色彩相对较为薄弱的法律部门,不同法系之间合同法的互相借鉴是相对合理和必要的,普通法系应对免责合同条款的丰富判例和立法,值得研究借鉴。

由于格式条款越来越广泛地被运用,且免责条款往往包含在格式条款之中,因而需要针对格式条款以及格式条款中包含的免责条款进行特别立法。[3]原《合同法》第39~41条,在一定程度上提供了应对格式条款的基本法律规则,但不够完善。特别是第40条的(一律)无效的规定,似乎过于绝对,忽略了在特定情形下某些商业机构之间仍然存在公平适用格式化免责条款的可能性。商业经营者在经过充分考量的基础上,出于降低成本的考量,可能愿意选择承担某些商业风险,包括对方违约而可以依赖免责条款的风险,因而接受某些表面上看起来"不合理"的免责条款,这种选择是一种理性商业决策,具有一定的合理性,因而在:免责条款确实构成合同的组成部分;合同他方已经得到明确的提示,知道或者理应知道免责条款的存在及内容;即使法院尽可能对免责条款做限制性的解释,出现的情形确实落入免责条款的范围,以及依赖免责条款一方的违约行为不构成刑事违法或者严重欺诈的情形下赋予合同免责条款以效力有一定的正当性,特别是对于维护合商事交易的确定性和可预见性以及合同自由原则很有必要。比较刚刚通过的《民法典》第497条第2款与原《合同法》第40条,可以看到《民法典》否定了《合同法》第40条的一律无效的规则,引入了合理性标准作为判定格式合同免责条

[1] 一个典型的例证是新西兰的《2003信贷合同与消费者金融法》(Credit Contracts and Consumer Finance Act 2003)第120条规定法院可以在(消费者)信贷合同债权人存在压迫性行为的情况下以法院认为合理的方式或条款重开信贷合同。

[2] 如新西兰的《1993消费者保证法》(Consumer Guarantees Act 1993)第43条明确规定,除非获取消费品或消费服务的一方是商业经营者且此次是为商业目的而获取,并且通过书面合同来排除该法的适用是公平且合理的,否则意图通过合同排除该法的适用属于《1986公平交易法》(Fair Trading Act 1986)规定的刑事违法行为,不仅其排除是无效的,而且会受到刑事检控,面临巨额罚款。

[3] 如新西兰《1986公平交易法》(Fair Trading Act 1986)第46H-M条。

款效力的一个重要或者可以说是决定性的考虑因素。《合同法》第40条规定，提供格式条款一方免除其责任、加重对方责任、排除对方主要权利的，该条款无效。而《民法典》第497条第2款规定，“提供格式条款一方不合理地免除或者减轻其责任、加重对方责任、限制对方主要权利”的，该格式条款无效。也就是说，依照新法，提供格式条款的一方免除其责任、加重对方责任、限制对方主要权利的，该格式条款并不当然无效，而是只要是合理的，仍然可以有效。《民法典》的这一规定，相比于原《合同法》第40条，确实是一个进步。但是，对于证明条款的“不合理”，谁负举证责任呢？《民法典》第497条并未明确。该条规定“……不合理地……（无效）”，这表明不合理是无效的构成要件之一，也就是说除非能够证明它不合理，否则是有效的。如此一来，依照民事证据举证责任的一般规则，需要由主张免责条款不合理的一方即意图否定其效力的一方来举证。考虑到维护民事证据举证责任一般规则的整体性和确定性，这样的措辞或许是合适的。但是，考虑到法院对免责条款的通常否定态度，是否应当考虑将举证责任转移到提供格式条款的一方，使主张该免除其责任或加重对方责任合理的一方，负有证明其合理性的举证责任；举证不能的，承担举证失败的后果，即其免责条款被宣告无效的后果。当然，这个任务也许可以通过特别立法如消费者保护法、公平交易法等来承担。无论如何，《民法典》第497条相对于原《合同法》第40条引入了“不合理”作为该等免责条款无效要素的这个变化，从某种意义上说，不论是借鉴的结果还是某种偶然巧合，是与英美法关于“根本性违约”情况下免责条款的效力的法律规则发展是一致的。〔1〕

结　语

关于免责条款是否具有合同法上的效力，存在两项相互冲突的公共政策考量：一方面，合同自由原则要求法院尊重合同当事人的意思自治，尊重当事

〔1〕 参见本文关于“根本性违约”与免责条款部分的论述。

人达成的所有合同条款,包括免除或减轻一方责任的条款;另一方面,公平原则(以及大陆法系的诚实信用原则)要求法院对不公平的免责条款加以干预。英美法法院在大量判例的基础上,发展出了一系列普通法规则,来协调合同法的两大原则之间的现实冲突,积累了丰富的经验,值得借鉴。随着消费者保护的加强和对公平交易的强调,以及应对广泛存在的格式合同条款问题,现代国家普遍加强了立法,对免责条款的效力加以限制。中国立法在这方面,特别是在最新的《民法典》中的有关规定,也体现了对这些规则某种程度的接纳或借鉴。《消费者权益保护法》等有关法律也在不断修订完善。总体趋势是免责条款的适用范围和效力将受到更加严格的限定。这样一来,大量现存的或流行的免责条款,[1]或将面临严峻挑战。

〔1〕 如本文开头提到的顺丰速运的服务条款。

跨境网购消费者权益的法律保护

王　静*　杨涵雅**

引　言

近年来,随着经济全球化的迅猛发展,有不少国内消费者为了追求更高质量的产品和服务,选择依托方便快捷的互联网和逐渐成熟的国际快递业务进行跨境购物,俗称"海淘",目前我国对跨境网购的消费者权益保护主要依托以《消费者权益保护法》和《电子商务法》为核心的法律体系,以及散见于《合同法》和物流及跨境电子支付法律中消费者权益保护的相关部分。但在跨境网络这种新型业态的购物模式下,仍缺乏针对性和系统性,未必能直接适用。

相比中国,美国和欧盟在跨境网购消费者权益保护领域的法律更加完善,美国通过《美国 B2C 网络交易指导原则》《美国全球及全国商务电子签名法》和《美国消费者隐私保护法案》等从知情权保护、个人信息保护以及物流和电子支付监管方面保护跨境网购消费者的权益。此外,美国采取信用评级制度以及相对完善的在线争端解决机制框架和步骤。欧盟通过《欧盟个人数据保护指令》《欧盟电子隐私权指令》《欧盟远程销售服务指令》《欧盟不公平条款指令》和《欧盟远程合同消费者保护指令》从个人信息保护、知情权保护

* 王静,上海外国语大学党委副书记、教授,法学博士。
** 杨涵雅,上海精锐教育培训有限公司教师。

以及公平交易权保护出发维护消费者的利益。与美国不同,欧盟采取了以非法庭第三方的方式在线解决企业与消费者之间因在线契约所产生的争议。

一、我国现有的主要法律规范

《消费者权益保护法》《民法典》《电子商务法》是我国跨境网购消费者维权的法律基础,面对跨境网购的跨国性和网络依赖性,现有的法律尚不能涵盖日益增长的情况和消费者的需求,与新型的购物模式有诸多未协调的地方,立法上有漏洞和缺失。当然,消费者跨境购物出现问题需要寻求法律的帮助时,可以发挥司法解释的功能,援引相关法律中对国内消费者权益保护的做法等。

(一)《消费者权益保护法》

《消费者权益保护法》中赋予了消费者知情权,即充分了解商品和服务、自主选择、公平交易以及获得赔偿的权利,跨境运输是"海淘"成功的关键,新消法应当结合行业的特殊性对消费者的权利进行保护。《消费者权益保护法》注重在新兴领域包括电子商务领域保护消费者的权益,新《消费者权益保护法》第25条规定在网络、电视、电话和邮购的方式下,消费者在收到货物7天起,有无理由退货的权利,当然也规定不适用7天无理由退货的商品的种类,防止消费者滥用退货权。此外,第29条加强消费者的个人信息保护,明确经营者收集、使用消费者个人信息的原则、目的、方式、方法以及法定义务;遵循消费者自愿原则;经营者严格保密、不得泄露、不得随意用于商业用途以及必要时采取补救措施。

当前我国《消费者权益保护法》主要着眼于购买商品方面的规定,缺少对"服务质量"等规定,但是随着产业升级、人们的追求提升、消费方式日趋多元化,服务消费的需求越来越大。[1] 服务消费就包括商家和快递公司为消费者提供送货上门的服务,服务行为本身具有非物质性和单向性,基于此

〔1〕 吴景明、雅客:《我国新消费形式下消费者权益保护法律问题研究》,中国法制出版社2013年版,第30页。

特征,消费者维权举证时难以固定证据。服务和商品消费之间还是有一定的差别,因此应当建立因服务缺陷导致消费者损害的责任承担和赔偿制度。[1]但是《消费者权益保护法》始终是保护消费者权益的总则式的规定,不可能兼顾各行各领域的各种情况,必然需要其他行业性的法律法规作为补充,比如希望在将来能够出台针对速递服务业的行业立法。

(二)《合同法》及与快递业务有关的法律

消费者在境外平台购买的商品到达中国海关后进入中国运输,当然受我国相关法律的约束,但是我国现行法律对消费者的立法保护有所不足。《民法典》方面,在各方法律关系分析中我们可以看出,根据《民法典》认定快递公司和消费者之间存在服务合同的关系,双方之间是平等主体,权利和义务具有对等性,但是在信息不对称以及经济实力悬殊的实际情况下,消费者明显处于弱势地位,直接用《民法典》调节双方相对失衡的非对称关系稍显不公。虽然我国现在已经有《快递服务国家标准》对收件、运输、投递、验视、签收以及赔偿做出了较为详细的规定,但也只是国家制定的行业标准,对快递公司没有强制力,对消费者的保护力度也不大。

首先,国内速递行业内部也存在行业监管力度低、市场准入制度不完善等一系列的问题。我国《邮政法》第57条明确规定经营国际快递业务的中国企业由有关部门即中国邮政进行监督管理,但邮政自身也经营着EMS这一拥有国际快递业务的企业,既是参赛者同时又是裁判员,当出现消费者权益受侵害问题时难免偏袒,难能把消费者的利益放在第一位。其次,在相当多的情况下,邮政和工商局等部门共同作业,多部门同时监管,且各自行使权力的范围也不明确,存在交叉监管和责任推诿的乱序。目前,绝大多数的快递企业,除了顺丰、京东、苏宁这些直营模式的物流企业,基本都是由特许加盟店或者代取点的方式经营,快递员或者配送员素质良莠不齐,也出现了丢件、

[1] Li Shigang & Zhou Guangyan, The problems of China's Consumer Protection Law in the legal practice, International Journal of Business and Social Science, Vol. 3, No. 14, p. 36 (Special Issue, -July 2012).

偷件或者不翔实记录等现象,导致了快递市场的一定程度的混乱。再者,我国的快递行业协会发挥的作用也微乎其微,在成立的十年间,未能制定统一标准进行管理,更未对消费者的权益保护采取行动,对外无法与国外速递行业进行沟通和协作,失去桥梁作用。

目前,我国《海关法》也规定,所有进出境的物品,经海关查验之后可以放行,然后自行或者委托境内的快递公司交付或投递。跨境网购的消费者的包裹通常认定为"个人物品",海关要进行抽检,超过了海关认为的合理自用的范围的,消费者要提交申报单及相关凭证,办理纳税申报等海关手续。[1]

(三)《电子商务法》

为了适应全球电子商务迅猛发展的迫切需要,《电子商务法》终于颁布实施。对消费者的权益保护主要体现在第二章对电商经营者的规制方面,以期达到保护消费者权益的目的,第 15 条至第 17 条是保护消费者的知情权,第 18 条至第 21 条是保护消费者的公平交易权,第 23 条至第 25 条是保护消费者的隐私权。

《电子商务法》在第五章电子商务促进中,虽未明确对跨境电商平台消费者进行保护,但从另外的角度方便了消费者。第 71 条规定建立健全适应跨境电子商务特点的海关、税收、检验检疫、支付监管等制度;第 72 条规定加强综合服务和监管体系建设,提高效率简化手续;第 73 条规定推动建立与不同的国家和地区之间电子商务的交流与合作、完善跨境电子商务争端解决机制。以上的规定通过完善国家相关的制度来简化跨境网购消费者快递通关的手续、提高支付安全,同时也为争端解决提出了切实的建议和措施。

《电子商务法》在跨境电子商务迅猛发展的今天应运而生,意义重大,填补了我国对跨境网购消费者权益保护的空缺。总体而言,《电子商务法》是全球电子商务发展的结果,是电子商务继续发展的需要,是消费者进行跨境网购时的保障。随着实践和经验的积累,《电子商务法》会不断地修订和完善。

---

〔1〕 石权:《"海淘"监管思辨与构想——由香港奶粉"限带限购令"引发的思考》,载《上海海关学院学报》2013 年第 4 期。

(四)与电子支付有关的制度和法律

电子支付监管方面,目前我国依据《非金融机构支付服务管理办法》《非金融机构支付服务管理办法实施细则》《非银行支付机构网络支付业务管理办法》以及《金融消费者权益保护实施办法》进行支付监管,《消费者权益保护法》中几乎没有对电子支付的监管和安全的规定。一方面,我国对电子支付采取中国人民银行及其分支机构的“机构监管”,《非金融机构支付服务管理办法》首次规定了提供支付功能的企业或第三方平台的准入标准,[1]中国人民银行是监管主体,外汇管理局是主要监管机构;另一方面,包括中国人民银行、外汇管理局、发改委、证监会、银保监会等在内的监管机构与其监管职能和权力配置不相符。监管机构及其职能之间的悬殊和不匹配导致了监管的不协调和低效率。在具体的监管实践中,由于信息不对称和管理经验的缺乏,中国人民银行在监管的过程中没有优势和指导经验,加之行业协会的不作为,未能充分发挥其自身职能,对消费者跨境支付时的资金安全及个人信息等的保障不到位。[2]

此外,在支付的过程中出现问题或交易结束后出现重复扣款的情况时,并非每一个人都能够熟练掌握英语进行交流并解决问题,更不用说小语种了。而且跨境网购维权时间过长,不同于国内消费者支付的问题,如果事实清楚、账单明确,商家或者第三方支付机构通常会在一个星期之内给予赔偿,[3]但是跨境电子支付一旦出现资金问题,无论是举证还是沟通上都给消费者制造了很大的麻烦,大多数消费者因为数目较小放弃维权,即使维权成功也要花上几个月的时间,时间和财力成本过大,性价比低,消费者的权益无法得到切实保障。[4]

---

〔1〕 杨松、郭金良:《第三方支付机构跨境电子支付服务监管的法律问题》,载《法学》2015年第3期。

〔2〕 李延舜:《个人信息权保护的法经济学分析及其限制》,载《法学论坛》2015年第3期。

〔3〕 徐新佳:《第三方跨境电商平台支付纠纷的法律适用——以消费者权益保护为视角》,载《公民与法》2016年第6期。

〔4〕 胡晓霞:《我国在线纠纷解决机制发展的现实困境与未来出路》,载《法学论坛》2017年第3期。

（五）我国现有相关法律规范的不足和缺陷

1. 缺乏统一性和系统性

国外跨境电商平台日益多样化，从国外跨境平台购物的消费者也不断增加，但是由于立法具有一定的滞后性，对跨境网购消费者的保护仍基本依托《消费者权益保护法》和《电子商务法》这两个核心法律以及分散在其他法律中消费者权益保护方面的内容，对消费者的立法保护没有跟上跨境网购的发展脚步，缺乏系统性和体系化，更多的是依靠政府的政策和非强制性的规定。《网络交易服务平台》等法律虽然零散地对消费者权益进行了保护，但规定的不够完备，《消费者权益保护法》也没有就跨境网购的特点进行完整系统的规范。《电子商务法》相比《消费者权益保护法》增加了跨境电商平台下消费者的权益保护，但基本都是宽泛的原则性规定，缺乏具体的操作保障。

2. 缺乏针对性

尽管《消费者权益保护法》在不断地修订完善，制定了更多详细规定，但是主要的调整对象是侵害消费者权益的一般行为，考虑到跨境网购的跨国性、商品的特殊性、交易方式的网络化以及对国际速递业务的依赖等特点，要充分考虑到其特殊性予以规制，而目前的法律没有特殊的规定，但是《消费者权益保护法》对于保护跨境网购消费者权利仍起着不可或缺的作用。

除《消费者权益保护法》这一专门针对性的法律之外，《合同法》《民法通则》《侵权责任法》在保护消费者权益时同样适用，因为这些法律包括消费者在消费的过程中产生的各种法律关系，尤其是消费者与转运公司之间的委托关系。这些法律的目的是解决在传统线下实体或者国内网购时产生的消费者和商家的纠纷，对跨境网购这一新型业态的购物模式进行调节力不从心，原则性过强，缺乏针对性的具体规定，很难解决实务中遇到的新问题。

（六）我国反悔权制度

1. 我国反悔权的概念特征及立法沿革

反悔权是消费者知情权和选择权的延伸，在国外又称为“冷却期制度”

或撤销权，具有权利的法定性、单方性、无因性和时效性的特点。反悔权不同于合同的撤销和解除，确立反悔权可以保障消费者真实意思表示得到反映，促使交易行为更加公开，也有利于降低社会资源消耗和提供消费者维权的效率。

我国对反悔权的规定首次出现在《消费者权益保护法》中是在2013年修改之后，第25条规定通过远程销售商品，例如网络、电视、电话、邮购等，消费者可以在收到货物7日内退货且无须说明理由，为防止消费者滥用反悔权，该条规定了4种不适用无理由退货的商品，即定制的、生鲜易腐的、在线下载或者消费者拆封的音像制品和计算机软件以及交付的报纸期刊，且要求消费者退回的商品应当完好。新《消费者权益保护法》公布之后，国家工商管理总局出台《网络交易管理办法》进一步明确了反悔权的适用范围，即只适用于经由网络销售的商品。反悔权的确立是消费者权益保护的一个重要发展，但是由于条文规定宽泛不明晰导致适用中出现了问题。

国家工商总局进一步出台了《网络购买商品七日无理由退货暂行办法》来深入保障消费者的反悔权，"办法"更加清楚的规定了哪些种类的商品不适用于退货，包括拆封后影响身体健康和安全的、易变质的，激活、拆封或者使用后产品明显贬值的以及销售时明确表示已经临近保质期、有瑕疵的商品，并通过专章的形式规定商品完好的标准、制定详细的退货程序和工商管理部门监督检查的责任，明确对违反本办法的网络商品的经营者予警告、罚款等处罚。相信随着立法实践的积累，我国的反悔权制度的框架和制度将日益系统和完善。

2. 我国反悔权在境外电商平台购物的应用

英国电商网站TOPSHOP在退货政策中就专门说明了欧盟内消费者反悔权适用及国际消费者30天无理由退货政策。在美国著名电商平台Saks Fifth Avenue关于"国际运送、退货及税费"的说明中，虽然并未明确说明适用国际消费者所在地的反悔权制度，但也详细说明了同样适用于国际消费者的无理由退货政策：一是退货理由并无限制，可以是消费者以任何不满意商品的理由要求退货，但商品需保持完好、可再次销售状态；二是不可退货的例外商品包括食品、定制商品等,此外,皮毛服饰、手表、珠宝首饰及打折商品不可以在售后30日后退货;三是退货需要符合一定的程序要求,首先要电话或发送电子邮件通知商家,其次需要在退货寄件内附上商品退货认可授权;四是在退还消费者已支付的费用方面,特别说明了国际消费者已支付的进口关税及其他税费将会以购买时相同的货币和汇率予以退还,但部分商品在一定期限后退回由于商品性质将按照退货时售价返还已支付的费用。

二、国外对跨境网购消费者权益的保护及借鉴

美国和欧盟已经在知情权、公平交易权、个人信息保护、财产安全等方面制定了许多法律、法令和原则以保护跨境网购消费者,消费者的购物信心和积极性大幅提高。此外,由于买卖双方通过远程跨境的方式实现经营和交易,鉴于交易的跨国性和对互联网的依赖性,双方面对面解决争议的方式难以实现,在线争端解决机制应运而生。但在具体的实践中,还存在各种问题,诸如技术障碍、程序缺乏保障、规制的法律不完善以及执行困难等。

(一)美国相关法律规定

1. 立法保护现状

(1)知情权保护

关于消费者知情权的保护,《B2C网络交易指导原则》阐述了跨境电商经营者必须向消费者披露相关的产品或服务提供者的信息,从而保障消费者在交易过程中能充分了解和知情的权利,此外,该原则还规定了"无因退货制度",又称"冷静期制度",来满足消费者因为信息不对称、欺诈或者虚假夸大宣传等原因对产品和服务不满意时退换货物的需求,也是消费者权益受到损害后的补救措施,即消费者可以在合同订立后的法定期限内无条件、单方面解除合同而无须承担违约责任。《全球及全国商务电子签名法》第101条规定,消费者在网站或平台购买商品或服务时,商家要告知相关的信息,并明确消费者享有的权利和应履行的义务,设置的合同和协议要方便消费者查找和保存,最好能够实时调取,如遇内容的任何变更,要及时向消费者发送邮件或

短信声明此修改,否则消费者享有无条件的合同撤销权。[1]

(2)隐私权即个人信息保护

关于消费者个人信息和隐私的保护,通过《美国统一计算机信息交易法》确立的"安全港"模式予以保护。由美国联邦贸易委员会审查特定的网络商家公布的电子商务中的隐私保护制度和规定,合格之后就称为"安全港"。2015 年参议院提出了《美国消费者隐私保护法案》来推动政府出台专门针对消费者隐私权保护的法律;《美国全球电子商务纲要》中提出的对消费者隐私权保护的措施是,由美国的先进性企业电子商务平台研究制定统一的普遍适用的行为规范,再将该行为规范提交给联邦贸易委员审查,审查批准后,该行为规范将会作为标准在全国范围内使用,如果某些电子商务平台违反该行为规范将面临相应处罚,但是整个程序缺乏保障机制。

(3)物流和电子支付监管

物流方面,目前美国没有统一的管理快递业务的专门部门,主要通过行业协会进行监管和协调,其可以直接代表消费者与政府对话,为消费者普及行业知识并制定相关规定,例如不得勾结定价、恶性竞争等。美国颁布了《美国私人快递法》,通过立法监督和管理提供快递服务的公司,并细化了快递企业提供服务的种类、范围、标准和质量。美国邮政总局还专门制定了《美国 609 对损失或者损害的索赔申报条款》用于快递损失赔偿问题,保障消费者向经营者行使损害赔偿请求权的权利,并做出相关程序性规定。

跨境电子支付的安全保护方面,根据《美国电子资金转移法》和美联储 E 条例,消费者的登录或支付密码被第三人利用非法手段获取或者篡改,并用于未经授权的电子支付交易时,如果消费者及时发现并在得知或应当得知该行为的 2 个工作日内向第三方支付服务机构或者银行等通报,则消费者对因

---

〔1〕 华颉:《网络时代的隐私权——兼论美国和欧盟网络隐私权保护规则及其对我国的启示》,载《河北法学》2008 年第 6 期。

未经授权进行的消费而产生的损失不承担责任;[1]倘若消费者在2~30个工作日内通知相关机构,则消费者应当承担相应的责任,但责任限额不超过500美元,从而最大限度地保护消费者的财产安全。[2]

2. 在线争端解决机制

在跨境网购消费者与平台的纠纷解决方面,1997年出台的《全球电子商务纲要》中构建了网上解决争端的机制,该机制的程序主要包括网上谈判、调解和仲裁;为了促进裁决和谈判结果的执行,纲要规定信用评级制度保障平台自觉履行。此外,一些在线争端解决机构官网界面支持多语言切换来帮助消费者克服语言的限制和文化的障碍;在聘用专业人员的时候,美国也积极寻求全球合作伙伴,使招募的仲裁员更加专业和公正。

在解决消费者与跨境商家的纠纷时,根据在线争端解决体系设置总管理人,由其负责组建由每个参与成员方代表组成的专门负责执行解决争端事项和相关程序的委员会,该委员会监督和指导争端解决的整个过程,包括细节性问题,这种由总管理人负责,委员会监督指导的框架模式被称为集中管理。任何参与纠纷解决的国家或地区都要规定一个机构作为总管理人在该国的第一联络人,一般是本国的消费者权益保护组织或同种类的管理机构,辅助监督跨境争端解决的进展和结果的执行。各参与国的消费者权益保护组织负责制定自愿按照在线争端解决机制的要求解决纠纷的机构名单,经营者所在国的总管理者将从中指定一个处理争端。

美国在线争端解决机制的基本步骤是,双方在网上谈判过程中交换信息和建议,进而根据意思表示达成有约束力的和解方案。如果双方无法达成一致,则由在线争端解决平台进行调解和仲裁,由该平台指定有资格经验丰富的仲裁员对案件先行调解,调解不成再进行仲裁,并出具和解书或裁决书。

---

〔1〕 薛源:《跨境电子商务交易全球性网上争议解决体系的构建》,载《国际商务》(对外经济贸易大学学报)2014年第4期。

〔2〕 Ioannis Lianos & Despoina Mantzari, *The Global Governance of Online Consumer Protection and E-commerce—Building Trust*, the white paper of World Economic Forum, March 2019, p. 44.

相应的文书出具之后,通过网络发送给当事人,产生终局效力,双方需自觉完成方案的执行。[1]

美国在线争端解决机制呈现了优先性和替代性的两个发展趋势。国外的消费者在购物的过程中发生争议时,为了提高效率、降低成本,一般都会优先考虑网上纠纷解决方式。美国律师协会建立的电子商务委员会专门负责研究网络消费者争议解决模式,如果被投诉的商家不履行裁决的结果,其可以撤销该商家的信用标志,还可以申请政府或者司法机关对其进行强制执行。美国自身也对虚拟法院或者成立电子法院进行了长远的规划,据统计,95%的消费者权益案件都通过这种替代性解决机制得以解决,不仅大大提高了纠纷解决的效率,缓解了诉讼的压力,同时也为跨境消费者维权提供了参照和便利。

(二)欧盟相关法律规定

1.立法保护现状

(1)隐私权即个人信息保护

关于消费者隐私权即个人信息的保护,欧盟认为等同于个人信息保护并通过一系列法律文件建立起了全方位保护个人信息和隐私的法律体系,这些法律文件包括《欧盟个人数据保护指令》(1995 年出台)、《欧盟关于个人资料的处理和自由流动的保护指令》(1998 年生效)、《欧盟电子隐私权指令》(2004 年生效)和《数据保存指令》(2006 年通过)等。《欧盟关于个人资料的处理和自由流动的保护指令》中规定,“个人信息收集者务必将收集到的用户数据妥善保管,针对用户个人信息的处理应合法、合理并受到相关部门的监管,个人信息的所有人享有拒绝向收集者提供个人信息的权利”。《欧盟电子隐私权指令》规定商家在出于交易目的收集消费者个人信息时需要满足以下条件之一:一是消费者明确同意其信息和隐私可以被收集;二是消费者个人相关信息对合同履行是必要的;三是消费者由于承担法律责任,信息必

[1] 周奕佳:《我国跨境电子商务在线纠纷解决机制研究》,浙江大学 2018 年硕士学位论文,第 27 页。

须被收集;四是出于公共利益或者政府执行公务所需;五是为了保护消费者收集;六是法律明确赋予了获得信息和隐私的第三方的利益,除此之外,不可以随意收集消费者的个人信息。

(2)知情权保护

关于消费者知情权的保护,欧盟主要通过在线信息披露和禁止不公平的商业行为来进行。在合同订立之前,《欧盟远程销售服务指令》详细规定了经营者应对产品信息和自身身份进行披露的具体内容,如果涉及预付款项时,还必须及时向消费者提供有关供应商的具体地址。2011 年欧盟颁布的《第 83 号欧盟消费者权益保护指令》明确消费者在选择商品和服务时,有权获取有关信息,经营者有义务提供消费者需要的信息,特别强调在远程销售合同中消费者的知情权更应该受到保护,[1] 例如该指令的第 6 条规定,在远程销售合同和无实体点的销售合同中,经营者应该向消费者所披露的信息的具体内容增加到了 20 条,并且要求经营者披露信息的表达方式必须简单、准确和真实,使消费者更容易理解。[2]

在合同成立之前,供货人要披露商品和自身的信息,此外合同缔结后实际的交易过程要保持透明,为了保障消费者权益被侵犯后能够得到补救,1997 年出台的《欧盟远程合同消费者保护指令》规定,消费者从收到货物之日起或者与经营者订立服务合同之日起 7 日内,有权随时解除合同;如果在缔约之后的 30 日内,经营者仍未履行合同义务的,则该电子商务合同视为自始不成立,经营者必须向消费者做出赔偿;如果经营者未经消费者的请求把消费者未订购的货物发送给消费者,即错发或多发,认定为经营者对消费者的赠与,经营者无权请求消费者返还原物或者支付相应价款。

(3)公平交易权保护

在电子商务中,通常使用格式合同提升电子交易的效率,格式条款作为

[1] 李昕:《电子商务中消费者权益保护法律问题研究——以欧盟为视角》,西南政法大学 2009 硕士学位论文,第 22 ~ 51 页。

[2] BEUC, The challenge of protecting EU consumers in global online markets, Nov. 2007, p. 78.

标准条款,是由经营者预先拟定并在与消费者订立合同时未与其或不与其商量、协商的条款。格式条款的订立不存在与消费者进行协商的可能性,这种情况下,消费者的公平交易权可能会受到侵害。此外,电子商务中的退换货问题也是影响消费者公平交易权的重要因素。

对格式条款的规制。1993 年 4 月 5 日通过的《欧盟不公平条款指令》规定,如果经营者与消费者签订的合同中存在不公平的格式条款,有悖于善意原则的,那么该条款无效,就不再具有约束力。与此同时,《欧盟不公平商业行为指令》还规制经营者的误导性和侵犯性的商业行为,[1]从而保护消费者的公平交易权。误导性行为主要指交易过程中故意省略真实信息或者夸大虚假陈述,或者存在其他误导或者可能误导消费者的行为;侵犯性行为主要指经营者通过骚扰、强迫或者是不正当的影响消费者作出选择,最终损害了消费者的经济利益的行为。该指令也要求商家在向消费者发送以销售为目的的电子邮件或短信时,必须事先获得消费者的统一。

对退换货问题的规制。《欧盟远程销售指令》规定了"冷却期"(类似于英美法中的"冷却期条款")制度来保护消费者的公平交易权,该指令第 4 条规定了买受人在一定期限内可以随时解除合同并将合同的标的物返还给卖家。跨境网购的过程中,消费者无法在购买商品前现场亲身检验产品,再加上存在不公平格式条款的合同,可能导致消费者因自身误解或商家欺诈、夸大等出现意思表示不真实的现象。因此,欧盟在一定时限间内赋予消费者无条件解除合同的权利,从而保护消费者的公平交易权。

欧盟各方面的规定和指令,兼具"软法"和"硬法"的双重特点,足以体现其对电子商务消费者权益保护的高度重视。[2] 但也存在一些问题:首先从要求供应商披露的信息内容上看,欧盟的多个指令没有要求供应商提供其安

---

〔1〕 孙维佳:《论欧盟电子商务消费者权益保护制度》,中国政法大学 2004 年博士学位论文,第 103 页。

〔2〕 刘益灯:《欧盟消费者保护法的最新发展及其启示》,载《政治与法律》2009 年第 5 期。

全政策,即如何保护和存储有关消费者隐私和敏感性问题的资料。[1] 其次,在信息披露的方式上,只是笼统地规定了要以简单、准确、真实的方式,未作出细节方面的规定。再次,从跨境购物网站的建设上看,应当至少提供其在现实世界中设有实体店或服务点的国家的语言版本,最大限度地保护除欧盟成员方之外的跨境购物的消费者们。最后,需要强调的是欧盟并没有对一切概念进行明确的界定,例如,"一般消费者"和"重大过失的限度"等,可能也造成了消费者在实际维权过程中的困扰。

2. 在线争端解决机制

欧盟要求其他除法庭以外的机构作为独立的第三方在线解决双方产生的争议,从而为电子商务中消费者纠纷的解决提供一种新的有效机制。[2] 在构建该机制并推广适用至整个欧洲的过程中,欧盟将现有的和新型的争端解决方式相结合,形成完整的非诉讼网络,包括在线协商、在线调解以及在线仲裁等多元化的解决争端的模式和方法。

欧盟为进行在线争端解决选择服务机构时,由消费者和经营者先协商达成一致选择同一家争议解决机构,如果能够达成一致的意思表示,则平台直接将相关的信息和资料包括投诉书移交给该机构;反之,双方无法选择同一个服务机构,则平台会告知消费者与平台的争议解决员商定其他解决争端的方法。这种自主选择的方式虽然保障了争议双方的意思,但是会出现因协商不成导致解决矛盾的效率过低的问题,同时体现出欧盟模式的管理较为松散。

《欧盟关于解决消费者争议的法院外机构所应遵循的原则建议》对成员方内的在线争端解决机制程序提出了最低要求,规定了合法性、独立性、效率、透明度、对抗性原则等在内的有关在线争端解决机制实施的基本原则,只适用于双方当事人合意达成协议选择某一纠纷解决方式的情况以及成员方,

---

〔1〕 杜志华:《欧盟不公平商业行为指令简介》,载《法学评论》2007年第5期。

〔2〕 郑维炜、高春杰:《"一带一路"跨境电子商务在线争议解决机制研究——以欧盟〈消费者ODR条例〉的启示为中心》,载《法制与社会发展》2018年第4期。

对其他国家的跨境消费者保护的力度不大。为此，欧盟2001年颁布实施的《欧盟关于通过合意方式解决消费者争议的法院外机构所应遵循的原则建议》设立了更加简明普遍适用的四项原则，即公平、公正、透明和效率。但遗憾的是，两个法律文件都仅进行了原则的规定，未明确细节的操作方式，[1]也没有制定统一的程序，由于各个机构的标准不一，又没有公约、指令及条例为在线纠纷解决（ODR）的运行提供标准，实质上也造成了不公平的现象。[2]

由于在线争端解决机制是一种新型的解决争端的方式，目前有很多问题和困难亟待解决，体系架构也处在初步发展的阶段。消费者的心理认同和信赖度低，政府的扶持和重视力度小，常常导致运行资金不足，主要依靠平台广告费、会员费以及争议双方缴纳的费用维持。经营者通过其强大的经济背景给争端解决平台资金支持来换取不公平的裁判结果的现象也时有发生，这就难以保障其自身中立地位，无法给消费者提供一个独立而公正的平台。

无论是美国还是欧盟的在线争端解决机制，都要重视仲裁结果的可执行性。目前，仲裁结果可以自动执行的案子网上争议解决的成功率较高，反之，需要跨境执行的仲裁结果的履行困难大，如果不能平衡二者之间的矛盾，缺乏有效的执行机制，网上争端解决机制就不能实际地运行，也就成了失去生命力的空壳。

结　论

通过比较中国和美国欧盟在跨境网购消费者权益保护上的立法差别，更能明确中国目前的相关法律体系存在的问题，美国和欧盟的法律中有可借鉴之处。《民法典》《消费者权益保护法》《电子商务法》是跨境网购消费者维权的法律基础，面对跨境网购的跨国性和网络依赖性，现有的法律规则应针对

[1] 郑小鸿：《欧盟电子商务合同中消费者权益保护制度述评之三——合同订立后的消费者权益保护》，载《网络法律评论》2004年第1期。

[2] 胡田野：《最新欧盟消费者权益指令的解读与借鉴》，载《河北法学》2012年第12期。

实际需求不断完善。

美国和欧盟已经在知情权、公平交易权、个人信息保护、财产安全等方面制定了许多法律、法令和原则以及应运而生的争端解决机制来保护跨境网购消费者,消费者的购物信心和积极性大大提高。应当借鉴美国和欧盟的对跨境网购消费者知情权、隐私权和公平交易权的保护,快递物流以及电子支付监管方面的法律以及 ODR 的设立,结合我国消费者权益保护的实际,完善我国的相关法律制度,制定相应的法律措施,更大限度地保护跨境消费者的合法权益。

“租购同权”路在何方?

——有感于新冠疫情下租客有房不能回之困境

马海蓉*

新冠疫情期间,由于防疫抗疫斗争的迫切需要,很多地方采取了不少应急措施,如封闭小区严格限制进出,关闭大部分商业及娱乐场所,调查本辖区住所人员往来信息等,这些措施都是在《传染病防治法》《突发事件应对法》《突发公共卫生事件应急条例》等法律举措下的正当行为,广大人民群众也予以理解和配合。然而有些地方的措施过于“硬核”,一定程度上损害了个体的人身自由权、财产权以及经营自主权等。比如某些地方在网络上公开武汉及湖北返乡人员的个人信息,阻挡道路封堵外地人员及车辆进入村镇、小区,甚至发生了不管身体是否健康,均禁止租客返回出租房屋的情形。经济观察报以《“租售同权”被疫情打回了原形》为题进行了报道:疫情面前,“租客”成了一个尴尬的身份,北京、杭州、西安、宁波、南京、苏州等多个城市,相继出现了以防范疫情为由,对无论是否来自疫区、身体是否健康的租客一律禁入、劝返的事件。〔1〕 该报道开头就介绍说一张题为《这次疫情给了我们八个提示》的图片在各大社交平台流传,第一个建议就是——能买房的时候,别犹豫,不要被那些名人不买房的理由欺骗了,特殊时期,房东不租给你,酒店进不去。〔2〕 可见,新冠疫情严重时期,某些地区的小区明确表示自疫区回来

* 马海蓉,上海外国语大学法学院副教授。

〔1〕 饶贤君:《“租售同权”被疫情打回了原形》,载《经济观察报》2020 年 2 月 11 日。

〔2〕 同上。

的业主经医学检查合格可以回家自我隔离，而租客则有房不能回，宾馆限制入住，无奈之下只能睡在银行ATM设备间、烂尾楼甚至公园，严重损害了他们的生存权。此种情形下，租房人和购房人权利之间的严重不平等性大大突破了政府近几年宣传的"租购同权"的底线。

一、"租购同权"的政策来源及解读

"租购同权"在很多场合被习惯性地称为"租售同权"，其他类似的概念还有"租售平权"或"租售并举"，是指在当前国家"房住不炒"的政策指引下，鼓励发展房屋租赁市场，房屋承租人与产权人一样享有房屋居住权，更重要的是同样享有当地的公共福利及其他配套服务。

(一)"租购同权"政策来源

自我国进行房地产市场化改革以来，房地产业一度成为国民经济产业的重要支柱之一。近几年全国各大城市房价对老百姓来说已然是高不可攀，普通收入的外来人口只能租房，而房屋租赁市场却极不规范，租房人往往处于弱势地位，导致租房人常有"居无定所"的心理感受。2016年5月国务院办公厅发布《关于加快培育和发展住房租赁市场的若干意见》第3条第7项明确指出"非本地户籍承租人可按照《居住证暂行条例》等有关规定申领居住证，享受义务教育、医疗等国家规定的基本公共服务"。[1] 此意见体现了国家扩大房屋承租人居住配套权利的政策导向。2017年2月国务院新闻办公室召开新闻发布会，住房和城乡建设部有关负责人提出"逐步使租房居民在基本公共服务方面与买房居民有同等待遇"，[2] 该说法随即被媒体解读为"租购同权"。同年7月下旬，住房和城乡建设部等九部门联合印发了《关于在人口净流入的大中城市加快发展住房租赁市场的通知》，提出此举是"解

[1] 国办发〔2016〕39号，载http://www.shui5.cn/article/35/103452.html，最后访问时间：2020年5月5日。

[2] 《住建部：逐步使租房居民享有同等基本服务公共服务》，载搜狐网，https://www.sohu.com/a/127118942_124777，最后访问时间：2020年6月3日。

决新市民住房问题的重要方式",并选取了广州、深圳、南京、杭州、厦门、武汉、成都、沈阳、合肥、郑州、佛山、肇庆12个城市作为首批开展住房租赁试点的城市。[1] 地方政府则纷纷出台租房新政试点方案,具体落实国家的顶层设计。首开先河的是广州,7月中旬广州市人民政府办公厅出台的《关于印发广州市加快发展住房租赁市场工作方案的通知》中具体措施第1条就明确"赋予符合条件的承租人子女享有就近入学等公共服务权益,保障租购同权"。[2] 2017年10月党的十九大报告再次指出"坚持房子是用来住的、不是用来炒的定位,加快建立多主体供给、多渠道保障、租购并举的住房制度,让全体人民住有所居"。自此,"租购同权"或"租购并举"正式成为官方文件用词,该理念也逐渐被普通民众接受,租房人希望借此政策享受到与买房人同样的公共服务,尤其在子女对口入学方面这似乎是一种重大突破。

(二)以试点城市为例解读"租购同权"

1. 租房人享有与购房人同样的基础公共服务

基础公共服务主要是指城市管理过程中提供的基本服务,包括治安管理、消防、紧急救护、绿化市容、生活配套设施等,此类服务来源于住房的居住价值,当房屋所有权人将房屋租给承租人时,就将此类服务让渡出去,由租房人无差别的享有。

2. 租房人享有购房人拥有的部分区域公共服务

区域公共服务是指居住小区所能提供的服务。由于租房人的房租中已包括物业管理费,因此租客与购房人同样享有小区物业所提供的安保、保洁等基本服务,但某些大城市稀缺性资源如停车位、小区健身或娱乐场所会员权利等租房人通常无权享有;另外业主专有的建筑物区分所有中的成员权如选举权、小区重大事项的表决权、共有部分增值的获利权等租客均无权享有。

---

〔1〕 建房〔2017〕153号,载 http://www.mohurd.gov.cn/wjfb/201707/t20170720_232676.html,最后访问时间:2020年5月20日。

〔2〕 穗府办〔2017〕29号,载 http://www.gz.gov.cn/zwgk/fggw/sfbgtwj/content/post_4758618.html,最后访问时间:2020年5月24日。

正如新颁布的《民法典》第282条规定:建设单位、物业服务企业或其他管理人等利用业主的共有部分产生的收入,在扣除合理成本之后,属于业主共有。

3. 租房人是否享有学区教育及社区医疗服务取决于地方政府的特别规定

其实上述权利才是租房人对居住城市产生心理认同感的最主要因素,也是“租购同权”社会反响异常热烈的主要原因。广州市政府办公厅在《关于印发广州市加快发展住房租赁市场工作方案的通知》中明确指出:赋予符合条件的承租人子女享有就近入学等公共服务权益,保障租购同权。具有本市户籍的适龄儿童少年、人才绿卡持有人子女等政策性照顾借读生、符合市及所在区积分入学安排学位条件的来穗人员随迁子女,其监护人在本市无自有产权住房,以监护人租赁房屋所在地作为唯一居住地且房屋租赁合同经登记备案的,由居住地所在区教育行政主管部门安排到义务教育阶段学校(含政府补贴的民办学校学位)就读,具体细则由各区教育行政主管部门制定。[1] 而杭州市人民政府办公厅《关于印发杭州市加快培育和发展住房租赁市场试点工作方案的通知》的第10条措施明确:符合条件的承租人子女可享有就近入学等公共服务权益。承租人依法办理《浙江省居住证》后,其子女入学按照《杭州市人民政府办公厅关于印发流动人口随迁子女在杭州市区接受学前教育和义务教育管理办法(试行)的通知》(杭政办函〔2017〕77号)有关规定执行。在杭州市居住证积分管理中,对租赁住房达到一定年限的,实行“租购同分”。[2] 同时期,上海市政府办公厅也印发了《关于加快培育和发展本市住房租赁市场的实施意见》,明确提出要保障租赁当事人权益,构建超大城市租赁宜居生活。非本市户籍承租人可以按照规定申领上海市居住证,申请居

---

〔1〕 穗府办〔2017〕29号,载 http://www.gz.gov.cn/zwgk/fggw/sfbgtwj/content/post_4758618.html,最后访问时间:2020年6月20日。

〔2〕 杭政办〔2017〕4号,载 http://www.hangzhou.gov.cn/art/2017/9/13/art_1302349_4155.html,最后访问时间:2020年6月20日。

住证积分。居住证持证人可以按照规定享有子女义务教育、公共卫生、社会保险、缴存使用住房公积金、证照办理等基本公共服务。[1]

在学区教育方面，上述城市的政策看上去使承租人子女都能享受当地的义务教育，表面上实现了"租购同权"，但仍属于看上去很美的措施，准入门槛太高，离真正的"同权"还有相当的距离，有严格的条件限制。主要体现在：

首先，外地户籍承租人必须符合居住证积分要求且合法稳定就业居住。以广州为例，具有本地户籍的人员也可以通过租房来选择学区，但前提是在本地无产权房，这种情况是很少见的。而外地租房人要求是拥有人才绿卡或符合市及区一级积分要求。经查询2020年广州市积分入学条件，各区均要求申请人必须先核定积分服务分值才能参加2020年积分制入学。具体条件各区不完全一样，但申请人大都需要在广州市合法稳定就业居住，如持有有效《广东省居住证》满一年，在所在区所辖用人单位缴纳社会保险费，在所在区有合法稳定住所（体现在提供已办理备案登记在有效期内的房屋租赁合同）。[2] 从上述条件来看，由于要查询社保缴纳情况，基本上监护人的就业所在地即为子女的入学所在地，此时欲通过租房来选择合适的学区教育的想法就受到严格的限制。

其次，要求房屋租赁合同在房屋租赁部门登记备案。绝大多数房东是不愿意将租赁合同去登记的，因为登记就意味着缴税。原则上个人出租住房需要缴纳的税目很多，包括增值税、房产税、个人所得税、城市维护建设税等。但不同省市对于个人出租住房一般会按一个较低的综合税率简易征收私房出租税。北京、上海两市一般是按房租的5%税率综合征收。据新闻报道，上海月租金收入不超过3万元的产权房的私房出租收入应纳税额为3.34%

[1] 沪府办〔2017〕49号，载 http://www.shanghai.gov.cn/nw2/nw2314/nw2319/nw12344/u26aw53715.html，最后访问时间：2020年6月20日。

[2] 《广州各区积分入学申请条件（2020年）》，载 http://gz.bendibao.com/life/2019315/248737.shtml，最后访问时间：2020年6月10日。

左右。[1] 房东肯定会把这笔费用转嫁到房租上面,这就导致房租上涨,加大了租房人的租金压力。

最后,承租人想靠租房选择对口热门学区基本是不可能的。随着适龄入学儿童的大量增加以及家长对优质学校的渴望,在大城市学区名校名额有限的前提下,房屋产权人的入学需求都得不到全部满足。以上海为例,2014 年静安区推出了“五年一户”的史上最严入学新政,即每户地址五年内只享有一次同校对口入学机会。对于产权房入学政策都如此严格,租赁房承租人子女只能去上所谓的“菜场小学”了。“租购同权”在优质的学区教育公共服务方面目前是不可能实现的理想。

4. 租房人与购房人同样享有金融工具使用权

由于房价高涨,买房贷款分期付款已是常规操作,而近几年租房贷的金融工具也渐渐进入市场,成为长租公寓运营的普遍做法。尤其是一些房产中介,如链家旗下的自如,我爱我家旗下的相寓、蛋壳公寓、58 同城等,上述租房中介均推出了与第三方金融机构合作的分期产品,即租客与第三方金融机构签署一至两年的贷款协议,金融机构将贷款打到租赁企业的账户上,而租客按月还贷款来抵房租。[2] 另外,承租人可以提取公积金支付房贷,将房租纳入个人所得税抵扣项也是减轻支付压力的有益尝试。

二、“租购同权”的法理基础:房屋租赁权物权化

党的十九大报告指出:“坚持在发展中保障和改善民生,在幼有所育、学有所教、劳有所得、病有所医、老有所养、住有所居、弱有所扶上不断取得新进展。到 2035 年,人民平等参与、平等发展的权利等到充分保障,基本公共服务均等化基本实现。”“租购同权”政策出台的目的正是保障承租人住有所

---

〔1〕《上海房东应交多少税?代征点:月租 3 万元以下税率 3.34%》,载 https://baijiahao.baidu.com/s?id=1621988709324923430&wfr=spider&for=pc,最后访问时间:2020 年 6 月 10 日。

〔2〕事实上房租贷本身可以帮助有需要的年轻人获得更有品质的住房,是一种金融创新。然而前两年由于一些贪婪的中介公司盲目扩张导致资金链断裂而爆雷的情形屡见不鲜,导致这个金融产品被妖魔化。

居、平等发展的阶段性措施，赋予租房人的房屋租赁权与购房人的房屋所有权同样的权利。然而从理论上讲租赁权与所有权分别是债权和物权，两者对应的金钱支出更是天差地别，两者同权似乎有点不可思议。

房屋租赁权是指承租人依照房屋租赁合同，在租赁物交付后对租赁物享有的为使用收益目的所必要的占有权利的总称。[1] 在大陆法系国家民法将财产权分为物权和债权前提下，租赁权的性质是物权还是债权学界存在一定的争议，概括起来主要有债权说、物权说及物权化说三种。从定义上看，房屋租赁权来源于房屋租赁合同，在早期的民法中，承租人只能基于合同向出租人主张对房屋的占有、使用和收益，不能对抗合同以外的第三人，因此房屋租赁权只能是一种债权。而从物权法角度来看，由于物权是一种对物直接加以支配的权利，具有强烈的排他性，直接关系到第三人的利益和交易安全，因而不允许当事人通过合同自由创设物权。因此物权法定有利于维护交易安全。[2] 我国物权法未将房屋租赁权列为他物权中用益物权的一种，即使从以合同为基础、以占有使用收益为权利表现、具有一定的稀缺性角度，房屋租赁权接近于用益物权中的土地承包经营权、建设用地使用权等，但仍缺乏这些权利拥有的流转、继承甚至征收获益的权能，故房屋租赁权不是一种用益物权，更不能与所有权相提并论。

然而随着社会经济的发展，民法逐渐承认房屋等财产的租赁关系突破了债权的相对性，承认承租人具有对抗第三人的效力，被认为是房屋租赁权的物权化。我国即将废除的《合同法》第229条和即将生效的《民法典》第725条关于租赁合同的对抗效力均为租赁权物权化的体现。这是我国当前保障百姓"住有所居、租购同权"的法理基础。具体体现在：

（一）房屋租赁权具有对抗第三人的效力

通常来说只有物权才有对抗效力，我国《合同法》第229条规定：租赁物在租赁期间发生所有权变动的，不影响租赁合同的效力。《民法典》第725条

[1] 参见邹瑜主编：《法学大辞典》，中国政法大学出版社1991年版，第1328页。

[2] 王利明：《民法》，中国人民大学出版社2018年版，第204页。

规定:租赁物在承租人依据租赁合同占有期限内发生所有权变动的,不影响租赁合同的效力。具体来说就是当租赁物卖给了第三人,只要仍在租赁合同期限内,承租人的租赁权可以对抗租赁物的新所有权人,继续对租赁物占有、使用和收益。这就是"买卖不破租赁"。相对于合同法而言,民法典限制了租赁权的对抗效力范围,强调只有在租赁物仍被承租人占有时,才适用"买卖不破租赁"规则。以房屋租赁为例,当承租人有其他住所,不在该出租房内居住或转租给其他人时,不再适用"买卖不破租赁"规则。因为该规则的目的是保护处于居无定所的弱势地位的承租人,当有其他住所或成为转租人时,就不应该再享有法律的特别保护。可以说民法典的这个限于"占有期间"的新规定与"租购同权"的理念一致,与前文所介绍的试点城市对承租人的"同权保护"一样,都建立在本地区稳定就业居住的基础之上。

(二)房屋承租人具有优先购买权和优先承租权

物权具有优先性,而债权具有平等性。房屋租赁权作为一项债权,立法上却赋予了其不少物权的权能。如《合同法》第230条规定了承租人的优先购买权,《民法典》第726条也作了类似的规定:出租人出卖房屋的,应当在出卖之前的合理期限内通知承租人,承租人享有以同等条件优先购买的权利。另外《民法典》第734条又增加了保障承租人居住权益的新规定:租赁期届满,房屋承租人享有以同等条件优先承租的权利。优先购买权的权利属性为形成权,其实质系属对出租人选择合同对方当事人自由的限制。[1] 优先承租权也是顺应国家对"租购并举"政策的立法反应。房屋承租人作为一个债权人,具有优先于其他普通债权人购买及承租出租房的权利,主要原因在于承租人对住房拥有占有、使用、收益(经出租人同意,可以转租)多项权能,与其他债权相比最接近于所有权,并且为保障承租人居有其所,赋予其优先购买和承租权,这也是房屋租赁权物权化的体现。

---

〔1〕 王利明:《民法》,中国人民大学出版社2018年版,第503页。

(三)行政法规关于房屋租赁合同的登记备案制度体现了一定程度上的公示性

房屋租赁合同属于民事合同,只要符合合同生效条件承租人即获得租赁权,故就民法角度而言,房屋租赁权不以登记为生效要件。《民法典》第706条对此作了相应规定:当事人未依照法律、行政法规规定办理租赁合同登记备案手续的,不影响合同的效力。而各大城市往往出于人口、治安管理、环境保护等需要,纷纷规定租赁合同需要网签备案,如上海市2018年3月出台了《上海市住房租赁合同网签备案试行办法》,[1]第2条规定:本市国有土地上的住房租赁活动,应按本办法规定进行住房租赁合同网签备案。尽管备案登记不具有民法效力,但一定程度上具有公示作用,可以有效保障承租人的优先购买权、优先承租权以及出租房作为抵押物被实现抵押权时对租赁权的保护。这同样是物权化的体现。

三、"租购同权"理念在国外的有效实践

在很多国家,由于没有户籍制度限制,迁徙自由,买房并不像中国人一样成为一种终生追求的执念,住房租赁市场十分发达,租房人同样拥有多方位的权利保障。

(一)美国:租房人凭居住证明即可申请学区房

美国的租赁房体系以私人住房租赁市场为主,公共住房租赁市场为辅。无论何种形式的租房,各州都会依据居民居住期限确定其享有权利的范围,以教育权为例,在绝大多数州,孩子入学并不需要拥有房屋产权,只需在学校所在学区租房即可。家长凭居住证明(租房合同、水电缴费单等)即可申请当地公立学校。各州通过居住期认定的居民均可以享受基础教育,并在高等教育中获得学费优惠。[2] 由于美国州政府向房屋产权人征收房产

[1] 沪住建规范〔2018〕1号,载https://www.tudinet.com/read/10177.html,最后访问时间:2020年6月15日。

[2] 谢海生、李怡晴:《疫情之下,租购如何实现同权》,载《城乡建设》2020年第4期。

税是当地公立学校教育基金的重要组成部分,因此房主可以将承租人缴纳的房租用来缴纳房产税,相当于承租人为当地学区教育做了贡献,故承租人同样享受当地的公共福利资源。当然该地区的公共资源越优质,房租也越高。〔1〕

(二)德国:租赁权益保障制度十分完善

德国租赁市场发达,租房比例高达50%以上。德国租赁权益保障制度完善,通过租金管制、租赁合同保障、租购同权等多种途径保障承租人权益。房屋租金必须以相似地段、相似房屋、前3年内的租金为基准,同时规定涨幅上限,从而保障承租人利益。同时对房地产交易收入征收较高税率,还通过资产增值部分不能进行抵押贷款等方式限制投机行为,以抑制住房交易,鼓励租赁。〔2〕全面的住房租赁保障制度使得德国的住房租赁关系非常稳定,有的家庭租住同一套住房甚至长达几十年,而德国同样没有户籍制度,因此租房人与买房人享有同样的教育、医疗、养老等社会保障措施。

(三)日本:全民享有均等的公共福利资源

日本政府在住房供应体系方面,属于非营利法人主导型,一方面提供公营住宅租给住房困难的低收入者,另一方面鼓励私人投资并通过低息贷款或补贴等方式鼓励国民买房,一些企业也通过"公司内贷款"制度向有需要的员工提供低息贷款或者直接提供宿舍给员工居住。在大城市"虹吸效应"的影响下,日本年轻人和其他国家年轻人一样绝大多数愿意在房价奇高的大城市工作,无力购买住房的前提下,只能租房居住。由于日本前几年经济快速增长积累了大量的社会财富,有能力发展公共福利设施,全民医保(该福利甚至及于在日本有合法居留资格的外国人)以及免费的义务教育均可及于全体国民,而且地区差异并不明显,因此租房人凭当地居住证明就能享受与买房人同样的各项公共资源。

---

〔1〕 周郡:《美国住房租赁法的转型及其对我国的启示》,载《河北法学》2011年第4期。
〔2〕 谢海生、李怡晴:《疫情之下,租购如何实现同权》,载《城乡建设》2020年第4期。

四、以租购并举推动租购同权，采取多元化的租赁住房供给制度

需指出的是，2017年以来，广州市最先出台政策，其他地方政府纷纷跟进提出"租购同权"的口号，旨在进一步落实中央发展住房租赁市场的要求。然而，中央在正式文件中实际并未使用过"租购同权"这一表述，一直严谨地使用"租购并举"（或"购租并举"）等表述。[1] 正如党的十九大报告提出的"房住不炒、租购并举"，笔者认为从目前的房地产租赁供需市场以及地方政府所能提供的公共服务举措来看，"租购同权"过于理想化，而"租购并举"较为符合当前实际情况。我国大城市由于人口众多、公共资源有限，并且长期以来不重视房屋租赁市场，因此短期内不可能像有完备的房屋租赁市场的发达国家那样做到真正的租购同权，而党的十九大文件所提的"租购并举"，尽可能保障承租人利益具有更大的实际可能性。

本文开头所述因防疫需要而拒绝租客进入租赁房的措施绝大多数是所处小区的土政策，具有讽刺意味的是对租户劝返、禁入力度最大的杭州，正是2017年住建部公布的12大租售同权试点城市之一。而当租客被禁止入住无奈拨打当地的市民热线甚至报警，有关部门明确指出当地政府从未作出租户禁入的规定，小区保安的做法违反了政策规定，应该放行。无奈"一夫当关，万夫莫开"，甚至小区居民也赞同物业保安的做法，租户只能在外流浪，有房不能回。即使租客把辛酸经历发到网上吐槽，网民们也大多表示特殊情形下能理解物业的做法，而全然不顾对租客合法权益的侵犯。这种无差别地限制所有人进入本地或本小区，而无论其是否确诊染病还是毫无症状，首先就涉及对限权人群范围的肆意扩张，最终可能演变为对其权利的彻底排除和掏空，[2] 所谓的租购同权也就成了一句空话。

疫情终究会过去，租户在疫情缓解后也最终被允许入住。而我国对房地

---

〔1〕 罗卫东、朱翔宇：《租购并举：租购同权还是租购平权？——兼论我国土地财政模式转型的必要性》，载《浙江学刊》2020年第1期。

〔2〕 赵宏：《疫情防控下个人的权利限缩与边界》，载《比较法研究》2020年第2期。

产市场进行改革,让全体人民住有所居的决心需要落实到切实的政策措施上面。

(一)建立多主体供给的住房租赁制度

正如前文所介绍,有着发达房屋租赁市场的国家均采取了多样化的供给制度,我国也应积极采取类似的制度,以保障不同条件人群的多种需要。发展住房租赁市场,需要充分调动市场机制,但也不能完全交给市场。[1] 应采取市场租赁供给为主,公租房托底的住房租赁制度。

1.政府提供低廉的公租房或者宿舍满足低收入人群的住房需求

每一个大城市都需要大批来自外地的快递人员、家政人员以及环卫工人等维护城市的正常运转,而这些人员的收入无力在城市买房,亦无法负担市场化的租金或者租金在收入中占比太高,失去了离乡背井在外地打拼的经济意义。而我们的日常生活已经离不开这些一线务工人员的相应工作。因此各地政府在想办法采取措施为他们提供位于市中心的低价住房。如上海近期发文启动试点"宿舍型"公租房,针对环卫、公交、家政公共服务类重点行业员工住房困难问题,鼓励单位整体租赁公租房,并给予政策支持。首先是将审核入住纳入"绿色通道",相关单位职工申请公租房准入资格时,居住证、社保年限暂未达到规定要求的,可在单位书面承诺后,先入住公租房,再在规定期限内补齐。租金定价在遵循公租房"略低于市场租金"原则的基础上,可统筹考虑入住职工租金承受能力等因素进一步适当从优,并鼓励承租单位通过补贴部分租金等方式进一步减轻入住职工租金负担。[2] 这种"一间房""一张床"的租赁供给方式大大缓解了一线务工人员因收入有限而产生的住房困难问题。

对于想在大城市求职的刚毕业没几年青年人才来说,适合他们的是人才

---

[1] 陈杰、吴义东:《租购同权过程中住房权与公共服务获取权的可能冲突》,载《学术月刊》2019年第2期。

[2] 《环卫工等人员住房难,上海将试点"宿舍型"公租房》,载新浪新闻网,https://news.sina.cn/gn/2020-06-19/detail-iirczymk7841826.d.html。

公寓,只要持有居住证或者临时居住证,缴纳社会保险金通过单位就可申请入住,居住环境相当不错,租金也低于市场租金。人才公寓一般建设在国有土地上面,有的是地方政府单独投资兴建的,有的是政府在商品房地块拍卖过程中要求开发商在普通居民住宅小区中配套建设只允许出租的人才公寓。除此以外,2020年6月25日"全国土地日"上海一则新闻具有突破意义,即探索集体经营性建设用地建造租赁房。随着2020年1月1日新的《土地管理法》正式实施,破除了长期以来农村集体经营性建设用地不能与国有建设用地同权同价、同等入市的制度性障碍,农村集体经营性建设用地进入市场已有法律支撑。上海市松江区从2015年成为农村土地改革三项试点33个试点区县之一,5年时间,上海松江有9幅集体建设用地入市,主要用于商业、办公、工业、租赁住宅等建设,其中建设租赁房是全国首创。松江区房管局相关负责人此前在接受媒体采访时表示,集体土地入市建设租赁住房,一方面可以有效增加租赁住房供应,缓解住房供需矛盾,为G60科创走廊人才高地建设提供保障;另一方面也盘活了部分农村集体建设用地资源,实现了土地资源开发和农村经济提振。[1]

本地收入较低,符合当地最低生活保障标准且住房困难的家庭可以申请廉租房,由政府以租金补贴或实物配租的方式满足基本的住房需求。当该家庭收入超出最低标准时必须退出该租赁模式,将此类出租房分配给最需要的家庭。

2. 建立市场化房屋租赁供给的长效规范机制

政府补贴类的公益性租房在整个市场中所占比重不高,通常只解决基本的住房需求,居住环境也差强人意。因此若想较好地贯彻租购并举,很重要的一个举措是规范房屋租赁市场,切实保护租房人的合法权益。房屋租赁市场上一般有两种租房模式,一种是普通的房东和房客通过房产中介达成租房协议,房客支付房租和中介费,另一种是房屋中介从房东那里租到房子,简单

〔1〕《全国土地日:上海松江现行先试,68亩农村集体土地将入市》,载https://www.sohu.com/a/404309000_124758,最后访问时间:2020年6月21日。

装修后再租给房客,中介赚取差价。不管哪种方式,租房人往往处于弱势地位,不仅面临房租经常性上涨的问题,出租方任意解除合同的情形也较常见,大大影响了租房人的生活品质和安全感。

首先,鼓励签订长期性的房屋租赁合同,并控制房租上涨幅度。《民法典》第705条规定,租赁最长期限是20年,超过20年的,超过部分无效。可见签订长期租房合同在法律上是没有任何障碍的,而且长期合同对租房人来说更适合安居乐业。正如上文所说,德国租房有的甚至长达几十年,租金涨幅控制在很小的幅度以内。然而在我国房东或中介为了有涨价的机会,往往会选择签订短期的房屋租赁合同如3个月、半年之类的,正常的一般是1年。据调查,天津市住房租赁合同1年期以上只有4%,广州市1年期以上租赁合同只有8%,南北两地9成以上的租赁格式合同在1年以下。[1] 到期房东就以市场为由提出涨价,导致承租人频繁搬家,租赁关系很不稳定。因此应该鼓励签订长期性的房屋租赁合同,约定房租适当高于短期租约的租金并在租期内不得涨价,在中介费以及对房东的税收征收方面给予一定的优惠。另外,法律上应当参考承租人有优先购买权的规定,允许承租人同等条件下有优先承租权(《民法典》第734条)。当租期届满,考虑到通货膨胀和当地物价水平的上升,允许租金在合理幅度内上涨。租金涨幅标准可以参考同期消费者价格指数和通货膨胀指数。如6个月内房屋租金不得变动,6个月后变动幅度不得超过5%,变动的幅度必须明确下来,以维持承租人的租赁欲望。[2]

其次,建立高效快速的租房纠纷解决机制。由于租客一般势单力薄,涉及的经济损失不是很高。即使与房东有各种纠纷,一般都是一忍了事,很少进行费时费力又费钱的民事诉讼。因此要在住房租赁纠纷方面合理配置民间调解、行政调解与仲裁、诉讼手段,实现不同手段的高效衔接。针对租赁合

[1] 人民银行天津分行课题组:《天津市住房租赁抽样调查情况分析报告》,载《华北金融》2006年第2期。

[2] 黄瑞钏:《公共租赁房租金的定价模式分析》,载《知识经济》2018年第12期。

同中出现频率较高、专业性较强的情形,可以先寻找地产经纪协会介入,得到专业性与有效性解决手段的支持;[1]再在房屋租赁合同登记部门设立调解机构,以期快速、高效地解决双方纠纷;当前两种途径无法解决纠纷时,可起诉到法院,法院也可以先进行诉前调解,调解不成可通过简易程序达到速裁速判以节约时间和金钱成本。

(二)在租购并举基础上逐步推进租购同权,予以承租人以"市民化"待遇

无论是原住民还是外来人口,每一个人都对城市的发展做出了不同的贡献。原住民在春节大批外地人回家过年时都感受到了生活的不便,而外来人口也迫切渴望享受居住城市带给自己及家人的教育、医疗、人文等优于家乡的市民待遇。因此随着经济的发展、财富的积累,我国的大城市应该借鉴国外做法,鼓励人口流动并赋予承租人更多的当地公共福利待遇的方式。

在子女就学方面,把各大城市采用的居住证积分制度与房屋租赁期限结合起来考察子女的入学资格,只要达到资格条件就可以和本地区购房者的子女同样享有进入当地学校入读的权利,对于一些热门学校,当报名人数高于录取人数时,同样采取摇号的方式随机录取,体现公平。当然更重要的是,当地教育部门应增加学校数量并平衡教育资源,可借鉴日本的教师流动制度,鼓励甚至强制教师定期流动,使优秀的教育资源带动相对落后地区学校的软硬件建设,大家都就近入学,使得择校变得没有意义。

在医疗待遇方面,同样结合租房人的社会保险费缴纳情况赋予与本地市民同样的就近医疗、基础医疗托底的医疗保障制度。同时鼓励所在单位给职工购买商业医疗保险,以完善保障功能。出台全国性的协调政策,年老退休的随迁父母可将老家的退休养老医疗保险转入子女所在城市,或者随着电子网络的发展,将原来需回家乡报销医药费的程序简化到网上完成,切实减轻老百姓的负担。

[1] 孙峰:《构建以住房承租人权利为核心的法律制度》,载《西南民族大学学报》(人文社会科学版)2020年第1期。

(三)未来可参考《民法典》物权编中"居住权"人享有的社会福利模式

"居住权"是《民法典》物权编中一种新的用益物权,根据《民法典》第366条的规定,居住权人有权按照合同约定,对他人的住宅享有占有、使用的权益,[1]以满足生活居住的需要。《民法典》还规定了设立居住权应签订书面合同,[2]通常为无偿,但当事人可以约定有偿,采用登记生效主义,[3]经约定也可以将住宅出租。[4] 尽管居住权是用益物权,但以上特点与房屋租赁权有很多共同点,而《民法典》对于居住权人的保护接近于房屋所有权人。因此本文认为今后在民法典司法解释或地方政府出台的行政法规中赋予居住权人享有的各项公共服务权利对于房屋承租人来说可以参考适用,那时就可以说落实租购同权了。

租购同权涉及公共资源分配的公平性、均等性等问题,国家应通过构建全方位的政策体系来保障承租者享受市民待遇,将户籍制度与社会福利制度剥离,增进各种公共服务和社会保障的灵活性和广泛性,减少对承租人和产权人的差别对待,实现从单项权利同权到多项权利同权、从市民权利同权到市民权力同权。[5]

---

[1] 《民法典》第703条规定:租赁合同是出租人将租赁物交付承租人使用、收益,承租人支付租金的合同。

[2] 《民法典》第707条规定:租赁期限六个月以上的,应当采用书面形式。当事人未采用书面形式,无法确定租赁期限的,视为不定期租赁。

[3] 按《民法典》第706条的规定租赁合同的登记不影响合同的效力。但根据前文所述,各地政府均规定承租人子女若要报名就近上学必须将房屋租赁合同进行登记。

[4] 《民法典》第716条规定,承租人经出租人同意,可以将租赁物转租给第三人。

[5] 黄燕芬、王淳熙、张超、陈翔云:《建立我国住房租赁市场发展的长效机制——以"租购同权"促"租售并举"》,载《价格理论与实践》2017年第10期。

论撕毁答题卡的法律责任

华瑀欣*

一、事件回顾

习近平总书记说过,“考上大学固然可喜,但没考上大学也不用悲观,更不能绝望”。[1] 但是,有的考生不但会产生负面情绪,而且会采取过激举动。例如,2020年7月8日上午,河南省平顶山市第一中学进行了一场普通高等学校招生全国统一考试的理科综合能力测试,该次考试共有38题,考生不必全部答完。试卷首页的“注意事项”提示考生,回答选择题时,需要将答题卡上对应题目的答案标号涂黑;回答非选择题时,将答案写在答题卡上,答案写在试卷上无效;考试结束后,试卷和答题卡一并交回。距离考试结束还有5分钟左右时,一名女生突然起身撕毁了右侧考生的答题卡。两名监考人员上前制止,不料该考生挣脱后又撕毁了后方另一名考生的答题卡。监考人员稳定考场秩序后,第一中学考点按照程序启用了备用答题卡,按规定补足两名考生的答题时间,并组织他们在考务办誊写答案,而该女生并未参加当日下午的英语考试。

同场考生当日在网上传播这一高考突发事件,引发了国人热议,并产生了诸多疑问。例如,撕毁答题卡的行为应当如何定性,是违纪还是作弊?撕

* 华瑀欣,上海外国语大学法学院讲师,法学博士。

〔1〕 习近平:《路就在脚下》,载《之江新语》2003年7月11日。

毁本人答题卡与撕毁他人答题卡有无区别?该生当年高考成绩应当如何处理?该生应当接受何种处罚,是否应当承担民事或刑事责任?本文将结合我国既有案例,作出简要评析。

二、考试的法律规制

每个人从小到大都经历过无数考试,但是这些考试的性质是不同的。国家教育考试决定了考生的前途,公务员录用考试确定了主任科员以下的非领导职务的招录,专业技术资格考试是职业技能的考核活动,社会证书考试为考生的特定能力提供背书,海外考试用于测试当事人的外语能力,而中小学的晨练、月考、随堂测和周周爽则是检验学习成果的过程性评价活动。其中,国家教育考试包括普通和成人高等学校招生考试、全国硕士研究生招生考试和高等教育自学考试等。这些考试由教育部确定实施,由经过批准的实施教育考试的机构承办,例如作为事业单位的教育部考试中心。上述考试面向社会公开、统一举行,各地设有明确的层级管理机构,考试结果是招收学历教育学生或者取得国家承认学历和学位证书的依据。根据最高人民法院和最高人民检察院2016年公布的《关于办理组织考试作弊等刑事案件适用法律若干问题的解释》的规定,国家教育考试、公务员录用考试和专业技术资格考试均属于国家考试。

考生参加国家教育考试需要遵守三方面的法律规定。第一,与教育考试直接相关的法律法规。例如,《教育法》和《国家教育考试违规处理办法》(以下简称《办法》)等。《办法》自2004年发布,经2012年修正,适用至今。第二,处理民事纠纷的法律法规。例如,现行有效的《侵权责任法》和即将生效的《民法典》。第三,维护社会治安的法律法规。例如,《治安管理处罚法》和《刑法》等。例如,2015年的《刑法修正案(九)》增设了第284条之一,明确了组织考试作弊罪、非法提供答案罪和代替考试罪的定罪量刑。实践中常见的相关罪名还有徇私舞弊罪、贪污罪、渎职罪、泄露国家秘密罪、寻衅滋事罪和非法使用窃听、窃照器材罪等。考生报名和参加考试时拿到的考生手册和考试须知上的内容，是上述法律法规的细化和落实。

三、《办法》的适用范围

第一，《办法》第3条规定，其适用于参加国家教育考试的考生及其考试工作人员和相关人员。《办法》主要明确了违规行为的认定与处理的实体法与程序法。

第二，《办法》第33条明确规定："非全日制攻读硕士学位全国考试、中国人民解放军高等教育自学考试及其他各级各类教育考试的违规处理可以参照本办法执行。"实践中，本条大幅扩张了《办法》的适用范围。例如，黎某某在2014年上半年广西中英合作采购与供应管理职业资格证书考试的《采购与供应链管理》测试中，因携带与考试内容有关的4张资料被认定为作弊，被广西招生考试院取消了其同期报考的所有科目的成绩。黎某某以职业教育考试不应当适用《办法》为由，诉至南宁市西乡塘区人民法院。法院认为，结合《办法》第33条的规定，教育部考试中心编写的《中英合作考试项目考务手册》编写说明载明"我中心编印了《中英合作考试项目考务手册》，供所有参与中英合作考试工作的各级考试工作人员在组织考试过程中遵照执行"，第七章违规处理办法亦载明中英合作考试项目中出现的任何违规处理办法参照《办法》执行。因此，本次考试中违规处理应参照《办法》的规定。[1]

第三，即使不直接适用《办法》，高等学校可以自行制定与《办法》内容相同的规定。《办法》第6条第4项禁止携带通信设备考试，而《普通高等学校学生管理规定》第54条第4项进而规定，使用通信设备作弊的可以开除学籍。例如，山东女子学院外国语学院学生杜某某参加本校组织的《英美文学1》考试时，其手机位于旁边考试的桌子上。开考后巡考人员将手机拿到考场前面的讲台并进行了检查，并未发现与考试相关的内容。考试结束后，监考人

---

〔1〕 (2015)西行初字第47号。

员要求其自行记载考试作弊并签字,遭到拒绝。嗣后,根据《山东女子学院考试工作管理规定》中“携带具有发送或者接收信息功能的设备”属于作弊的规定,作出了记过处分和不予授予学士学位的决定。杜某某不服,诉至济南市长清区人民法院。法院认为,《高等教育法》第11条规定,高校有依法自主办学的权利,其在高校管理过程中制定的相关管理规定,只要不与相关的法律文件相冲突,就应当得到充分的尊重。上述校内规定不考虑当事人是否存在作弊的主观意图,也不以实际携带或夹带相关考试材料为必要,是合法合理的。[1]

第四,并非所有考试均适用《办法》,最为典型例子是规模宏大并涉及学生毕业和就业的全国大学英语四、六级考试。例如,中国传媒大学MBA学院工商管理专业硕士研究生殷某某让他人冒名代替其参加2014年的全国大学英语四级考试,被该校认定为作弊,并被开除学籍。殷某某不服,最终诉至北京市第三中级人民法院。法院认为,教育部在其他相关诉讼中的回函意见称:一、英语四、六级考试是附属于高校教育教学过程的教学考试,不在教育部颁布的《办法》中所列举的国家教育考试范围之内,高等学校可根据《办法》,对本校的考试规则等相关制度进行细化;二、由于英语四、六级考试没有自身独立的违规处理办法,对在英语四、六级考试中出现的违规、作弊行为,高校可以直接适用本校的考试规则进行认定和处理。[2]

依此逻辑类推,中小学随堂测试更不在适用之列,但实践中的确发生过争议。例如,山东省章丘市(2016年改为济南市章丘区)一年级学生孙某某因语文课听写字词时偷看课本,被任课教师宋某某用书本棱角拍打,致使右眼睑挫伤。学生及家长遂诉至章丘市人民法院后,法院认为,该生违反《办法》,对自己的损失承担次要责任。[3] 但是,二审济南市中级人民法院认为,小学随堂测试显然不是国家考试,不应适用《办法》的规定,遂纠正了一审法

[1] (2015)长行初字第31号。
[2] (2017)京03行终87号。
[3] (2015)章民初字第1308号。

院的错误。[1]

四、考试违规行为的种类

考试违规行为是否等同于考生作弊？答案是否定的。考试违规行为的主体不限于考生，还包括教育考试机构、考试工作人员和其他人员。例如，教育考试机构协助考生伪造档案获得考试资格的行为、考试工作人员应回避考试工作却隐瞒不报的行为，以及考场外人员故意损坏考场设施设备的行为，均属考试违规。考生的考试违规行为依据情节轻重，分为违纪、作弊和扰乱考试秩序三种类型。实践中，教育部门已经按照《办法》中规定的顺序，将违规类型编制为具体代码，详述如下。

(一)违纪

违纪是指违反考试规定，但尚未构成作弊的行为。根据《办法》第5条，常见的考试违纪包括以下行为：携带规定以外的物品进入考场或者未放在指定位置的；未在规定的座位参加考试的；考试开始信号发出前答题或者考试结束信号发出后继续答题的；在考试过程中旁窥、交头接耳、互打暗号或者手势的；在考场或者教育考试机构禁止的范围内，喧哗、吸烟或者实施其他影响考场秩序的行为的；未经考试工作人员同意在考试过程中擅自离开考场的；将试卷、答卷(含答题卡、答题纸等，下同)、草稿纸等考试用纸带出考场的；用规定以外的笔或者纸答题或者在试卷规定以外的地方书写姓名、考号或者以其他方式在答卷上标记信息的；其他违反考场规则但尚未构成作弊的行为。

值得注意的是，实践中将上述“未在规定的座位参加考试的”情形限缩于同一考场，而非同一考点。考场是指实施考试的封闭空间，而考点是指设置若干考场独立进行考务活动的独立场所。例如，南某在参加2013年高考时走错考场并答错考卷，陕西省招生委员会办公室认定其未在指定考场参加

[1] (2015)济少民终字第124号。

文史类考试,按照缺考记零分处理。南某则认为该行为属于《办法》第5条规定的“未在规定的座位参加考试”的违纪行为。但是,陕西省招生委员会办公室不予受理行政复议,各级法院也均驳回起诉。[1]

(二)作弊

作弊是指以不正当手段获得或者试图获得试题答案、考试成绩的行为。《办法》第6条认定的作弊行为包括:携带与考试内容相关的材料或者存储有与考试内容相关资料的电子设备参加考试的;抄袭或者协助他人抄袭试题答案或者与考试内容相关的资料的;抢夺、窃取他人试卷、答卷或者胁迫他人为自己抄袭提供方便的;携带具有发送或者接收信息功能的设备的;由他人冒名代替参加考试的;故意销毁试卷、答卷或者考试材料的;在答卷上填写与本人身份不符的姓名、考号等信息的;传、接物品或者交换试卷、答卷、草稿纸的;其他以不正当手段获得或者试图获得试题答案、考试成绩的行为。

实践中的主要问题集中在第6条所规定的“携带与考试内容相关的材料或者存储有与考试相关资料的电子设备参加考试的”与“携带具有发送或者接收信息功能的设备的”这两种情形,分述如下:

第一,携带手机进入考场直接构成作弊,不论手机是否接受了考试信息,是否开机,不用考虑考生的主观故意,甚至不必暂扣手机。例如,魏某某参加2015年艺术类统考时,因携带手机进入考场被内蒙古自治区招生考试中心认定为作弊,其报名参加考试的各阶段、各科成绩无效。该考生不服,认为招生考试中心缺少手机这一物证,最终申请内蒙古自治区高级人民法院再审。法院认为,考试中心提供的视频录像能够证明其携带手机进入考场的事实,因此其构成《办法》第6条第4项规定的“携带具有发送或者接收信息功能的设备”,相关处理适用法律正确。[2]

第二,禁止携带与考试内容相关的材料的规定中,“携带”不仅包括物品,也包括身体。例如,张某参加2018年全国硕士研究生招生考试的“发展

[1] (2016)最高法行申2608号。

[2] (2018)内行申41号。

管理专业(一)”科目考试时,因监考人员发现其手左手掌心有排列整齐的书写痕迹,被认为作弊,被贵州省招生考试院处理。张某不服,诉至贵阳市南明区人民法院,辩称内容抄于掌心是用于复习,考前已经处理,字迹已模糊。法院认为,张某所述恰好证明掌心内容与考试相关,遂构成携带与考试内容相关的材料进入考场的作弊行为。[1]

第三,携带规定以外的物品仅属违纪,携带物品与考试内容相关才构成作弊。例如,张某某参加2019年江西省普通高校招生艺术类专业校考广西民族大学的色彩科目考试时,携带色彩小图片被监考人员当场查获。江西省教育厅认为该行为属于作弊,因此作出其报名参考各阶段、各学科成绩无效的处理,并将处理结果记入考生考试诚信档案。张某某则认为,其行为属于携带规定以外的物品进入考场,当属违纪,并非作弊,仅色彩科目的考试成绩应当被取消,并诉至南昌铁路运输法院。法院认为,该色彩卡片与考试中所画图片相似,可认定为是与考试内容相关的材料,因此携带该卡片进入考场属于作弊。[2]

第四,捡到他人抛出的小字抄成的供作弊用的纸条(俗称小抄)不构成《办法》第6条第1项禁止的携带与考试内容相关的材料。例如,王某参加2014年音乐类专业联考的乐理科目时,将写有小抄的纸条压在考卷下,因神情异常被监考人员发现。河北省教育考试院遂以携带与考试内容相关的材料参加考试为由,认定其构成作弊,各科成绩无效。王某不服,最终上诉至河北省高级人民法院。法院审理查明,小抄由王某左侧的冯某某制作并携带,事发时冯某某临时起意,扔给王某是希望他再传给其他考生。法院认为,《办法》第6条第8项对考生“传、接物品”的作弊行为作出了具体规定,与第1项构成并列关系。因此,第1项中规定的“携带”不包含因“传、接物品”而持有与考试内容相关的材料这一特定情形,考试院不得以卷压小抄为由认定王某构成携带与考试内容相关的材料参加考试的行为,《考试违规处理决定书》应当撤销。[3]

---

〔1〕(2018)黔0102行初124号。
〔2〕(2019)赣7101行初829号。
〔3〕(2015)冀行终字第31号。

此外,《办法》第7条还规定,教育考试机构、考试工作人员在考试过程中或者在考试结束后发现下列行为之一的,应当认定相关的考生实施了考试作弊行为:通过伪造证件、证明、档案及其他材料获得考试资格、加分资格和考试成绩的;评卷过程中被认定为答案雷同的;考场纪律混乱、考试秩序失控,出现大面积考试作弊现象的;考试工作人员协助实施作弊行为,事后查实的;其他应认定为作弊的行为。兹不赘述。

(三)扰乱考试秩序

通说认为,考生应当严格遵守考场纪律,自觉维护考试工作场所秩序,服从考试工作人员管理;考生有违规违纪情况时,监考人员有检查的权力和职责,考生有绝对的配合义务,因此扰乱考试秩序是最严重的违规行为。《办法》第8条规制的相关行为包括:故意扰乱考点、考场、评卷场所等考试工作场所秩序;拒绝、妨碍考试工作人员履行管理职责;威胁、侮辱、诽谤、诬陷或者以其他方式侵害考试工作人员、其他考生合法权益的行为;故意损坏考场设施设备;其他扰乱考试管理秩序的行为。

实践中最常出现的情形是"威胁、侮辱、诽谤、诬陷或者以其他方式侵害考试工作人员、其他考生合法权益的行为"。例如,梁某在兴义民族师范学院参加了2018年贵州省中小学教师资格考试。在即将考完第一科时,监考人员要求其按照要求正确贴条形码。由于梁某忙于答题,并未及时粘贴,遂与监考人员发生口角,直至肢体冲突。当日下午梁某按时到达考场准备考试时,考点主任对其当场作出了口头停考决定。嗣后,贵州省招生考试院以其拒绝按要求贴试卷条形码,威胁和侮辱监考人员为由,作出了梁某该次报名参加考试的各科、各阶段成绩无效的处理决定。[1]

---

〔1〕(2018)黔0113行初292号。该案中,梁某不服,遂向贵州省教育厅申请复核。省教育厅所作《复核决定书》虽然认为《处理决定书》存在认定事实部分不清,适用依据错误,告知复核机关错误的程序问题,但仍维持了处理决定。梁某不服,遂向信访及纪委部门反映,后贵州省招生考试院在《信访事项处理意见书》中载明,监考人员在履行监考和考点管理职责上存在方法简单和态度生硬的问题。梁某遂以此向贵阳市白云区人民法院起诉贵州省教育厅和招生考试院。法院认为,《处罚决定书》和《符合决定书》属于两个行政行为,将两项请求事项在同一诉状中提起诉讼,属于诉讼请求不明确。经法院释明,原告仍不变更的,不符合《行政诉讼法》的起诉条件,遂驳回了梁某的起诉。

"拒绝、妨碍考试工作人员履行管理职责"的情形经常是"威胁、侮辱、诽谤、诬陷或者以其他方式侵害考试工作人员、其他考生合法权益的行为"的客观结果。例如,蒋某某参加了2018年10月27日14:30开考的设在济南市章丘区绣水中学考点的成人高等学校招生全国统一考试《数学》科目考试,考试规定结束时间为16:30,而且《考试须知》上写明"交卷出场时间不得早于每科目考试结束前30分钟"。蒋某某同考场学生15:40左右试图交卷离场,被副主考巡考时批评制止。蒋某某认为副主考嗓门太大,影响了其他考生,遂发言要求恢复考场安静秩序。副主考则认为蒋某某未经许可私自发言,遂制止并进行说服教育。但该生继续大声喧哗,副主考向其说明违规违纪条款,口头告知了其违规事实后,该生拒绝在违规情况记录卡上签字并擅自离开考场。因未到考生离场时间,流动监考员将其带到考务室,直至符合考试规定时间才让其离开考点。嗣后,山东省教育招生考试院作出处理决定,认定蒋某某故意扰乱考场秩序,其当次报名参加的考试的各科成绩均作无效处理。蒋某某不服,遂诉至济南市历下区人民法院。法院认为,不配合检查,与考试工作人员发生冲突,影响其他考生考试,不仅属于故意扰乱考场秩序,亦属于拒绝、妨碍考试工作人员履行管理职责,蒋某某依法应当承担相应的责任,遂驳回全部诉讼请求。[1]

五、考试违规行为与寻衅滋事罪

严重的考试违规行为可能扰乱考试秩序,触犯《治安管理处罚法》和《刑法》,构成组织考试作弊罪、非法提供答案罪和代替考试罪等多种犯罪。2020年高考的撕毁答题卡事件则可能涉及寻衅滋事罪。1979年《刑法》第160条规定的流氓罪在1997年《刑法》中被分解为强制猥亵侮辱妇女罪、聚众淫乱罪、聚众斗殴罪和寻衅滋事罪4种罪名。根据2013年最高人民法院、最高人民检察院《关于办理寻衅滋事刑事案件适用法律若干问题的解释》,寻衅滋

---

〔1〕 (2019)鲁0102行初204号。

事是指行为人寻求刺激、发泄情绪、逞强要横和无事生非的行为。《刑法》第293条规定,有下列寻衅滋事行为之一,破坏社会秩序的,处5年以下有期徒刑、拘役或者管制:随意殴打他人,情节恶劣的;追逐、拦截、辱骂、恐吓他人,情节恶劣的;强拿硬要或者任意损毁、占用公私财物,情节严重的;在公共场所起哄闹事,造成公共场所秩序严重混乱的。实践中,考试违规行为与寻衅滋事罪相结合主要包括以下3种类型:

(一)"随意殴打"型寻衅滋事

在"随意殴打"型寻衅滋事中,考生常因心怀不满,肆意殴打其他考生或监考人员。例如,傅某某在乐山市市中区关庙乡的乐山三禾机动车驾驶培训学校有限公司打印理论考试成绩单时,因成绩单上照片显示不全无法通过考试,遂找主考官梁某某等人理论。后因理论未果,傅某某意图采用持刀威胁梁某某等人的方式,让其通过考试,随后傅某某到该有限公司考场内小卖部和公路对面饭店里去向老板要刀未果后,便乘车到自己家中拿了把弯月形状的藏刀返回考场威胁梁某某,在此过程中,傅某某踢坏梁某某办公室门、砍伤考场内工作人员赵某。乐山市市中区人民法院以寻衅滋事罪判决傅某某有期徒刑10个月。〔1〕

(二)"辱骂恐吓"型寻衅滋事

在"辱骂恐吓"型寻衅滋事中,考生虽然没有殴打的行为,但是高声叫嚣或不停辱骂其他考生或监考人员。个别严重者,也会破坏考场设施,转化为"任意损毁"型寻衅滋事。例如,万某某在参加2008年甘肃省张掖市高台县教体局组织的全县中小学教师教育技术能力测试时,指使其妻杨某某至解放街小学替考计算机操作考试。监考人员发现后,电教主任通知万某某自己来考试。万某某饮酒后到达考场,对不让替考非常不满,辱骂电教主任半小时,在考场内大吵大闹。因其试图用凳子砸计算机被同场考试的其他教师挡住,万某某强行拉闸断电,致使48名教师全部被迫中断考试,其中部分农村教师

〔1〕(2014)乐中刑初字第311号。

因无该科成绩丧失调入城区任教机会。张掖市临泽县人民法院认为，万某某不遵守教师教育技能测试纪律，让他人替考，被监督发现后，为发泄不满，逞强耍横，在考场内滋事，致使考试被迫中断，严重扰乱考试秩序，认定该行为构成寻衅滋事罪。[1] 二审张掖市中级人民法院维持了原判。[2]

(三)"起哄闹事"型寻衅滋事

在"起哄闹事"型寻衅滋事中，考生虽然没有殴打和辱骂的行为，但是通过其他手段干扰、破坏甚至阻止考试的正常进行，对其他考生产生了严重影响。例如，天津外国语大学英语专业学生来某因其在江苏省赣榆高中上学期间与他人发生纠葛，对学校处理结果不满，于是以自残的方式要求其父来某某共同实施报复行为。在2016年高考英语听力考试期间，来某知道第一大题只播放一遍，于是掐准在考试的汉语说明结束后的时间点，立即在该校东墙外点燃事先准备好的鞭炮，致使该考点57个考场共1698名考生受到严重影响，来某某为其购买鞭炮提供帮助。经江苏省教育考试院同意，该区高等学校招生委员会不得不在第一时间启动了应急预案，延长了考试时间，重新播放了部分考题。考生安某的证词笔录写道，"英语听力刚播完第1题，外面响起了鞭炮声，声音很大，持续了1分多钟，直到第2大题才能听清。当时我心里就很慌，怕考不好，以至于整个英语考试都是惶惶的心态。5点多英语考试要结束时，广播说重新播放第1大题至第2大题部分。这个事情的直接影响就是当时听力根本听不清，还有就是心态会受到影响，考试结束后跟同学议论，其他考场的同学也说听不清，被鞭炮声干扰了。"连云港市赣榆区人民法院认为，来某和来某某蓄意燃放鞭炮的行为影响考生正常考试，造成秩序严重混乱，其行为破坏了社会公共秩序，构成寻衅滋事罪。[3]

六、撕毁答题卡的行为认定与处理

结合上述理论和案例分析，笔者对2020年高考撕毁答题卡的行为认定

---

[1] (2014)临刑初字第67号。

[2] (2015)张中刑终字第24号。

[3] (2016)苏0707刑初672号。

与处理提出以下观点,供参考。

(一)撕毁答题卡行为的认定

《办法》第4条规定:“国务院教育行政部门及地方各级人民政府教育行政部门负责全国或者本地区国家教育考试组织工作的管理与监督。承办国家教育考试的各级教育考试机构负责有关考试的具体实施,依据本办法,负责对考试违规行为的认定与处理。”依照上述规定,河南省招生办公室作为河南省教育招生考试主管部门,负责平顶山辖区考试考务工作,具有对应试人员的违纪违规行为进行认定与处理的职责。作为学理分析,笔者认为,本案行为人的行为构成作弊和扰乱考试秩序的行为,并涉嫌寻衅滋事罪。

第一,《办法》第6条第3项规定,抢夺、窃取他人试卷、答卷或者胁迫他人为自己抄袭提供方便的构成作弊;第6项规定,故意销毁试卷、答卷或者考试材料的亦构成作弊。本案中,行为人不但非法占有了两名考生的答题卡,而且故意撕毁了答题卡。答题卡是他人紧密占有的财物,行为人对物品实施了暴力,因此构成抢夺。值得一提的是,抢夺他人答题卡的行为,是否必须具备为自己提供抄袭的便利,才能构成作弊?笔者认为,答案是否定的,理由有二。其一,根据文义解释,《办法》第6条第3项中,“抢夺、窃取他人试卷、答卷”与“胁迫他人为自己抄袭提供方便”构成并列关系,后者并非前者的条件。其二,根据体系解释,《办法》第6条第4项将携带手机进入考场的行为一律视为作弊,实践中并不考虑行为人的主观故意,因此第3项也不应考虑行为人是否具有抄袭的意图。再者,本案中行为人撕毁他人答题卡,属于销毁答卷的行为,直接构成作弊。如果本案行为人撕毁了自己的答题卡,也可依据此项认定为作弊。

第二,撕毁答题卡属于扰乱考场秩序的行为。《办法》第8条规定,下列属于扰乱考试秩序的行为:故意扰乱考点、考场、评卷场所等考试工作场所秩序;拒绝、妨碍考试工作人员履行管理职责;威胁、侮辱、诽谤、诬陷或者以其他方式侵害考试工作人员、其他考生合法权益的行为。

例如,刘某报名参加2012年同等学力人员申请硕士学位学科综合水平全国统一考试的经济学考试，并让孙某至河北经贸大学考点代考。代考事实暴露后，孙某大闹考场，刘某遂被取消各科目考试成绩，并被处暂停3年参加该考试。刘某不服，起诉国务院学位委员会。北京市第一中级人民法院认为，现场工作人员签名确认的考场记录表和考场情况说明等证据证实刘某存在由他人代替参加考试和威胁、侮辱、诽谤、诬陷或者以其他方式侵害考试工作人员、其他考生合法权益的行为，遂驳回了全部诉讼请求。[1]

本案中，行为人撕毁他人答题卡，致使两名考生无法按时作答，严重影响他人考试状态，因此属于以其他方式侵害其他考生合法权益的行为。在撕毁第一张答题卡后，监考人员已经上前制止，行为人继续撕毁第二张答题卡，属于拒绝考试工作人员履行管理职责的行为。因此，本案当事人的行为不仅构成作弊，而且扰乱了考场秩序。

值得一提的是，虽然事发时临近考试结束，考场内正在回收试卷和答题卡，但是尚无证据证明行为人具有扰乱考场秩序的主观故意，因此第8条第1项未必适用。

第三，撕毁答题卡违反《治安管理处罚法》，可能涉嫌寻衅滋事罪。该法第23条规定，扰乱事业单位秩序，致使工作、教学不能正常进行，尚未造成严重损失的，或者扰乱商场、展览馆或者其他公共场所秩序的，可处警告或者200元以下罚款；情节较重的，可处5日以上10日以下拘留，可并处500元以下罚款。根据《关于办理寻衅滋事刑事案件适用法律若干问题的解释》第5条规定，在车站、码头、机场、医院、商场、公园、影剧院、展览会、运动场或者其他公共场所起哄闹事，应当根据公共场所的性质、公共活动的重要程度、公共场所的人数、起哄闹事的时间、公共场所受影响的范围与程度等因素，综合判断是否“造成公共场所秩序严重混乱”。本案中，行为人年满16周岁，由于未能答出题，为了发泄不满情绪，强拿并任意撕毁两张答题卡，吸引了所有人的注意，引发两位监考人员出手制止，并造成了考场混乱，导致考点不得不使用

---

〔1〕（2013）一中行初字第2882号。

备用答题卡并延长了考试时间。由此可见,撕毁答题卡可能构成“任意损毁”型或“起哄闹事”型的寻衅滋事罪。

(二)撕毁答题卡行为的处理

考生相关行为的处理必须以法律为依据,否则作出的行政行为违法。例如,姚某参加2018年陕西省高等教学自学考试的马克思主义基本原理概论和英语语法考试时,其答题卡上列明了考生笔迹采集部分,并注明需要按照要求在指定区域抄写相关内容,否则考试成绩无效。该生因未按规定采集笔迹导致两科成绩被陕西省教育考试院判定为无效,最终诉至西安铁路运输中级人民法院。该院认为,考试院缺乏认定成绩无效的法律依据,确认上述行政行为违法。[1]

根据已知事实和现有法律法规,笔者认为,本案撕毁答题卡行为的处理可能如下:

第一,行为人本次考试全科成绩无效。根据《办法》第9条第2款的规定,行为人作弊的,其所报名参加考试的各阶段、各科成绩无效;根据第10条的规定,行为人扰乱考场秩序的,应当终止其继续参加本科目考试,其当此报名参加考试的各科成绩无效。

第二,行为人的作弊和扰乱社会秩序行为应当记入国家教育考试考生诚信档案。《办法》第30条规定,教育考试机构应当建立国家教育考试考生诚信档案,记录、保留在国家教育考试中作弊人员的相关信息。国家教育考试考生诚信档案中记录的信息未经法定程序,任何组织、个人不得删除、变更。国家教育考试考生诚信档案可以依申请接受社会有关方面的查询,并应当及时向招生学校或者单位提供相关信息,作为招生参考条件。

第三,行为人可能要承担刑事责任。《刑法》第293条规定,具有寻衅滋事行为、破坏社会秩序的,处5年以下有期徒刑、拘役或者管制。但是,从我国公布的既有类似案例来看,本案当事人的主观目的并非恶意作弊,

---

〔1〕(2019)陕71行终599号。

行为方式也限于临近抢夺答题卡，考点也采取了措施使危害程度减少到了最低，因此即使被认为犯罪，也可认定为犯罪情节较轻，免予刑事处罚。

第四，行为人可能承担民事责任。《侵权责任法》第 2 条规定，侵犯人身和财产权益须承担侵权责任。《民法总则》第 3 条和《民法典》第 3 条均规定，民事主体的人身权利、财产权利以及其他合法权益受法律保护，任何组织和个人不得侵犯。因此，两名考生可以“其他合法权益”受侵害为由，要求行为人赔偿损失。

七、结语

综上所述，撕毁答题卡的行为不仅构成作弊，而且涉嫌犯罪；不仅导致自身考试成绩取消，而且影响他人考试心态；不仅损害两名考生利益，而且扰乱考试秩序。花季少女误入歧途，我们不禁扼腕痛惜，这不禁让我们想到大学中的类似案例。例如，田某某因考试作弊，未获得诉沈阳工程学院的学士学位，遂诉至沈阳市高新技术产业开发区人民法院。难能可贵的是，法官在判决书的结尾语重心长地写道：“本案的发生令人痛心，同时也令我们警醒。对原告田某某来说，寒窗苦读 12 年，终于不负父母、家人的期望考上了大学，本应该在大学期间遵守纪律，努力学习，达到毕业时所需要的绩点，完成自己的本科学业。但原告在学习中投机取巧，以考试作弊的方式代替努力付出，终为自己的过错埋单。发生这件事，对原告田某某来说，未必不是一件好事。人生道路漫漫，大学毕业不是人生的终点，而是社会生活的起点。希望田某某以及我们的大学生们，吸取本案的教训，在今后的人生道路上，踏踏实实做人，勤勤恳恳做事。牢记，世界上没有不劳而获的成功。”[1]

---

〔1〕 (2015)沈高开行初字第 816 号。

多元化纠纷解决机制的功能审视与类型化重构

郑　重*

引　言

我国各级人民法院是宪法规定的审判机关。因此,绝大多数社会矛盾产生后,都会以各种形式涌入法院。司法机关的个案审判虽然能输出社会正义,但并不能全面参与前端社会治理。过于繁重的审判压力不仅会带来审判效率的迟延,还会造成审判质量下降,瑕疵司法产品增多,损害司法权威公信。正因如此,世界正义工程法治指数[1]和世界银行全球营商环境评估报告中,[2]都将替代性纠纷解决机制作为社会法治状况的重要评价标准。只有顺应世界司法审判发展规律,构建多元化纠纷解决机制,才能提升司法审判质效,促进社会治理体系和治理能力现代化。

一、现实之困:社会治理多样性与司法功能局限性

司法判决作为法院处理矛盾纠纷的主要手段,结果多是零和博弈,其刚性、强制性往往难以保证双方满意。而多元化纠纷解决机制作为国家社会治

---

* 郑重,上海市青浦区人民法院四级高级法官,法学博士。

〔1〕 世界正义工程"法治指数"(the Rule of Law Index)第四项原则、指数15要求:替代性纠纷解决机制提供独立、中立、公平、高效的司法救济(接近司法/正义)。

〔2〕 世界银行《全球营商环境报告2020》显示,中国营商环境总体排名跃居全球第31位,比2019年提升15位。"执行合同""办理破产"是世行营商环境评估的两项重要指标,其中包括"替代性纠纷解决方式"。

理能力和治理体系现代化的重要方式，能指引当事人平衡各方利益，以理性、平和的方式将矛盾化解在诉讼之外，既保障了当事人合意的灵活高效，也增强了社会治理的效能。

(一)样态复杂的矛盾纠纷亟需匹配多元纠纷解决方式

任何社会都不可能是没有矛盾的。冲突是不可避免的，纠纷的发生和解决构成了人类社会发展的一对永恒性的矛盾，人类社会正是在解决这对矛盾的过程中不断趋于进步。[1] 随着社会经济发展和民众法治意识增强，越来越多的矛盾纠纷以诉讼形式进入法院，形成了一个数量多发、主体多元、诉求多样的诉讼激增时期。司法裁判作为法院处理矛盾纠纷的主要手段，其刚性、强制性往往难以保证双方满意，仅依靠个案司法已经无法满足转型时期社会治理的需要。

当前时期的特点一是数量多发。诉讼案件一般是社会前端管理的末端反映。2019 年，全国地方各级法院受理案件 3156.7 万件，审结、执结 2902.2 万件，结案标的额 6.6 万亿元，同比分别上升 12.7%、15.3% 和 20.3%。[2] 二是主体多元。利益格局重组，出现不同利益群体和利益需求，原有社会阶层发生结构性变化。社会成员存在不同的价值观、行为模式，不同的社会主体关系需要适配不同的纠纷化解方式，多元化纠纷解决机制呼之欲出。三是诉求多样。司法审判中当事人诉讼请求必须有请求权基础作为依据。但基层社会中，不乏一些情绪化诉讼，甚至并非法律上的诉求。如影视剧《我不是潘金莲》中，主人公李雪莲为讨要一个说法，申诉了十多年。[3] 社会治理是协同共建的系统工程，离不开党委、人大、政府、政协、监察机关、司法机关、社会组织等多元共治，其中司法机关发挥的是定分止争、惩恶扬善、维护正义的作用。各种社会力量自治、互律、协同作用，才能形成合理的治理格局和强大

〔1〕 [美]查尔斯·霍顿·库里:《社会过程》，洪小良等译，华夏出版社 2000 年版，第 28 页。

〔2〕 引自 2020 年 5 月 25 日第十三届全国人民代表大会第三次会议《最高人民法院工作报告》。

〔3〕 刘震云同名小说改编之电影《我不是潘金莲》。一个普通的农村妇女李雪莲，为了纠正一句话，与上上下下、方方面面打了十年交道。在十多年时间里，从镇到县，由市至省，再到首都，不断申诉喊冤。其起因便是被丈夫污蔑为“潘金莲”。

的治理合力。[1]

(二)司法诉讼方式固有局限性无法满足多元解纷需求

在法治现代化的进程中,不少国家曾试图通过司法诉讼解决所有或者大部分的矛盾。特别是法治发展中国家,随着司法管辖权的扩大,多元纠纷解决方式长期受到忽视。但现实情况是,诉讼不仅难以满足社会纠纷的全部需要,本身也存在固有局限性,主要表现为:一是积案及迟延不同程度的存在。诉讼案件逐年递增,开庭排期延后,处理速度降低,如果超越极限一味提高速度,则必然会出现瑕疵司法产品。二是诉讼程序具有复杂性和对抗性。当事人不得不依赖专业律师代理,对抗性加剧双方矛盾。不少案件要经过送达、举证、答辩、一审、二审、执行等才能得到有效处理。有些法律关系简单的案件也变得冗长,家事纠纷、家庭矛盾因为对抗性而进一步恶化。三是诉讼成本高昂。诉讼成本包括诉讼费、鉴定费和律师费,以及其他用于诉讼的实际支出。诉讼越多,社会付出的解纷成本就越高,而绝大多数普通的诉讼案件并不会产生重要的社会效果。四是解决特定案件和新类型纠纷的局限性。在成文法国家,诉讼司法裁判是成文法律涵摄的过程,新类型的矛盾主要通过法律解释的方法进行法律适用,而不具有造法的功能。换言之,诉讼适合处理法律有规定的案件,涉及关系复杂的案件也需要将其分解成法律关系清晰的案件来解决。法律规则的不明确使法官在法律适用时存在困难,自由裁量权的行使又容易造成适法不统一,判决形式上的正当性及程序公正取向难以达到实质正义,社会效果不佳。因此法院在追求裁判合法性同时,还需"高度关注社情民意,将个案的审判置于天理、国法、人情之中综合考量。"[2]

(三)司法资源有限的案多人少矛盾制约矛盾化解效果

即便在司法体制综合配套改革,法官员额制全面推行之后,司法资源总体有限,法院案多人少的矛盾仍将是一种常态。据研究,法官每年有效工作时间是 238 天,1666 小时。剔除非审判工作事务(会议、培训、出差),实际有

---

[1] 张文显:《新时代中国社会治理的理论、制度和实践创新》,载《法商研究》2020 年第 2 期。

[2] 沈德咏:《个案审判要置于天理国法人情之中综合考量》,载《人民法院报》2017 年 4 月 6 日。

效办案时间为1459小时，约182天。一名法官适用简易程序一年最多办理144.9件，适用普通程序一年最多办理69.34件。[1] 法官若长期超负荷办案，超越极限提高速度，则必然会导致办案粗糙、质量下降。根据上海法院简易程序适用率和普通程序使用率计算，一名法官平均一年可以办理的全部案件最大量为134.6件。如果每个工作日加班2小时，一名法官年均最大办案量为168.16件；如果每个案件的辅助审判工作全部由法官助理或书记员完成，法官年均办案量可达到210.2件。而2019年，上海全市基层人民法院法官人均办案量达到347件，审判工作压力负担可想而知。从此意义上看，司法资源的有限性与纠纷不断增加的现实仍存在较为突出的矛盾。而通过矛盾纠纷多元化解，近1/3的一审民事纠纷在诉调对接阶段能够得以化解。这反过来又会促使基层人民法院主动调适、主动塑造。如某区人民法院与市场监管部门签订诉调对接框架协议，与卫健委、医学会探索建立医疗事故鉴定前置机制，与区属各街道、重点企业建立部门对口服务制度。[2] 可见，破解案多人少"瓶颈"问题的根本出路并非不断加大员额法官办案压力，而是推进繁简分流，实施轻重分离、快慢分道，简案快审、繁案精审，实现纠纷的诉讼解决与非诉讼解决有机衔接。

二、功能审视：社会治理体系现代化的基本路径

(一)畅通群众利益诉求的表达渠道

利益诉求表达是社会成员为了实现既定的利益目标，通过法定渠道直接或间接地向执政党、政府和各级社会组织反映情况、提出意见、表明要求，并以合法合理的方式实现自身利益的政治参与过程。随着群众权利意识的增强，利益表达愿望日趋强烈，建立多元化纠纷解决机制，通过社会矛盾化解过程的多渠道表达、多主体参与、多层次覆盖，为不同利益群体提供完全、充分、

[1] 崔亚东：《法官年均最大办案量的测算》，载《上海司法智库法治发展报告》2017年第1期。

[2] 最高人民法院司法改革领导小组：《人民法院司法改革案例选编(五)》，载中国法院网，https://www.chinacourt.org/artide/detail/2018/11/id/3569179.shtml，最后访问时间：2018年11月8日。

畅通的表达渠道显得尤为重要。各地群体性事件的频发就是这种矛盾和纠纷的集中表现。而利益表达机制的不畅则是问题的核心症结所在。有研究表明,中国99%以上的群体事件由百姓利益受侵害引起。[1] 因此,必须高度重视群众的利益诉求表达问题。单纯通过司法裁判化解社会矛盾已经无法满足多元诉求表达的需要。

多元化纠纷解决机制是顺应互联网时代发展的必然要求。网络时代,局部冲突容易被放大,社会矛盾交织难辨,社会情绪加速感染。[2] 互联网新媒体拓宽了利益诉求表达渠道,为群众利益诉求表达提供了新机制。互联网媒体不同于传统意义上的媒体,其受众范围广、传播速度快的特点,决定了其具有日常交流、经验分享的作用,公众参与社会事件讨论的平台作用,不满情绪宣泄以及社会管理作用。互联网具有双向互动性,更直观地反映社情民意,充分发挥其民情反应机制、舆论监督器的作用。在各种矛盾纠纷显现,公民意识逐渐觉醒的情况下,参与性较强的互联网新媒体正成为社会紧张之下公众合理表达其诉求、适度释放其情绪的重要渠道,可以作为现有的信访、司法制度等一系列官方的诉求表达、矛盾化解机制所承担的负荷的合理分流。

(二)拓宽司法民主参与的常态机制

多元化纠纷解决机制的本质是自愿协商、非对抗性、妥协调解、多主体参与,实质上是现代社会司法民主的体现。从纠纷解决方式的多样性来看,多元化纠纷解决机制本身即充分体现了司法的民主性。多元化纠纷解决机制强调解决民事纠纷方式的多样化,这与传统的强调司法权威性的前提下所主张的将诉讼尤其是诉讼判决作为解决纠纷的唯一手段形成了鲜明的对照。多元化纠纷解决机制,虽然并未从根本上将诉讼与非诉讼的纠纷解决手段完全相提并论,但却强调非诉讼的纠纷解决手段相对于诉讼纠纷解决手段所具

---

〔1〕 袁金辉:《和谐社会视阈下的农民利益表达机制研究——基于农村群体性事件的分析》,载《理论探讨》2010年第1期。

〔2〕 中国法学会"枫桥经验"理论总结和经验提升课题组:《"枫桥经验"的理论构建》,法律出版社2018年版,第162页。

有的灵活、便捷等优势，主张扩大非诉讼的民事纠纷解决手段的适用。与此同时，即使不可避免地要经由诉讼来解决纠纷，多元化纠纷解决机制也强调诉讼过程中纠纷解决手段的多元化，法官最优的解决纠纷的方法不一定是诉讼判决，可以采用包括诉讼判决在内的司法调解、和解、动员当事人撤诉等诸多手段，这其中又尤其强调调解的运用。

从纠纷解决主体的角度看，多元化纠纷解决机制强调了法官之外的其他主体在纠纷解决中的作用，体现了司法的民主性。传统的司法理念之下，民事纠纷的解决过程中，法官的作用和权威被提到前所未有的高度。而多元化纠纷解决机制，其核心是以非判决的方式解决民事纠纷。在没有判决存在的情况下，法官在纠纷解决中的核心地位自然下降，其他的参与主体在纠纷解决中的作用得到了强化。(见表1)司法调解以当事人在实体权益上的妥协让步为基础，凸显了当事人在司法过程中的作用。同时，司法实践中将社会调解通过各种手段引入司法调解中，也体现了其他社会主体在司法过程中的作用。[1]

表1　诉讼程序与非诉讼程序的区别与特征[2]

	诉讼程序	非诉讼程序
主要参与者	法官和律师	当事人
中心问题	案件事实：时间、地点、后果等	纠纷的细节、历史、背景等
程序重点	查明事实真相	交流与倾诉，有时无须查明真相
责任	明确确定责任	有时无关紧要
依据	证据、客观事实；法律规则	主观事实和观点；多元化规范
关注点	过去和现在；合法性、正当性	未来关系的继续；利益和需要
第三方作用	判断决定	劝解、沟通媒介、影响
结果	胜负分明，零和	双赢，并能解决许多附带问题
形式	判决、裁定	合意、和解

〔1〕 陈松林：《从司法的民主性看多元化纠纷解决机制》，载《江汉论坛》2011年第4期。
〔2〕 范愉：《非诉讼程序(ADR)教程》，中国人民大学出版社2016年版，第25页。

(三)提升社会治理水平的重要方式

“多一些治理,少一些统治”是21世纪世界主要国家政治变革的重要特征。从政治学理论看,统治与治理存在显著的区别。权力主体不同:统治的主体是单一的,就是政府或其他国家公共权力;治理的主体则是多元的,除了政府外,还包括企业组织、社会组织和居民自治组织等。权力的性质不同:统治是强制性的;治理可以是强制的,但更多是协商的。权力的来源不同:统治的来源就是强制性的国家法律;治理的来源除了法律外,还包括各种非国家强制的契约。权力运行的向度不同:统治的权力运行是自上而下的,治理的权力运行可以是自上而下的,但更多是平行的。两者作用所及的范围不同:统治所及的范围以政府权力所及领域为边界,而治理所及的范围则以公共领域为边界,后者比前者要宽广得多。[1] 而多元化纠纷解决机制的建立和完善就是多主体、协商的社会治理方式。

多元化纠纷解决机制是现代社会治理的重要表征。要实现善治的理想目标,就必须建立与社会经济发展、政治发展和文化发展要求相适应的现代治理体制,实现国家治理体系的现代化。国家治理体系的现代化是社会政治经济现代化的必然要求,它本身也是政治现代化的重要表征。衡量一个国家的治理体系是否现代化,至少有以下5个标准:其一是公共权力运行的制度化和规范化,它要求政府治理、企业治理和社会治理有完善的制度安排和规范的公共秩序;其二是民主化,即公共治理和制度安排都必须保障主权在民或人民当家作主,所有公共政策要从根本上体现人民的意志和人民的主体地位;其三是法治,即宪法和法律成为公共治理的最高权威,在法律面前人人平等;其四是效率,即国家治理体系应当有效维护社会稳定和社会秩序,有利于提高行政效率和经济效益;其五是协调,从中央到地方各个层级,从政府治理到社会治理,各种制度安排作为一个统一的整体相互协调,密不可分。从这5个标准来看,多元化纠纷解决机制本身就是国家治理体系现代化的表现,

〔1〕 俞可平:《推进国家治理体系和治理能力现代化》,载《前线》2014年第1期。

是与我国经济政治发展阶段相适应的治理方式，也是区别于传统国家治理体系的根本所在。[1]

三、类型化重构：建立与矛盾纠纷相适配的多元解纷体系

我国多元化纠纷解决机制产生于世纪之交，党的十八届四中全会《中共中央关于全面推进依法治国若干重大问题的决定》正式将其确定为国家发展目标。[2] 它既不是传统调解方式的简单延续，也不是对西方 ADR 潮流的模仿照搬，而是建立在我国社会和法治发展的实际需要之上，将中国崇尚和谐的传统与当代世界追求的协商共赢文化融会贯通，与综合治理政策一脉相承，以社会创新实践为依托，其目标是形成民间、行政、司法机制并存，诉讼与非诉讼程序相互协调的多元化纠纷解决程序和制度体系，并形成相应的解纷文化。（见图 1）

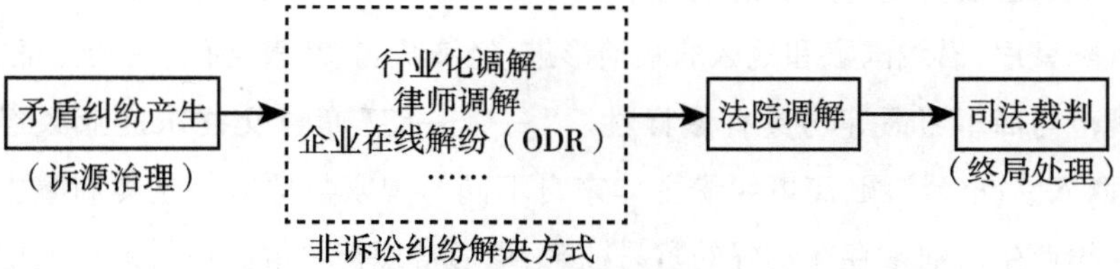

图 1　多元化纠纷解决机制的类型化重构

（一）行业化调解

随着调解的制度化，根据纠纷类型、实际需要和法律的专门化程度，各国都出现了行为化调解，常见的如家事调解、交通事故赔偿调解、商事调解。划分的标准主要是纠纷类型、当事人关系、调解组织等，往往需要提供专门的实

[1] 俞可平：《现代国家治理的五个标准》，载《21 世纪经济报道》2013 年 12 月 3 日。

[2] 近年来，中央和最高人民法院规范多元化纠纷解决机制的文件主要包括《中共中央关于全面深化改革若干重大问题的决定》《中共中央关于全面推进依法治国若干重大问题的决定》《最高人民法院关于全面深化人民法院改革的意见——人民法院第四个五年改革纲要（2014～2018）》《关于建立健全诉讼与非诉讼相衔接的矛盾纠纷解决机制的若干意见》《关于完善矛盾纠纷多元化解机制的意见》等。

体规则和知识技能,调解员也需要具备专门的资格和能力。

如家事调解,诉讼的固有弊端在家事纠纷中体现得最为深刻。在法庭上唇枪舌剑的激烈对抗中,当事人之间的隐私和陈年琐事被淋漓尽致地展现出来,仅存的感情被愤怒甚至仇恨替代,亲属之间变成了陌路人甚至仇人,把亲子关系作为诉讼对象和标的。世界各国都在力图缓解此类对抗,通过调解避免这种危害。目前,我国已经开始注意到对民事案件和家事案件进行区分,在举证责任、证明标准、诉讼程序方面都有所区别,并就建立独立的家事诉讼程序达成了初步的共识。家事纠纷调解中,侧重于对当事人之间情感和心理的治疗和整合,属于典型的治疗性调解。调解员的最佳人选是婚姻家庭问题专家、婚姻法专家、心理医生、有比较丰富经验的民间人士和妇女。

又如商事调解方面,“一带一路”合作倡议提出至今,沿线国家与地区因商事交易、经济贸易、投资行为等频发商事纠纷,如何规范化、高效化地解决此类纠纷已成为亟待解决的问题。“一带一路”贯穿欧亚大陆,属于平面型的国际秩序,沿线国家和地区的政治形态、经济状态、宗教文化、民族特征、法律规范与商事习惯等均具有多样性。“一带一路”商事交往东连亚太经济圈,西入欧洲经济圈,商事纠纷主体来自不同的国家与地区。这类商事主体在纠纷产生之前常存在友好的贸易往来,也通常期待在解决纠纷的同时能维护友好关系,以谋求未来的商事合作。因此,商事调解能释放更大的适用空间。

(二)律师调解

《律师法》规定了律师的3种职能,即维护当事人合法权益、维护社会正义以及维护法律的正确实施,还规定律师可以接受委托,参加调解、仲裁活动。律师调解制度可以说是基于律师维护法律的正确实施功能而衍生出来的一个相对新的制度。[1]

律师调解制度是由律师、依法成立的律师调解工作室或者律师调解中心作为中立第三方主持调解,或者参与到各类调解组织作为调解员,协助纠纷

〔1〕 2017年10月,最高人民法院、司法部联合印发《关于开展律师调解试点工作的意见》,对开展律师调解试点工作作出全面部署。

各方当事人通过自愿协商达成协议解决争议的制度，其社会价值主要体现在以下几个方面：一是有益于社会治理法治化。律师加入调解员队伍，是多元化纠纷解决机制改革中新的增长点。律师凭借职业优势成为社会治理建设中的新生力量，为当事人解决纠纷打开了“另一扇门”，有助于纠纷解决资源的合理配置。二是有助于“一带一路”争端解决机制建设。随着“一带一路”建设深入推进，跨境金融贸易和基础工程建设、国际物流、海事海商、知识产权等领域的纠纷不断增多。传统的司法制度在解决跨国跨境商贸纠纷时面临司法管辖、法律适用冲突等诸多问题，律师调解成为解决国际商贸纠纷的首选方式。

当然，律师调解也存在一些不可忽视的问题。一是律师对调停者身份尚不适应。律师在诉讼中相对比较被动，他们的核心任务是站在当事人的角度考虑利益最大化，至于是非曲直、矛盾解决是由法官来考虑的。相比之下，对于调解这一身份的认知是全新的，律师需要独自面对争议双方、独自突破纠纷，寻求双方都满意的解决方案，与其职业身份存在一定差异。二是律师调解缺乏长效机制。因为律师参与调解经费相对有限，参与调解的律师是极少数，制度设计、准入门槛、物质保障都需完善，能否形成规模和可复制、可推广的经验，有待进一步探索。

（三）在线纠纷解决（Online Dispute Resolution，ODR）

ODR 从 ADR 演化而来，即在线纠纷解决机制，主要将 ADR 的方法和经验运用到全球电子商务环境中，以解决大量在线纠纷的一种机制。作为一种解纷的方式，其本身并非区分解纷主体类型化的依据，因为各种解纷主体均可采用 ODR 方式化解矛盾纠纷。但因其在类型化调解中发挥着独特作用，且为电商企业所常用，故对此进行简要论述。ODR 常用的方式包括：(1)在线协商。当一项争议发生时，争议双方可以提交到相关网站，传递信息，交换各自的观点和请求。网站实质上起到提供场所、加强沟通、促进交流的作用。在此情况下，往往可以通过某种计算机程序自动进行。(2)在线调解。在线提交争议，由在线调解员进行调解，调解员具备专门知识，按照规定的程序和公平原则处理双方争议,帮助双方分析争议焦点,明确利益诉求。在整个争议解决过程中,调解员并不评价双方的对错,也不提出调解协议,在线调解是ODR中使用最多、最重要的调解方式。(3)在线裁决。在线裁决是ODR中比较正式的解决方式,目前使用较少。在线仲裁裁决一般只对争议双方具有约束力,而无强制执行力,不同于传统的商事仲裁,目前还未被《关于承认和执行外国仲裁裁决纽约公约》接纳。

值得注意的是,近年来一些企业自主设立的市场服务性解纷机制有较大发展。许多电商平台都建立了作为市场运作重要组成部分的在线纠纷解决机制,服务于消费者和电商企业,采用双方自行协商解决、纠纷解决专业团队调解和公众(会员)判定相结合的机制。该机制程序严谨、中立、便利,不向使用者(纠纷双方当事人)收取任何费用。

淘宝网大众评审是淘宝网对买方来自本平台交易的争议,通过招募一定资格条件的卖方与买方担任"大众评审员",对格式化、类型化的争议和请求,根据上传的证据进行鉴别,作出合理决定,使先达到7人支持的一方诉求获得支持的纠纷解决机制。该机制是典型的纠纷在线解决方式。针对众多的小额纠纷,通过在线平台淘宝判定中心(pan.taobao.com)进行纠纷解决。在具体任务处理中,大众评审员并非由双方当事人指定,而是由评审员对希望评审的案件进行自主选取和投票,同一方达到7人支持,则投票中止。该方式与传统仲裁最为显著的区别就是参与人员构成了"准司法"的民主化倾向。

(四)法院调解

法院调解是矛盾纠纷进入司法程序后,法院主持下进行的调解,旨在促使当事人在法律规范指引下,通过协商对话解决纠纷。司法改革旨在落实司法责任制,无论是探索建立与行政区划适当分离的司法管辖制度,还是最高人民法院推行的"两个一站式"、民商事案件繁简分流等举措,都是让法官走出法庭,走下法台,参与纠纷化解、社会治理,在司法实践中释放政治功能。[1] 具体而言,法院一

〔1〕 参见2013年11月12日中共十八届三中全会审议通过的《中共中央关于全面深化改革若干重大问题的决定》。

方面通过委托调解和委派调解,实现诉调对接,激活各种社会调解资源;另一方面,法院对进入诉讼程序具有调解可能的案件,仍可以开展调解。(见图2)

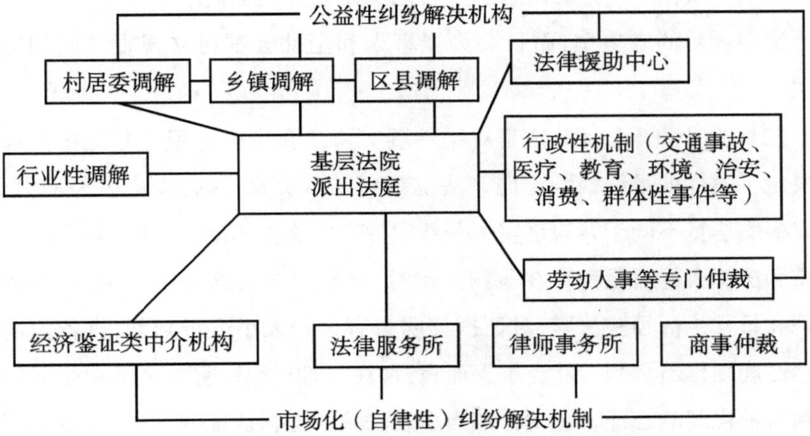

图2 人民法院参与多元化纠纷解决的路径

一是立足"事清责明"。关于调解中是否有必要"事清责明",司法界存在一定争议。实践中,民事调解书也确实不会在案件事实查明和责任分担上着墨过多,大多简要叙述当事人达成一致的解决方案。认为调解不需要"事清责明"的主要理由是,查明事实需要举证、质证等复杂程序环节,与调解追求迅速、便捷解决纠纷的价值相悖。解决纠纷并非法院调解的唯一目的。从结果主义层面来看个案化解,审判权介入的法院调解与当事人之间自行和解存在本质区别。法院调解应当同时考量以具体案件树立价值导向,为社会提供清晰的规范指引,而不是相反。这也就决定了法院调解不应当仅仅瞄准解决纠纷这一结果,从而简化为法院在处理案件上跑量的"快车道"。法官审判权的介入,应当定位于对当事人处分权的"理性"指引和修正,通过法律规则的开示,厘定事实、辨明是非,确保当事人在信息完全对称的情况下权衡得失利弊,最终实现在法律明知下的意思自治。[1] 当然,"事清责明"还应根

〔1〕 郑重:《法院调解的功能价值与实务路径》,载《人民法院报》2020年5月29日,第5版。

据法院调解的不同阶段确立多元化标准。诉前调解阶段，诉讼程序尚未启动，自然无须刻意追求查明事实；立案后、开庭前，通过双方诉辩，可以将主要的无争议事实固定下来；经过庭审程序，法院可对查明的事实予以固定，这非但不影响调解的成功率，而且会为当事人和全社会都树立规则导向和行为指引。

二是适时公开心证。法官对案件事实认定和法律适用的心证很大程度上决定了案件的最终裁判走向。法院裁判以事实为依据，以法律为准绳，但法律事实毕竟不同于客观事实。一些案件事实真伪不明，当事人对法律关系性质和法律要件适用都存在争议。此时，法官需要根据法律规定，运用逻辑推理和日常生活经验法则，对证据证明力有无和大小进行判断，再依据高度盖然性规则作出裁判。就当事人而言，往往很难预测法官对证据和事实问题得到何种程度的心证。客观告知当事人法院对证据认证的结果，以及举证责任并未达到说服法官所需要的高度盖然性程度，法院对某节事实认定存在困难有利于当事人口服心服决定是否接受调解。但应注意的是，公开心证前需要充分了解当事人的性格、感情和接受理解能力，并且事先告知当事人，这只是现阶段、暂时的心证，并不代表最终判决的心证，以免在调解不成判决时，出现心证不一的情形，引起当事人的不满和反驳。

结　语

构建我国多元纠纷解决机制，需要重新审视其作为社会治理体系和治理能力现代化载体的功能价值。实践中，面对社会矛盾数量多发、主体多元、诉求多样和司法资源有限的困境，应当将非诉讼纠纷解决机制挺在前面，让司法成为社会正义的最后一道防线。面向未来，多元化纠纷解决机制已经成为现代法治的重要指标，要充分借鉴世界各国先进经验，顺应时代发展趋势，为构建多元化纠纷解决机制贡献中国智慧和中国方案。

审委会裁判理由公开的实践考察与优化向度

——以“北大法宝司法案例”数据库的裁判文书为研究基础

张雪春*

一、引言

2015年9月、2017年8月，我国分别出台最高人民法院《关于完善人民法院司法责任制的若干意见》（以下简称《司法责任制若干意见》）以及最高人民法院《司法责任制实施意见（试行）》（以下简称《司法责任制实施意见》），为法院完善和推进司法责任制改革提供了基本的思路和依据。《司法责任制实施意见》在《司法责任制若干意见》的基础上，吸收了各法院司法责任制改革的先进经验，对最高人民法院推行司法责任制的基本原则和审判流程等内容作出了规定。其中，《司法责任制实施意见》第1条明确提出：要在实行人员分类管理、法官员额制的基础上，严格落实“让审理者裁判，由裁判者负责”的改革要求。[1] 基于“审理者”与“裁判者”归为一体的司法内在要求，《司法责任制实施意见》第50条规定：“审判委员会对案件的处理决定和理由应当在裁判文书中公开，法律规定不予公开的情形除外。”亦即，在无特别情形下，审判委员会的裁判理由应当在法律文书中予以公开。从目前的研

* 张雪春，江西省峡江县人民法院党组书记、副院长。

〔1〕 骆锦勇：《精准推进司法责任制改革》，载《人民法院报》2018年2月26日，第2版。

究现状来看,理论界和实务界多集中于审判委员会的存废或工作机制的讨论,[1]并没有涉及审判委员会的裁判理由是否应当公开的问题,亟待对此展开研究。

二、审判委员会裁判理由公开的实证考察——基于裁判文书的样本分析

(一)现状评述

利用"北大法宝司法案例"数据库进行检索,截至2019年5月9日,经审判委员会讨论决定的案件有359103件,占收录案件总数的0.82%。在审判委员会讨论决定的案件中,刑事案件122576件,占34.1%;民事案件201265件,占56.1%;行政案件21986件,占6.1%;执行案件11434件,占3.2%;国家赔偿案件1842件,占0.5%。由此可见,民事案件占绝大多数。如图1所示:

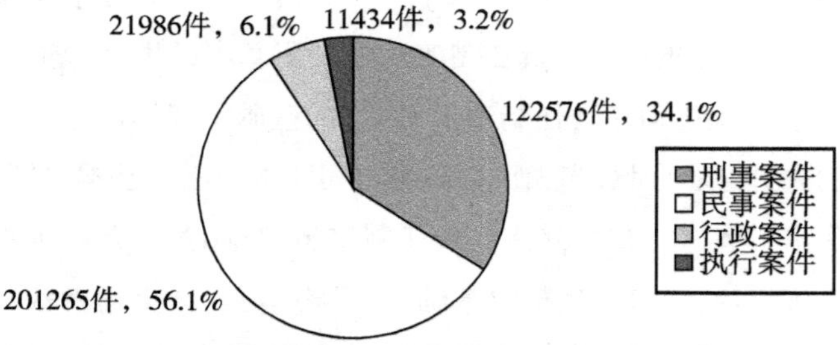

图1　审判委员会讨论决定案件类型分布情况

在上述案件中,笔者随机抽取62个案例进行样本分析。以《司法责任制实施意见》第18条规定的审判委员会讨论案件的范围进行类型化分析,得出结果如下:关涉国家利益等重大而复杂的1件,占1.6%;本院已生效的判决、裁定等确实存在错误需提起再审、重审的8件,占12.9%;最高人民检察院根

[1] 相关研究参见程新生:《审判委员会制度研究》,载《政治与法律》2002年第1期;徐向华课题组:《审判委员会制度改革路径实证研究》,载《中国法学》2018年第2期;方乐:《审判委员会制度改革的类型化方案》,载《法学》2018年第4期。

据审判监督与国家赔偿监督规定提出抗诉及检察意见的7件,占11.3%;合议庭意见存在重大分歧,在专业法官会议研究分析之后仍旧很难进行决定的19件,占30.6%;法律的相关规定不够清晰,在法律适用上属于存在疑难问题的9件,占14.5%;研究决定结果存在足以导致重大社会影响可能的6件,占9.7%;新类型案件7件,占11.3%;其余需提交审判委员会讨论研究的5件,占8.1%。因此,可以推出,上述中"合议庭意见有重大分歧且专业法官会议难以作出决定的案件"所占比例最高。如图2所示:

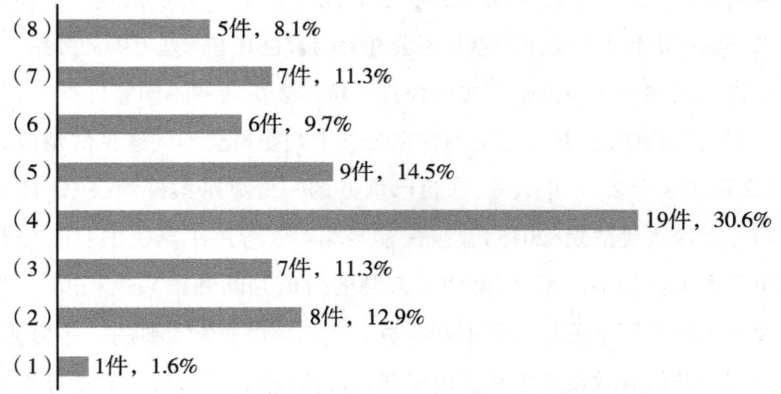

图2　62个抽样案件审委会讨论决定案件类型分布情况

(二)问题审视

1.样本案例中无一例裁判文书是经过审判委员会开庭审理后作出

全国首例审判委员会全体委员直接参加开庭审理的案件,当属北京知识产权法院审理的一起涉及对国家工商行政管理总局商标局制定的规范性文件进行合法性审查问题的案件。[1] 然而,实践中,通过审委会开庭审理定案而非简单讨论决定的情况少之又少。如要落实司法责任制,必须激活审委会的审判职能,让审委会回归"审理者"的角色定位。[2]

[1] 郭京霞、赵岩:《审委会直接开庭审案开全国先河》,载《人民法院报》2015年9月18日。

[2] 吴仕春:《审委会直接审案的程序法价值》,载《人民法院报》2015年11月7日,第2版。

2. 多数样本案例说理欠充分且未展现审委会的裁判理由

上述样本案例虽然均为经过审委会讨论决定的案件,但是所有样本案例均未在裁判文书中特别说明审委会的裁判理由,仅简单地提及一句"本案经本院审判委员会讨论决定如下",便带出了后面的裁判结果,对于对裁判结果有决定权的审委会的裁判理由却并没有做专门的说明。裁判文书的说理部分仅见"本院认为",并没有使用"本院审判委员会认为"的表述,也没有说明审委会的意见究竟为何。对此,我们只能勉强地将"本院认为"的部分视为审委会的裁判理由。以此观之,多数裁判文书的说理部分并不充分,这与上述的审委会未开庭审案和审委会不同意见不公开等因素也有着千丝万缕的关系。

3. 样本案例中无一例裁判文书公开了审判委员会的不同意见

在司法实践中,也并非完全不存在公开审判委员会不同意见的情况。例如,陈文军法官于 2016 年 1 月,在自己承办的一份离婚案件判决书[江苏省南京市玄武区人民法院(2015)玄少民初字第 123 号民事判决书]中,公开了本院审判委员会的不同意见,阐明了裁判的价值判断和推理过程。〔1〕 公开审判委员会的不同意见是公开审判委员会裁判理由非常重要的一个方面,是实现审判公开的有效渠道之一。由于现行法律、相关司法解释或指导性文件均未规定裁判文书需要载明审判委员会或者合议庭的少数意见,因此从现有公开的资料来看,公开审委会不同意见的做法仅此一例。

4. 样本案例中无一例裁判文书附录审判委员会委员名单

从全国范围来看,广东省高级人民法院于 2015 年 10 月,在对陈某某故意杀人案作出的终审判决中首次附录了审委会参与本案讨论的委员名单。〔2〕 由

〔1〕 该做法在司法实务界引起了较大的反响,但是该案判决书在中国裁判文书网搜寻未果,相关的搜寻结果为该案进入二审后被江苏省南京市中级人民法院(2016)苏 01 民终 1972 号民事裁定书以"原审判决认定事实不清、适用法律错误"为由撤销原判、发回重审,重审后的诉讼结果不得而知。由此可见,陈文军法官所作出的原一审判决并未生效,然而这并不影响公开审委会不同意见这一做法所带来的积极意义。据目前笔者所掌握的资料来看,本案是唯一公开了审委会不同意见的案例。参见陈文军:《公开审委会不同意见的尝试与思考》,载《人民法治》2016 年第 6 期。

〔2〕 曾新华:《完善裁判文书公开、促进司法公开实质化》,载《人民法院报》2016 年 8 月 31 日,第 8 版。

于在裁判文书中附录审委会委员名单会给有些审委会委员造成压力,所以此种做法在实践中也遭到了相当一部分人的抵触甚至强烈反对。在"中国裁判文书网"进行搜索,除了陈某某案,只有3起案件的裁判文书附录了参与案件讨论的审委会委员名单。[1] 因此,为了保持审委会制度强大的生命力以及精准推进司法责任制,有必要推广附录审委会委员名单这一做法。

三、审判委员会裁判理由公开的价值证成

"裁判是司法的生命",此说可谓颠扑不破。[2] 裁判结果是裁判文书的灵魂,而裁判理由是裁判文书的实体。裁判结果有赖于裁判理由才能被当事人信服,司法才具有公信力。据上所论,经过审委会审定的案件,审委会的裁判理由往往处于不公开的状态。因此,本文拟就审委会裁判理由公开的价值论证分析如下。

(一)助推司法责任制的有效落实

近些年,法院系统正在进行的司法责任制改革的核心便是让裁判者负责,而审判委员会的存在可能会减弱改革的效果。为了扭转学界长期对于审判委员会制度存在的"不良印象",审委会必须公开其裁判理由,包括审委会的不同意见。一旦要求审委会必须公开其裁判理由,那么审委会在决定案件结果时便不能随意地、无条件地同意合议庭的意见或者人云亦云。基于此,审委会就需要通过开庭审理的方式与当事人进行面对面的交流与沟通,以便获得最直接的信息作为其裁判理由。既然审委会已经通过直接开庭的方式定案,那么参与审理的审委会委员便必须在裁判文书中署名。这便是落实司法责任制非常有效的方式。

(二)强化裁判文书的说理

从程序性视角来看,裁判文书的说理不能简单地理解为仅是说明裁判结

[1] 参见广东省高级人民法院(2016)粤刑终910号刑事判决书、广东省茂名市中级人民法院(2018)粤09刑终126号二审刑事判决书以及(2016)粤09刑终17号刑事裁定书。

[2] 张特生等:《三谈民事判决如何写》,载张特生:《民事诉讼法之研讨(十三)》,台北,三民书局2006年版,第151页。

果的理由,而是全部实体问题和程序问题的说理,是对全部审判过程、事实认定、证据运用和裁判结果的说理。[1] 而公开审委会的裁判理由,正体现了对程序性说理的重视。从个案角度讲,其承载了论证裁判结论正当性、保障当事人知情权的功能;从社会效果讲,则承载了法制教育与吸收社会不满等功能。在裁判文书中公开审委会的裁判理由是进一步强化裁判文书论证说理的充分性[2]和实质性,落实法官说理义务[3]的有效路径。当然,公开审委会裁判理由必然会增加审委会或合议庭的工作量,因此,应当对为司法责任制的改革奉献优秀裁判文书的法官予以激励。[4] 例如,通过推行案例指导制度[5]等以建立符合裁判文书释法说理规律的统一裁判文书质量评估体系和评价机制。

(三)增强司法公信力

习近平总书记指出,在司法改革推进过程中,司法裁判工作均必须围绕“努力让人民群众在每一个司法案件中都感受到公平正义”这一目标展开。诉讼是双方当事人在法律规则下进行的“攻与防”的行为,不可能双方当事人都胜诉。因此,让每一位当事人都感受到公平正义的关键是让败诉方接受

[1] 陈灿平:《裁判文书说理的法理立场与运用》,载《湖南大学学报》(社会科学版)2017 年第 3 期。

[2] 最高人民法院于 2018 年 6 月 1 日颁布的《关于加强和规范裁判文书释法说理的指导意见》第 8 条规定:“下列案件裁判文书,应当强化释法说理:疑难、复杂案件;诉讼各方争议较大的案件;社会关注度较高、影响较大的案件;宣告无罪、判处法定刑以下刑罚、判处死刑的案件;行政诉讼中对被诉行政行为所依据的规范性文件一并进行审查的案件;判决变更行政行为的案件;新类型或者可能成为指导性案例的案件;抗诉案件;二审改判或者发回重审的案件;重审案件;再审案件;其他需要强化说理的案件。”由此可见,该条规定的应当强化释法说理的案件范围基本等同于审委会讨论决定的案件范围。在裁判文书中公开审委会的裁判理由是对该文本规定的实践回应和大胆尝试。

[3] 例如,最高人民法院《关于适用〈中华人民共和国民事诉讼法〉的解释》第 105 条规定,“人民法院应当按照法定程序,全面、客观地审核证据,依照法律规定,运用逻辑推理和日常生活经验法则,对证据有无证明力和证明力大小进行判断,并公开判断的理由和结果。”

[4] 在实践中,法官由于缺少解释权的正当性依据等原因而无法在裁判文书中充分说理,很难依靠法律专业权威建立起内在动因式的激励机制。于是,以政治组织权威为动力的绩效考核成为判决说理激励机制的主要内容。参见李拥军、周芳芳:《我国判决说理激励机制适用问题之探讨》,载《法制与社会发展》2018 年第 3 期。

[5] 刘克毅:《法律解释抑或司法造法?——论案例指导制度的法律定位》,载《法律科学》2016 年第 5 期。

裁判结果,而让败诉方接受裁判结果的关键又在于裁判文书的论证说理是否足以说服当事人。审委会讨论决定的案件往往属于疑难、复杂案件,与当事人的重大利益密切相关。基于裁判主体与说理主体一致性的原则,审委会作为法院的最高审判组织,是实际的裁判主体,也理应成为裁判文书说理的主体。如此一来,公开审委会裁判理由的做法将“审理者裁判,裁判者负责”进一步发展为“审理者裁判,裁判者负责,裁判者说理”。基于此,审委会公开裁判理由并强化释法说理,借此让当事人能够真正从内心认可裁判,是增强司法公信力的有效途径之一。

四、审委会裁判理由公开制度的完善向度

前已述及,目前我国审委会裁判理由公开方面存在裁判文书在审判委员会开庭审理之前已经作出等问题,对此,应从适度推行审委会开庭定案等层面实现制度的价值功能。

(一)适度推行审委会开庭定案

审委会制度一直被诟病的一个主要理由在于,审委会对案件的处理结果与实际的审理过程不相衔接,造成“审而不判,判而不审”的现象,导致司法责任制难以落实。审委会亲历性的缺乏使得其在对疑难、重大、复杂案件进行审理的过程中,一般情况下仍然倾向于合议庭的意见,并未能充分发挥审委会的作用。要真正做到“让审判者裁判、让裁判者负责”,应当适度推行审委会开庭定案,增加审委会对案件的亲历性。通过开庭审理的方式,审委会可以直接、适时地向当事人公开自己的心证以避免突袭性裁判,并恰当地实现审委会的裁判理由在庭审中实时的动态公开。〔1〕

首先,明确审委会开庭审理的案件范围。并非全部进入审委会讨论的案件都需要采用开庭审理的方式,而且,基于审委会成员时间、精力等各方面因素的考虑,要求所有案件都必须经过开庭审理也不现实。因此,要对案件类

〔1〕 有学者认为,如果审委会讨论后形成的意见改变了合议庭的判断结果,则应当恢复法庭辩论程序向当事人公开新的见解。参见高翔:《民事审判公开对象二元区分论》,载《法商研究》2015年第5期。

型进行划分,明确哪些案件可以采用开庭审理的方式,哪些案件可以采用审委会传统的开会讨论的处理方式。据此,可以将进入审委会讨论的案件分为讨论案件本身与讨论法律争议问题两大方面。[1] 对一些仅就纯粹的法律适用存在争议的案件,审委会认为不需要通过开庭就可以解决的,不必采用开庭审理的方式。而对于其他案件,例如在事实认定方面有重大争议的案件,则必须通过开庭审理的方式定案。审委会在庭审模式下,可以通过询问当事人、证人等方式来直接调查证据以补强其亲历性,[2]这是开会讨论模式所不能替代的。

其次,对于需要开庭审理的案件,在程序设计上可以分为庭前与庭审两个阶段。在庭前阶段,应当告知当事人参与案件审理的审委会成员信息,充分保障当事人申请回避等程序性权利。[3] 在法官组成方式上,可以采取“大审判庭”的方式,由 3 ~9 名审委会成员开庭审理案件。在庭前,由合议庭向审委会汇报已经查明的相关案件事实和合议庭评议中的分歧意见等内容,以便审委会快速地掌握案件的实质争议焦点。庭审中,审委会可以结合具体的案件事实向当事人询问相关事项,并使当事人了解审委会欲对哪些争议问题进行审理。当事人在审理过程中,可以充分表达自己的看法并依法行使辩论权等基本程序权利。审委会的“大审判庭”在对案件进行审理之后,可以直接作出该法院内的终局判决,无须再进行其他程序的审批或讨论。

最后,在裁判文书的署名部分,应当由参与案件审理的审委会成员进行署名。如果审委会的审理结果支持合议庭的意见,合议庭成员与审理案件的审委会成员均需在裁判文书中署名。这一方面有利于司法责任制的落实,另一方面可以倒逼审委会成员在审理案件的过程中充分了解案情并进行公正审理。

---

〔1〕 张卫彬:《审判委员会改革的模式设计、基本路径及对策》,载《现代法学》2015 年第 5 期。

〔2〕 包冰锋:《中国语境下的当事人询问制度》,载《西南民族大学学报》(人文社会科学版)2017 年第 11 期。

〔3〕 郭京霞:《审委会直接开庭审案开全国先河》,载《人民法院报》2015 年 9 月 18 日。

(二)判决书增设"本院审判委员会认为"部分

目前,我国民事判决书的常规结构可以提炼为:"原告诉称""被告辩称""经审理查明""本院认为"以及"判决如下"。其中,"审理查明"部分是对法院查明的事实以及认定事实的证据的罗列,"本院认为"部分则对应的是对证据的评判和法律的适用,即现行判决文书将事实认定部分与法律适用部分进行了分割,如此二分结构尽管使得判决各要素分类清楚,具有了形式上的规范性,但也因此导致了事实认定与法律适用的僵化割裂。如果固守现行各部分相互独立的文书样式,则法官很容易拘泥于形式的要求,只对各部分的内容进行简单的罗列。[1] 如此一来,一方面,在进行事实认定和裁判结论论证时,法院容易忽视对法律规范展开比较充分而细致的说理;另一方面,容易忽视当事人及其辩护人或代理人的意见和陈述,使庭审有被虚置之虞。据此,笔者认为,应整合现行"经审理查明"和"本院认为"部分,新设"本院审判委员会认为"部分,此结构优化源于以下几方面的考虑:

第一,从公开审委会裁判理由的必要性来看,尝试新设"本院审判委员会认为"部分有利于实现此目标。如果前述的审委会在开庭审理时的心证公开是一种对裁判理由实时的动态公开,那么裁判文书中的"本院审判委员会认为"部分就是一种对裁判理由全面的静态公开。从审委会与合议庭的判断意见之间的关系来看,无非两种情况:审委会同意或者反对合议庭的见解。如果在裁判文书中一律笼统地使用"本院认为"的表述,便无法区分"本院认为"之后的内容是审委会的裁判理由还是合议庭的裁判理由。因此,将"本院认为"调整为"本院审判委员会认为",可以更加清晰、直观地展现出审委会的裁判理由。进言之,一旦审委会变更了合议庭的判断结果,便必须在"本院审判委员会认为"部分详尽地逐一地说明其变更的事项和理由。如此一来,才能为审委会变更合议庭意见的行为提供正当化、合理化的基础,才能真正地实现心证公开。

---

〔1〕 曾新华:《完善裁判文书公开、促进司法公开实质化》,载《人民法院报》2016年8月31日,第8版。

第二,从裁判文书的功能来看,其作为审判活动的最终产出品,是司法产品的生产者向消费者即当事人论证程序正当、实体正当的有效载体。从该层面讲,裁判文书除了符合形式法治的要求,更应承担回应争点、定纷止争的实质法治需求。"本院审判委员会认为"的说理模式正迎合了该要求,不拘泥于僵化形式的整合形态能更加全面地反映举证、质证与认证的情况,充分展示证据审查与采信、事实认定及法律适用的过程,对当事人的争议焦点进行正面的回应。

第三,从说理方式来看,优化后的结构实现了从"权威—服从"向"对话—服从"的转变。在一定程度上,"本院审判委员会认为"部分可以说是不同于庭审阶段面对面直接交流的另一种交流形式,即通过裁判文书所开展的间接交流。如果庭审阶段的交流作用在于保障当事人通过有效行使各种诉讼权利让法官形成有利于自己的内心确信,那么"本院审判委员会认为"的作用在于使法官通过充分的论证说理阐明自己的观点,并说服当事人认同判决结果,这两种不同阶段的交流构成了有效对话的完整环节,即"当事人实质性的表达+法官实质性的回应"。

第四,从结构合理性的角度来讲,整合事实认定和法律适用的书写方式,打破了僵化、重复与割裂的形式樊篱,再现了裁判结论得出的内在逻辑思维,公开了法官的"心路历程"。此种遵循司法规律的结构避免了现行结构的表述弊端——"经审理查明"部分论述的事实认定在"本院认为"部分再次重复出现,符合裁判文书说理合理性的要求。

(三)公开审委会的不同意见

针对裁判文书中审判委员会的意见,常态的写作方式便是直接写明审委会多数人的裁判观点,而对其他观点直接忽略或不予提及。据上所述,陈文军法官在其判决书中采用了一种"反常"的做法——针对该案争议焦点的说理,采取了"列举+详细分析"的方式介绍了审委会3种不同观点的论证方式,非常清晰、全面地展现了判决结果得出的推理历程。此种公开审委会不同意见的方式实现了从现行"正向"论证方式向"正向+反向"论证方式的革新,丰富了论证说理的内容。此外,对法律进行解释不是机械的描述,而是基于正义等理念对立法的价值进行思考和判断,当然因理解的不同,也会存在一定的差异性。[1] 据此可认为,仅在多数意见的预设下进行单一的论证推理并不具有论证的充分性,并很可能会导致逆推式推理。从而,将审委会的不同意见同时进行分析阐述,更可以彰显法院作出的决定是基于不同裁判观点后的合理判断,这也让当事人对裁判的接受度大幅增加。

然而,也有人对此表示反对,理由之一在于认为公开少数意见会导致审委会委员或法官不敢发表自己的独立见解。[2] 不可否认,此种担心并不是完全多余的。褪去具有专业知识的职业法律人的身份定位,身为"普通人"的法官不可避免地会出于职业安全或人身安全的考量作出趋利选择,即反对者所言的"不敢独立发表意见",因为没有人愿意将自己置于容易被攻击的危险领域,或者站在多数人的对立面。然而值得注意的是:首先,通过一定的手段以遏制法官基于个人利益所作的趋利行为,而非将法官在私人利益驱使下的"不敢独立发表意见"作为否定改革的理由,才是正确的路径选择,这是制度设计的司法产品消费者视角所决定的;其次,害怕被打击报复可以通过一定的技术手段来加以解决,即以"第一种意见认为……第二种意见认为……"的表述防止直接暴露不同意见的审委会委员姓名。[3]

反对者的理由之二在于认为公开少数意见有可能会增加上诉或信访的概率,影响司法权威。[4] 对此,笔者认为,相比较于直接按照多数意见作出判决的做法,公开审委会的不同意见更能让败诉方感觉到法院对自己方观点的关注,感觉到程序公正,也更能让当事人理解法律,进而接受裁判结果。因

---

〔1〕 陈灿平:《裁判文书说理的法理立场与运用》,载《湖南大学学报》(社会科学版)2017 年第 3 期。

〔2〕 陈文军:《公开审委会不同意见的尝试与思考》,载《人民法治》2016 年第 6 期。

〔3〕 就审委会不同意见的公开程度而言,重庆市第四中级人民法院在内部文件中指出:"裁判文书可以阐述合议庭评议、审判委员会讨论过程中对裁判形成的不同观点和意见。阐述不同观点和意见,不得列明或者透露持不同观点和意见人的姓名、职务等信息。"参见陈文军:《公开审委会不同意见的尝试与思考》,载《人民法治》2016 年第 6 期。

〔4〕 陈文军:《公开审委会不同意见的尝试与思考》,载《人民法治》2016 年第 6 期。

此,增加上诉或信访的概率从长远来看并不具有说服力。

(四)判决书附录审判委员会委员名单

审委会讨论决定案件所造成的审判分离的局面在我国形成已久,而这种合议庭审理案件和审委会讨论决定案件并行的模式,容易导致错案“无人负责”,严重阻碍司法责任制的真正落实。因为经过审委会决定的错案,对于合议庭成员而言,由于其并非案件的实际裁判者,单独担责并无道理;而对于审委会而言,由于实行的是集中表决制,责任主体不明确,最后的结果便是“无人负责”。尽管《司法责任制若干意见》第31条对审判委员会的责任承担作了规定,[1]但该规定由于责任主体的不明确基本无法真正落实。对此,如前所述,实践中已有法院采取在裁判文书后附录参与讨论的审委会委员名单的措施。

尽管目前该做法仅在刑事裁判文书中出现,但笔者认为,有必要将其推广至所有的审判领域。因为这不仅是一种基于形式法治层面的要求,更是落实“谁办案、谁决定、谁负责”的司法责任的基础和前提。首先,从职能角度讲,审判委员会与合议庭、独任法官一样,都是审判主体,当然地属于“由裁判者负责”的“裁判者”,因此,无论是审委会还是合议庭,抑或是独任法官,只要在案件中承担了裁判者的角色,自应在裁判文书予以明确,而不应有“特殊待遇”。其次,从权责一致的角度来讲,审判委员会在享有对重大、疑难、复杂案件进行讨论和决定的权力的同时,理应对其作出的结果承担责任。而且由于这些案件本身的重要性,对当事人实体权利的影响也较大,因此,更有必要重视对审判委员会审判责任的落实。最后,公开参加讨论的审委会委员名单

---

[1] 《司法责任制若干意见》第31条规定:“审判委员会讨论案件时,合议庭对其汇报的事实负责,审判委员会委员对其本人发表的意见及最终表决负责。案件经审判委员会讨论的,构成违法审判责任追究情形时,根据审判委员会委员是否故意曲解法律发表意见的情况,合理确定委员责任。审判委员会改变合议庭意见导致裁判错误的,由持多数意见的委员共同承担责任,合议庭不承担责任。审判委员会维持合议庭意见导致裁判错误的,由合议庭和持多数意见的委员共同承担责任。合议庭汇报案件时,故意隐瞒主要证据或者重要情节,或者故意提供虚假情况,导致审判委员会作出错误决定的,由合议庭成员承担责任,审判委员会委员根据具体情况承担部分责任或者不承担责任。审判委员会讨论案件违反民主集中制原则,导致审判委员会决定错误的,主持人应当承担主要责任。”

形成了审委会委员行为的外部制约机制，可以有效消除目前部分法院的审委会委员在议事过程的失范行为——简单地附议甚至不发表意见。通过公开名单强化审委会委员的责任感，使审委会摆脱“走过场”的形式主义“诟病”，真正发挥作为最高审判组织应有的“把关”作用。此外，通过公开名单，可以倒逼审委会委员在审理或讨论案件时必须充分说明自己持有意见所依据的理由，这也为公开审委会裁判理由创造了很好的条件。

五、结语

法官将心证结果与论证过程在裁判文书中公开，是增强裁判说理、贯彻司法责任制的必备条件，这样的公开在审委会定夺的案件中不应被忽略。然而，公开审委会的裁判理由在我国的司法实践中基本处于空白状态，而且也并未引起理论界的重视。审委会裁判理由的不公开，已经严重影响到法院审判权和审委会机制的正常运行。在此背景下，以问题为导向进行制度的“修补”不失为一种更为理智的做法。正是基于该理念，在司法责任制改革的背景下，适度推行审委会开庭定案发挥着审委会裁判理由动态公开的作用，判决书增设“本院审判委员会认为”部分以及公开审委会不同意见则对应着审委会裁判理由的静态公开，两者形成了审委会裁判理由动态与静态公开的连贯衔接与良性互动。在此基础上，以作为倒逼机制存在的附录审判委员会名单“托底”，三者共同联结成了实现审委会裁判理由公开的多重维度。

检察机关行政违法行为监督论

胡巧绒*

党的十八届四中全会通过的《中共中央关于全面推进依法治国若干重大问题的决定》(以下简称《决定》)指出"完善检察机关行使监督权的法律制度"以及"检察机关在履行职责中发现行政机关违法行使职权或者不行使职权的行为,应该督促其纠正"。这是党的历史上首次以"决定"的形式为强化行政权的检察监督作出的重要制度安排,也是在"加强对刑事诉讼、民事诉讼、行政诉讼的法律监督"的基础上,对检察机关履行"法律监督"职责的领域拓展。由于立法层面尚未对此作出规定,检察机关如何落实《决定》的要求,履行对行政机关违法行为的监督职责,尚需理论与实务的探讨。

一、行政违法行为检察监督的逻辑起点

行政违法行为检察监督是国家权力监督与制约体系的新发展。党的十六大以来,一直强调要按照权力制约的特点建立健全依法行使权力的制约机制。党的十七大报告明确指出:"确保权力正确行使,必须让权力在阳光下运行。"党的十八大报告进一步指出:"要建立健全权力运行制约和监督体系。……让权力在阳光下运行。"党的十八届四中全会在提出"构建开放、动态、透明、便民的阳光司法机制"的同时,强调"完善检察机关行使监督权的法律制度"。行政违法行为检察监督,体现了党和国家把检察机关置于国家

* 胡巧绒,上海市宝山区人民检察院第五检察部主任,法学博士。

权力监督与制约体系谋划和部署的宏伟构想。

行政违法行为检察监督是构建法治国家的必然要求。党的十八大报告提出要建设法治政府。党的十八届三中全会的决定进一步明确了法治中国建设战略目标。“现代法治的精神是官员依法办事,只有官吏依法办事,接受法律的约束,才有法治可言。”法治的要义在于治权,即监督制约公权力。[1]行政权是维护公共秩序、增进公共利益的必要手段,但违法行政将破坏社会秩序、损害政府形象和法律权威。“如果政府本身触犯法律,就会使人蔑视法律,从而孕育无政府状态。”[2]因此,加强对行政违法行为的监督,是促进依法行政和法治政府建设,推进全面依法治国的必然要求。

行政违法行为检察监督是检察机关法律监督的应有之义。行政违法行为是我国法学理论特有的概念,与西方国家的检察机关一般属于行政机关或准司法机关不同,我国检察机关是《宪法》明确规定的法律监督机关,由人民代表大会产生,独立于行政系统,而且与各级政府、审判机关并列,形成中国政治体制中的“一府两院”架构。检察机关的检察权作为一项独立的国家权力,与行政权、审判权并行,并对行政权、审判权进行监督制衡,保障宪法和法律完整、统一实施的功能。行政机关的违法行为破坏法律实施,损害行政权的正当行使,检察机关作为宪法规定的法律监督机关,享有对行政违法行为开展监督的职权。

二、行政违法行为检察监督的学理分析

行政违法行为的检察监督是我党在政策层面对检察机关监督职能的拓展,最终需要将执政党的意志上升为立法才能成为检察机关的职能。立法对检察机关开展行政违法行为监督的规范,需要厘清行政违法行为检察监督的具体概念、范围限度、程序效力等理论问题。

---

〔1〕 张文显:《法学基本范畴研究》,中国政法大学出版社 1993 年版,第 286 页。

〔2〕 [美]杰克·D. 道格拉斯、弗兰西斯·C. 瓦克斯勒:《越轨社会学概论》,张宁、朱欣民译,河北人民出版社 1987 年版,第 388 页。

(一)行政违法行为检察监督的制度价值

从上文对行政违法行为检察监督的逻辑起点分析可以发现,检察机关对行政违法行为的监督是国家治理层面的架构设计,旨在对行政权进行监督与制约,实现国家检察权与行政权的制衡,目的在于构建法治政府与法治国家。因此,行政违法行为检察监督制度的首要价值在于监督行政机关合法行使行政权,保障国家和社会的公共利益,具体体现在以下几个方面。

一是保障法的公平与效率。行政违法行为侵害行政相对人的利益,损害法的公正,检察监督与司法监督、行政监督具有同等的维护法的公正价值的目标,但更体现法的效率性。因为相比较法院"被动"的司法监督,检察机关对行政违法行为的监督体现出一定的主动性,检察职能本身的程序特性可促使行政机关自我纠正违法行政行为,节约纠错成本,最大限度地尊重行政机关的自由裁量权,充分利用行政资源,提高行政效率。

二是维护法的国家性和公益性。行政行为的公共性决定了其违法行为损益的公共性,当行政违法行为侵害国家利益或公共利益而没有行政相对人时,将无法通过行政机关的内部和外部司法审查程序得到救济,检察机关作为国家的法律监督机关,通过监督行政机关的违法行为可以维护国家利益和社会公共利益。

(二)行政违法行为检察监督的基本原则

行政违法行为检察监督的基本原则决定了行政违法行为检察监督制度的具体程序和内容的设计。笔者认为,行政违法行为检察监督应遵循如下几个原则:

一是法定性。检察机关对行政违法行为的监督是检察权的重要内容,检察权作为一项国家权力,必须由国家最高权力机关通过《宪法》和《人民检察院组织法》等基本法律授予人民检察院行使。我国《宪法》第131条明确规定:"人民检察院依照法律规定独立行使检察权,不受行政机关、社会团体和个人的干涉。"独立行使检察权,须以"法律规定"为前提。因此,检察机关对行政违法行为的监督并不是任意的,其监督的对象、内容、方式、条件、程序、效力等必须由法律明确规定。换言之,行政违法行为检察监督必须根据宪法和法律的明确授权,并按照法律规定的程序实施。当然,行政违法行为检察监督的法定性也意味着每一个具体的监督行为必然产生相应的法律效力。

二是程序性。检察权与行政权、审判权最重要而又往往被人忽视的特征在于检察权的程序性。[1] 检察权作为一项程序性的权力,本质在于通过程序性的制约来实现对行政违法行为的监督,其效力在于启动、变更或终结相应的程序,不能直接行使实体处分权,这是检察权与行政权划清界限、互相制衡的需要,也可防止权力的过分集中。

三是公正性。检察机关对行政违法行使职权的监督,是代表国家行使法律监督职能,其实施的依据是法律,监督的对象是公权力的运行过程和结果,目的是维护国家法律的统一正确实施,而不偏向任何一方。

四是实效性。《决定》指出,检察机关在"履行职责中发现"行政机关行使或不行使职权的行为,而不是主动对行政活动实行全面、过程的监督,因而这是结果监督,而非过程监督。行政行为的广泛性、多层性和复杂性也决定了检察机关的人力、物力无法做到全面、过程的监督。

(三)行政违法行为检察监督的基本内涵

习近平同志在《关于〈中共中央关于全面推进依法治国若干重大问题的决定〉的说明》中提出,"现在,检察机关对于行政违法行为的监督,主要是依法查办行政机关工作人员涉嫌贪污贿赂、渎职侵权等职务犯罪,范围相对比较窄。而实际情况是,行政违法行为构成刑事犯罪的毕竟是少数,更多的是乱作为、不作为。"《决定》指出,"检察机关在履行职责中发现行政机关违法行使职权或者不行使职权的行为,应该督促其纠正。"

那么,对行政违法行为检察监督内涵的界定就应当置于上述政治语境下解读,从党的十八届四中全会提出的行政违法行为检察监督系对检察监督权拓展的背景下去看,本文认为《决定》所指的行政违法行为检察监督的具体

---

[1] 董建明:《关于我国检察机关法律监督问题的若干思考》,载孙谦、刘立宪主编:《检察论丛》(第1卷),法律出版社2000年版,第73页。

含义如下：

一是诉讼外监督，非诉讼内监督。检察机关对行政诉讼活动中行政违法行为的监督，如通过监督审判权进而监督被诉行政行为、监督行政机关依法参与诉讼，防止行政权滥用破坏司法公正等，目前有《行政诉讼法》等相关法律规范，无须在党的文件中进一步明确。《决定》所指的行政违法行为，属于行政诉讼外的监督，也就是未进入行政诉讼程序的行政违法行为的监督。

二是特定监督，非一般监督。有观点认为，检察机关对行政违法行为的监督属于一般监督，也就是对国务院所属各部门、地方各级国家机关的决定、命令和措施以及国家机关工作人员的行为的合法性实施法律监督。[1] 显然，这种一般监督包含了我国人大、纪委、监察等部门的多个职权领域，不符合检察机关作为法律监督机关的现有政治定位，也混淆了不同部门的监督职责。《决定》本身也限定了检察机关对行政违法行为的监督基于履行职责中发现，并未主张检察机关主动对包罗万象的行政违法行为均开展监督。此处的特定监督是指对行政主体独立承担责任的违法行政行为的监督，不包含行政公务人员个人的行政违法行为和职务犯罪行为，是对行政主体已构成违反行政法律规范的行为的监督，不包含行政主体的行政违纪行为或其他仅仅违反党和国家政策的行为。

三是补充性监督，非并行监督。如果行政主体的违法行为能通过行政复议、行政诉讼等现有制度进行纠正，检察机关不单独开展行政违法行为监督，防止发生权力配置的冲突与资源损耗，当然这与检察机关诉讼内对行政违法行为的监督职能并不冲突。

三、行政违法行为检察监督的制度设计

行政违法行为的检察监督制度包括行政违法行为检察监督的范围、方式、内容以及效力等。

---

〔1〕 王桂五：《四十年检察理论研究述评》，载孙谦、刘立宪主编：《检察论丛》（第1卷），法律出版社2000年版，第5页。

(一)行政违法行为检察监督的具体范围

根据上文对行政违法行为检察监督内涵的具体阐述,笔者认为,检察机关对行政违法行为监督的范围应限定在检察机关履行职责中发现的行政机关不作为或乱作为的行政违法行为,并且行政机关的内部监督以及行政诉讼监督具有优先性。这是由于检察机关的监督不及行政机关的内部监督高效、快捷,而法院的诉讼监督具有相当成熟的诉讼制度设计及实践运作,并且法院的审判权具有实体上的处分性,两者相对检察机关程序性的监督权更加成熟、有效,但这并不意味着行政复议或行政诉讼是检察机关对行政违法行为进行监督的必经前置程序,因为检察机关对行政违法行为监督的本旨在于对行政权的监督,并不是直接为了维护行政相对人的合法权益。行政相对人放弃行政复议或行政诉讼,并不意味着行政行为违法性的消弭。行政行为本身的公共性,决定了检察机关介入监督的正当性。只是在制度设计上,应将行政复议和行政诉讼作为优先适用的程序,但并非必经程序。具体而言,检察机关对行政违法行为开展监督,应当符合以下条件之一:一是没有行政相对人;二是行政相对人放弃行政复议或行政诉讼;三是不属于行政复议和行政诉讼的受理范围;四是行政相对人提起行政复议或行政诉讼具有特殊困难。

至于违法的抽象行政行为是否应纳入检察监督的范围,笔者认为,立法监督虽属于人大监督的范畴,但人大备案制度本身程序的不完善,使人大纠正或撤销违法不当规范性文件的成效不甚理想。2014 年 11 月 1 日修订的《行政诉讼法》赋予法院对规范性文件合法性的附带审查权。[1] 结合《立法法》第 90 条,最高人民检察院对于行政法规、地方性法规、自治条例和单行条例同宪法和法律相抵触的,可以书面要求全国人大代表大会常务委员会进行审查。可见,检察院同样享有立法监督的职权。那么,检察机关在监督具体

---

〔1〕《行政诉讼法》第 64 条规定:人民法院在审理行政案件中,经审查认为本法第 53 条规定的规范性文件不合法的,不作为认定行政行为合法的依据,并向制定机关提出处理建议。第 53 条规定:公民、法人或者其他组织认为行政行为所依据的国务院部门和地方人民政府及其部门制定的规范性文件不合法,在对行政行为提起诉讼时,可以一并请求对该规范性文件进行审查。前款规定的规范性文件不含规章。

行政行为的过程中,针对规章以下的各类规范性文件,发现不合法的,也可以向制定机关提出检察建议。

(二)行政违法行为检察监督的具体程序

行政违法行为检察监督的具体程序包括程序的启动、审查。

1.启动

行政违法行为检察监督属于国家职权,启动权由检察机关审查决定。根据《决定》确定的检察机关督促纠正对象是在"履行职责"中发现的行政违法行为,一般主要来源于两个途径,一方面是公民、法人和其他组织向检察机关控告、举报;另一方面是检察机关在履行法律明确授权的职务犯罪侦查、审查逮捕、审查起诉、提起公诉以及其他检察监督职责中发现的行政违法行为。检察机关相关职能部门对上述两个途径发现的行政违法行为,根据上文对具体范围条件的要求进行审查,如符合条件,则决定启动行政违法行为检察监督程序。

2.审查

行政违法行为监督程序一旦启动,就要遵循正当的程序开展审查。检察机关对行政违法行为开展监督,必须掌握行政违法行为的各个要素,自然需要对此开展调查,包括调阅行政机关的执法卷宗、档案以及其他有关材料等。为此,应赋予检察机关对涉嫌违法的行政行为的调查权,根据不同的行政行为,采取不同的措施,如行政行为证据信息调查、重大程序调查措施、调查收集固定证据措施,包括询问涉案当事人、相关证人,要求行政机关移送扣押的书证、物证、检验及鉴定意见等。这是行政公开的基本要求,也是检察机关行使监督权的必要保障。

在立法上,要对检察机关的调查手段赋予一定的强制性,只有刚性的调查权才能保障监督的质量和精准性,保持监督权的合理结构。西方国家的议会监察专员、俄罗斯的一般监督制度中,监督建议的实际效力往往很高,这离不开法律上所配置的调查手段的强制性。如瑞典,议会监察专员"可以列席法院或公共权力机关的评议会,并有权查阅上述法院或部门的会议记录和文件。任何法院或公共权力部门以及全国或地方性政府均应向监察专员提供其所要求的资料与报告……当监察专员根据《政府组织法》索要信息与答复时,他有权对违反者处以不超过1000瑞典克朗的罚金”。[1]

另外,检察机关开展行政违法行为监督,属于一种司法活动,公开是现代司法活动的基本要求,行政检察监督也要遵循公开原则,增加检察监督活动的透明度和公正性,接受当事人和社会公众的监督,这是检察监督行为本身合法、合理的重要保障。

(三)行政违法行为检察监督的具体内容

检察机关经过审查,对查明的行政违法行为开展检察监督的方式具体有以下两种,并且采取递进运用的监督模式:

一是提出检察建议,内容包括督促履行职责、督促纠正违法、督促起诉等。具体而言,针对行政执法活动中,行政机关不依法履行法定职责,致使国家利益、社会公共利益或利害关系人合法权益遭受侵害的,督促其履行职责。针对行政执法活动中,行政机关乱作为导致行政违法的,督促其纠正违法行为。针对遭受损害的国有资产或社会公共利益,监管部门或国有单位不行使或怠于行使自己的监管职责,案件性质可以通过民事诉讼获得司法救济,检察机关以监督者的身份,督促有关监管部门或国有单位履行自己的职责,依法提起民事诉讼。在实践中,检察机关往往采用《纠正违法通知书》《督促起诉意见书》《支持起诉意见书》《检察意见书》《检察建议书》等多种形式开展监督,这些虽然在相关司改文件或高级人民检察院文件中有所体现,但笔者认为,目前上述各种监督文书并没有明确的适用范围规定,而且在运用上也没有不同的效力规范。为统一规范,建议今后相关立法中明确统一采用《检察建议书》的方式,实现监督形式的统一和规范。

二是提起行政公益诉讼。针对一些行政机关违法行使职权或者不作为

[1] [瑞典]本特·维斯兰德尔:《瑞典的议会监察专员》,程洁译,清华大学出版社2001年版,第24页。转引自刘江宁、滕孝海:《行政权外部监督制度考察与借鉴——基于构建我国诉讼外行政检察制度的思考》,载《人民检察》2015年第15期。

造成对国家和社会公共利益侵害或者有侵害危险的案件,如国有资产保护、国有土地使用权转让、生态环境和资源保护等,由于与公民、法人和其他社会组织没有直接利害关系,使其没有也无法提起公益诉讼,导致违法行政行为缺乏有效司法监督。针对上述行政违法行为,检察机关首先通过检察建议的方式督促行政机关纠正违法行为或履行职责,如果行政机关在一定期限内仍不予正确履职的,由检察机关向法院提起行政公益诉讼,以促进依法行政,加强对国家和公共利益的保护。也就是说,行政公益诉讼并非行政违法行为监督的首选,而是应该先督促行政机关自行纠正的方式进行监督,只有督促无效的情况下,才可提起行政公益诉讼。这是因为采用公益诉讼的方式一方面将损耗检察机关、法院更大的司法资源,另一方面也未必能从根本上解决问题,因为法院维护公益的能力有限,按现行的权力分配体制,当违法行为发生时,行政部门有权对其进行罚款、吊销许可证、责令停业等处罚。而法院作出的裁决中并没有直接作出行政处罚类的法律责任裁决,因此,法院最终的裁决依法需要行政机关去履行职责。那么,检察机关得到案件线索后,首先监督相应的行政机关采取措施,能更有效率地维护国家和社会公共利益。

(四)行政违法行为检察监督的效力

行政违法行为检察监督与其他检察监督一样,属于程序性权,仅仅具有启动程序的效力,并没有实体的处分权。针对提出检察建议的检察监督方式,行政机关应对检察建议进行审查,无论建议的内容是否具有可支持性,都应当在规定的时限内予以反馈,履行改正、完善和说明理由的责任。而以提起行政公益诉讼方式开展检察监督的,则由法院立案受理后进行审理。

实践中,无论是针对检察建议,还是提起行政公益诉讼,检察机关都会耗费大量的精力与行政机关或法院开展制度外沟通协调,目的在于检察建议或行政公益诉讼的落实。[1] 这主要是由于目前立法对检察建议效力规范的缺失。建议今后在相关立法中明确行政机关在接到检察建议后在一定期限内

〔1〕 由于法院立案已采用登记制,虽然在行政公益诉讼中的受理方面,依法需要沟通协调,但在理论上不应具有法院受理上的障碍,所以此处只讨论检察建议。

予以回复的法定义务,同时赋予检察机关公开结果的权力,如每年向人大作报告。在保守国家秘密、商业秘密和个人隐私的前提下,检察机关可以自主决定公布检察监督的结果。俄罗斯检察机关的一般监督制度,我国台湾地区的"监察院"制度都有监督活动公开的规定,每年向议会提交年度报告和特别报告也是绝大多数西方国家议会监察专员的普遍做法,这使他们的意见被行政机关充分尊重。监督结果的公开化,必将引发新闻媒体、社会公众等各类监督力量的关注,从而增强监督实效。

四、行政违法行为检察监督制度的立法建议

《决定》赋予检察机关开展行政违法行为监督的职权,是对检察权具体职能的拓宽。检察权作为一项国家权力,必须由国家最高权力机关通过《宪法》和《人民检察院组织法》等基本法律授予检察院行使。因此,行政违法行为检察监督也必须通过立法的方式,明确监督的范围、方式、手段和效力等。

在立法的形式上,由于检察机关督促纠正行政违法行为涉及检察权配置以及检察权与行政权之间关系的构建,作为一项司法改革任务,应循序渐进,通过全国人大常委会授权的方式,先开展试点,稳妥推进,待成熟后,再通过制定专门的行政检察法律以及修改人民检察院组织法的方式进行立法层面的保障。

在立法的具体内容上,笔者根据上文的具体论述,提出如下建议:

第1条(总体规定):检察机关在履行职责中发现行政机关违法行使职权或者不行使职权的行为,应该督促其纠正。

第2条(内涵界定):检察机关对行政机关在行政执法活动中,独立承担责任的违法行政行为开展监督。但可以通过行政复议、行政诉讼纠正的除外。

第3条(基本原则):检察机关根据法律规定,在履行职责过程中,对行政违法行为开展监督,促进依法行政,维护法制统一,维护国家和社会公共利益。

第4条(具体范围):检察机关监督行政违法行为,必须符合以下任意一个条件:

(1)没有行政相对人;

(2)行政相对人不提起行政复议或行政诉讼;

(3)不属于行政复议和行政诉讼的受理范围;

(4)行政相对人提起行政复议或行政诉讼具有特殊困难的。

当事人已提起行政复议或行政诉讼的,检察机关不再启动行政违法行为检察监督。

检察机关在对具体行政违法行为开展监督的过程中,发现规范性文件不合法的,也可以向制定机关提出检察建议。

第5条(启动方式):公民、法人或其他组织向检察机关控告、举报行政机关违法的,或检察机关在履行法律规定的检察职责中发现行政违法行为的,经审查符合第4条的规定,检察机关决定开展行政违法行为检察监督程序。

第6条(调查权):检察机关有权对行政违法行为开展调查核实。

被调查机关应配合检察机关的调查。

检察机关有权对不配合调查的单位或个人处罚款或拘留,涉嫌犯罪的,移送有关机关处理。

第7条(监督内容与形式):检察机关认为存在违法行政行为的,督促行政机关予以纠正。

行政机关违法行使职权或者不作为造成对国家和社会公共利益侵害或者有侵害危险的,经检察机关督促行政机关纠正违法或履行职责,行政机关在一定期限内仍不予纠正的,检察机关向法院提起行政公益诉讼。

检察机关督促行政机关纠正违法行为,一般采用检察建议书的形式。

第8条(监督效力):行政机关收到检察建议后,经审查后没有意见的,在规定时限内予以改正、完善,并及时将结果反馈检察机关。

行政机关收到检察建议后,经审查后有异议的,应向检察机关说明理由。

检察机关提起行政公益诉讼的,符合立案条件的,法院应予以立案审理。

第9条(监督制约):检察机关有权对行政违法行为监督调查的过程和结果进行公开,但涉及国家秘密、商业秘密和个人隐私的除外。

检察机关有权向人大或人大常委会报告行政违法行为检察监督情况。

司法证明模式理论浅析

周　涵*

一、问题的提出

认定案件事实和适用法律是庭审的两大任务，而认定事实是适用法律的前提。特别是在案件事实存在争议的案件中，庭审中对事实认定至关重要。事实认定应当以诉讼证明活动为前提，未能在庭审中证明的事实，不能作为裁判所依据的事实，可以认为认定案件事实的过程就是证明的过程。那么，案件事实需要通过何种证明方式、达到何种认识程度，裁判者方可认定该事实？裁判者认定案件事实是以证据裁判为原则，要求有足够数量的证据，还是经过庭审中的举证质证环节，法官基于对庭审的亲历性而获得对事实的内心确信即可认定争议事实？这些都涉及司法证明的模式问题。

司法证明是指诉讼主体依据法定的程序，围绕争议事实，运用证据来认定案件事实的诉讼活动。可见，证明是证明主体运用证据认定案件事实的活动，事实的主张者运用证据支撑其主张，是举证；而不负举证责任的一方可对证据进行质疑、反驳，便是质证；法官消极中立，根据举证质证情况认定证据，即认证。在庭审中，法官还需要进一步根据庭审中的证明活动认定案件事实。法官在认定案件事实时，必须达到认定事实所应当满足的证明标准，但

---

* 周涵，复旦大学法学院博士研究生。

法官并非证明的主体,其无须承担举证责任。因而,证明模式与证明标准存在密切的关系。证明标准是法官可以认定案件事实的度,但达到证明标准到底是指满足法定的证据数量还是由法官基于自由心证形成内心确信即可?对此问题的回答之不同,形成了不同的司法证明模式。就结果上而言,证明模式不同,达至证明标准的要求就不同。比如法定证据证明模式,要求法官认定案件事实必须以充分的证据为依据,没有充分的证据不能认定案件事实,有了充分的证据就必须认定案件事实。而自由心证的证明模式则只需要证明主体在庭审中根据证据规则体系进行举证质证,法官基于公正的程序和庭审情况形成的内心确信,即可认定案件事实。如有充分的证据,但法官未能形成内心确信,则可以对证据所指向的事实不予认定;尽管没有充分的证据,但法官已经形成内心确信,则法官可以依据其形成的内心确信认定案件事实。

可见,证明模式不同,案件事实认定的程序和标准就会存在区别。长期以来,我国以追求客观真实为目标的事实认定标准催生了以证据裁判主义为核心的证明标准理论,在具体诉讼证明过程中形成了以印证证明为主要方法的证明模式。龙宗智教授最早把这种证明模式在理论上升华为"相互印证的证明模式"。"印证"的概念被我国学界提出后,在实务界也引起了较大反响,目前我国立法中已将印证赋予法律含义,司法实践中对印证证明方法十分青睐。然而,以证据之间相互印证为前提的诉讼证明模式,并不能完全实现其所预设的发现案件客观真实的价值目标。相反,实践中一些已经发现的冤假错案,事实上也满足了印证证明要求。原生效裁判中依据的证据已经达到互相印证的要求,但当"亡者归来""真凶出现"时,原裁判的错误便无可争辩,这就要求对印证证明模式的局限进行反思。然而,事实认定者在裁判过程中放弃以证据作为认定案件事实的根据,仅仅依据裁判者的内心确信认定案件事实,是否就可以避免或者减少冤假错案?对此问题难以进行明确的回答。但自由心证证明模式以裁判者形成内心确信即可认定事实,与以证据达到相应的充分性才能对事实作出判断相比,更加尊重庭审中的具体情况,更加强调尊重法官的理性和良知,更加体现了审判中心主义、庭审实质化的诉讼制度改革要求。当然,不可避免的局限,同时也是被学界诟病之处,乃是其自由心证的边界问题。司法证明模式在诉讼证明理论中依然属于悬而未决的难题,而司法证明模式也关涉诉讼中案件事实的认定,因此,探索司法证明模式理论,无论是对厘清理论难点还是服务司法实践,均具有重要意义。

二、司法证明模式的内涵

司法证明模式可以概括为司法证明的基本实现方式,也就是司法实践者在诉讼进程中以何种方式达到案件事实的可承认性的证明标准,实现诉讼证明的目的。在理论界,2004 年龙宗智教授最早把这种证明模式在证明理论上抽象为"相互印证的证明模式",并且认为印证属于自由心证体系,是自由心证的一种亚类型。〔1〕 由此开启了学界对证明模式问题的讨论,印证证明模式提出之初,得到了大多数学者的认同及肯定,然而随着对证明模式理论研究的深入,对印证模式的支持声浪与反对声音皆相伴而来,甚嚣尘上。〔2〕事实上,关于证明模式的分类,国内有学者基于不同的分析路径,将现代证明模式划分为自由心证证明模式和印证证明的证明模式以及司法证明的法定模式和自由模式,并强调两者并非互不影响。〔3〕 马贵翔教授则将证明模式划分为自由心证模式和证据裁判模式,并强调自由心证与证据裁判的衡平,认为两者平衡的一个前提是证明模式的确立,〔4〕也即证明模式乃是自由心证与证据裁判主义共同发挥作用的一种证明待证事实,法官认定案件事实的方法。也有学者基于证明过程的严格与否以及对证据形式的不同要求,把证明模式划分为严格证明和自由证明。〔5〕

〔1〕 龙宗智:《印证与自由心证——我国刑事诉讼证明模式》,载《法学研究》2004 年第 2 期。

〔2〕 如周洪波:《中国刑事印证理论批判》,载《法学研究》2015 年第 6 期;张文娟:《我国刑事诉讼证明模式:"相互印证"与"自由心证"之辩——相互印证弊端之实证分析》,载何家弘主编:《证据学论坛》,法律出版社 2007 年版。以上文献均对相互印证的证明模式进行了批判。

〔3〕 张友好:《经验与规则之间:为法定证据辩护》,载《中国刑事法杂志》2005 年第 6 期。

〔4〕 马贵翔:《证明模式转换的必要性与现代证据规则》,载《证据科学》2009 年第 2 期。

〔5〕 闵春雷:《严格证明与自由证明新探》,载《中外法学》2010 年第 5 期。

自由心证作为与证据裁判相对应的证明模式,在司法证明理论中具有重要的地位。学界主张所谓自由心证模式,不再执迷于对证据的价值或证明力之法律事先预定,而是借助于法官和陪审员之“人类普遍认知能力”来自由、理性地评断案件事实的认定以及各种证据的证明力。[1] 证据裁判强调事实认定的形式证据制度,自由心证则要求法官依据良心和理性自由判断证据和案件事实。此处法官的良心并非指一般意义上的善意,而是法官依据其前见、证据和庭审论辩情况,结合法律所形成的一种认知。事实上,我国学界已经把证据裁判与自由心证的关系转换为印证与自由心证的问题。关于印证的概念,学者主张属于我国特色的概念,在实证上能够较为具体地呈现中国特色刑事证明方法的类型特征,就证明模式而言,域外并无印证的概念,在英语中并无印证对应的单词。

印证强调证据与证据之间的互相印证,是审查证据和认定案件事实的基本证明方法。强调证据应当形成完整的证据链,方能达到事实清楚、证据充分的要求。印证证明模式重点强调证据的充分性以及证据之间的互相印证,而不甚关注事实裁决者的主观感受。无论是外部印证,还是逻辑上的互相印证,都强调以证据为依据认定案件事实。在没有证据或者证据达不到证明标准时,即使事实认定者能够确信事实发生,也不能根据其内心确信认定案件事实。印证证明模式本质上强调的是依据证据认定案件事实,是一种以证据裁判为中心的证明模式。当然,也有观点指出印证只是一种证明方法,而非证明模式。[2] 这种观点较为小众,学界普遍将印证作为一种证明模式。

相互印证的模式可以说早已存在。所谓“称‘众’者,三人以上,明证其罪,始合定罪”。[3] 中国传统诉讼文化与西方传统诉讼文化的一大重要区别在于,前者具有强烈的伦理色彩,而后者则被赋予了宗教性的要求。[4] 但我

〔1〕 陈光中:《中国古代证据制度》,中国法制出版社2000年版,第151、152页。
〔2〕 汪海燕:《印证:经验法则、证据规则与证明模式》,载《当代法学》2018年第4期。
〔3〕 《唐律疏议·断狱》,刘俊文点校,法律出版社1999年版,第590~591页。
〔4〕 樊崇义:《诉讼原理》(第2版),法律出版社2009年版,第43页以下。

国并无此宗教背景,因而对法官裁判时的心证缺乏必要的限制,更加强调客观上的印证,防止法官恣意认定案件事实,与此相适应,所采用的证明模式为印证的证明模式。我国司法实践中法官或者其他司法人员在运用证据认定案件事实上存在的形式主义倾向历来是较为突出的。法官对案件真相已经形成确信,但因证据在形式上并不符合法定规则或习惯规则的要求而不能定案。〔1〕关于印证证明模式的价值追求,有学者认为是实体公正或者客观真实的价值,属于形式主义的证据制度,但也有学者持不同观点,认为印证为刑事司法的理性主义精神的应有之义,内含实体公正与程序公正双重价值。〔2〕

有学者认为,印证证明模式未能有效遏制刑事错案的发生,甚至一些错案的发生在某种程度上就是印证证明模式的结果。〔3〕也有学者指出,在冤错案件中,证据之间的关系往往并没有满足印证的要求,更谈不上因印证而增强证据的证明力。在实践中,未满足印证要求的情形主要分为两种:一是根本没有形成印证;二是形成的"印证"是虚假的。〔4〕其实,印证忽视对单个证据的审查,以及对案件事实的综合考虑,而以单纯证据之间的互相印证为依据。强调客观真实的价值取向以及对裁判者心证的限制,导致裁判者独立裁判的权力和经验法则因素在事实认定中的空间被压缩。"证据之间越相互印证,事实认定错误的可能性就越小……前提条件是用来印证的单个证据必须首先查证属实。"〔5〕可见,通过互相印证认定案件事实依然需要对单个证据进行审查判断。然而,在审查单个证据时同样受到印证证明模式的影响,单个证据需要有其他证据予以印证才可以满足证据的要求。事实上忽视了对单个证据证明独立审查判断,而是寄托于较为机械的印证模式。比如最高人民法院、最高人民检察院、公安部、国家安全部、司法部《关于办理死刑案

〔1〕马贵翔:《证明模式转换的必要性与现代证据规则》,载《证据科学》2009年第2期。

〔2〕李建明:《刑事证据相互印证的合理性与合理限度》,载《法学研究》2005年第6期。

〔3〕左卫民:《"印证"证明模式的反思与重塑:基于中国刑事错案的反思》,载《中国法学》2016年第1期。

〔4〕汪海燕:《印证:经验法则、证据规则与证明模式》,载《当代法学》2018年第4期。

〔5〕谢小剑:《我国刑事诉讼相互印证的证明模式》,载《现代法学》2004年第6期。

件审查判断证据若干问题的规定》第37条指出,"与被告人有亲属关系或者其他密切关系的证人所作的对被告人有利的证言,或者与被告人有利害冲突的证人所作的对被告人不利的证言,应当慎重使用,有其他证据印证的,可以采用"。以印证或者证据裁判为主的证明模式对证据规则的影响体现在立法和司法实践中更加重视证据证明力的事先确定,所以我国立法中不乏证据证明力规则。而法律事先对证据证明力进行规定乃是法定证据制度的典型特征,可见,形成我国现行证明模式的原因在于"法定证据情结",[1]针对我国现行司法证明模式的特点,陈瑞华教授将我国目前的证据制度界定为"新法定证据主义"。[2] 在印证证明模式中,证明案件事实至少需要两个证据互相印证,因而单个证据则无法定案,"孤证不得定案"便是我国刑事司法中的一项潜规则。[3] 印证的证明模式也导致认定案件事实的标准乃是证明案件事实成立或者不成立的证据是否能够互相印证,形成证据链即可。[4] 原本利用心证进行判断分析以及利用经验推论可以认定案件事实的方式并未能被司法机关利用,导致案件事实之控诉证据体系的充分性得不到民众的普遍认可。[5] 可见,以印证为核心的证明模式的局限已经暴露无遗,要么会造成冤假错案,要么影响诉讼效率、放纵犯罪,[6]越来越多的学者提出应当对证明模式进行改革。

在以审判为中心的刑事诉讼制度改革中,需要建立一种替代性的、具有正当程序和精细化操作机制的新型证明模式。[7] 在现代证明模式的构建方

---

[1] 马贵翔:《证明模式转换的必要性与现代证据规则》,载《证据科学》2009年第2期。

[2] 陈瑞华:《论证据相互印证规则》,载《法商研究》2012年第1期。

[3] 纵博:《"孤证不能定案"规则之反思与重塑》,载《环球法律评论》2019年第1期。

[4] 在"聂树斌案"中,尽管最高人民法院指定了山东省高级人民法院异地复查,但是河北省高级人民法院依然坚持"聂树斌案"没有错误,河北省高级人民法院的主要理由即是本案证据形成了高度的印证,即便有"真凶"王书金的证言,也难以撼动原有的证据体系。参见余东明:《聂树斌案复查听证会涉及哪些问题》,载《法制日报》2015年4月30日。

[5] 龙宗智:《薄熙来审判中的若干证据法问题》,载《法学》2013年第10期。

[6] 马贵翔:《论证据裁判主义与自由心证的衡平》,载《北方法学》2017年第6期。

[7] 左卫民:《"印证"证明模式的反思与重塑:基于中国刑事错案的反思》,载《中国法学》2016年第1期。

面,应当确立自由心证主导性与证据裁判补充性的现代证明模式。在证据规则的设计方面应重视证据能力规则体系的完善等。[1] 自由心证的证明模式未来必然会成为我国用来进行证据评价和认定案件事实的主要方法。而心证证明的引入亟须辅以各种配套制度,确立自由心证的边界,如裁判说理制度、证据能力规则等,这些制度互相作用,可以约束心证的发挥,对于防止裁判者擅断、发现案件实质真实大有裨益。印证证明作为客观上的标准,是有效规范心证的强心剂,可以避免其误入歧途,因而在自由心证模式中,并不完全排斥印证的证明模式。

三、司法证明模式理论的域外考察

从法制史的角度来看,随着证据制度的发展,国外司法证明模式经历了较为完整的发展,依次经过了神示证明模式、法定证据证明模式和自由心证证明模式。神示证明模式存在于“维持基本公平的社会中,允许神判是可以接受也是易于想象理解的。原始人天性相信神以及喜欢正直无罪者,对于冒犯神明或者邪恶的人则当然深恶痛绝。在如此的环境中,洞察人的善恶邪直之天命只能来自神明,这成了一种信仰,所以初始的法律规范常求助于神的旨意裁判。”[2] 神示证明模式基于其存在的时代背景而具有合理性,其局限性在于将争议事实和当事人的命运寄托于不可知的力量,缺乏预测性;其正当性基于当事人对神秘力量权威的惧怕和信仰,在某种程度上也具有发现真相的能力,同时,其神誓法对现代程序意义上的证人宣誓制度有影响。时代的车轮不断向前,证据制度也迎来了新的变化。1215 年,随着教皇依诺森三世废除了神判法,证明模式进入法定证据证明模式阶段。法定证据证明模式的典型特征在于立法事先规定了证据的证据能力,并且对证明力的大小在立法上事先予以明确,法官只需对庭审中出示的证据比照立法之规定的相应证据的证明力大小进行机械的计算即可作出裁判。法定

〔1〕 马贵翔:《证明模式转换的必要性与现代证据规则》,载《证据科学》2009 年第 2 期。

〔2〕 瞿同祖:《中国法律与中国社会》,中华书局 2003 年版,第 270 页。

证据证明模式可以防止裁判者的恣意妄为，但其弊端在于限制了法官的理性和良知，法官沦为实现王权的工具。法定证明模式的最早规定出现在1532年罗马帝国的《加洛林纳刑法典》。预定单个证据之证明力、预定证据认定事实的法定规则，令裁判者失去经验法则和情理判断之可能。针对法定证据证明模式的局限及其存在的社会形态的消亡，自由心证的证明模式成为事实认定的主要方式。《法兰西刑事诉讼法典》首次对自由心证进行了界定，进而确立了自由心证证明模式。自由心证的表述以1808年《法国刑事诉讼法典》第342条最为典型，而《德国刑事诉讼法典》第261条也明确规定："法庭将根据审理全过程中建立起来的内心确信来决定对证据调查的结果。"《日本刑事诉讼法典》第318条则简单明了的规定："证据的证明力，由法官自由判断。"从结果上看，自由心证证明模式在大陆法系和英美法系也有区别，大陆法系在诉讼中强调对客观真实的追求，法官为了形成心证，在诉讼中可以积极主动地调查证据，在诉讼模式上体现为职权主义诉讼模式，在证明模式上则体现为内心确信模式，而英美法系则从正当程序出发，重视裁判结果的可接受性，庭审由控辩双方推进，法官消极中立，并不主动调查事实，只要能够排除合理怀疑，法官即可认定指控事实。因此也被称之为排除合理怀疑式的证明模式。

在西方国家，"印证证明"也广泛存在于刑事司法实践中，比如英国法律对于"孤证"规定：若案件中只有证人证言这一种证据，只要陪审团能形成内心确信，相信该证人所陈述之证言，则可认定被告人有罪，然而，如果没有间接证据予以补强，证人的信用也很难被保障，法院也常因此作出判决无罪的建议。[1] 英美证据法学者提出了"原子主义"和"整体主义"两种模式。前种理论认为，事实认定的智力过程可以分解为相互独立的各个部分，证明力取决于个别存在的单个证据离散式的系列推论；后种理论则反驳道，人类刨

---

〔1〕 Chalmers, J. Corroboration: Consequences and Criticism. In: Chalmers, J. Leverick, F. and Shaw, A. (eds.) Post Corroboration Safeguards Review Report of the Academic Expert Group (2014), Edinburgh, The Scottish Government, p. 5.

根问底的本性使裁判者不可能将各项证据同事件整体切割开来,在多数情况下,整体主义似乎比原子主义更接近事实认定者内心确信的形成过程。〔1〕“整体主义”强调证据之证明力源于所有已输入信息之间的相互作用,任何特定的证据原子之意义与价值在于和其他所有证据关联,并为解释者所用时扮演的角色。易言之,一个特定证据作为分析对象的证明价值,从根本上取决于其他所有证据。〔2〕“原子主义”认为事实认定的智力过程可以分解为相互独立的各个部分,裁判活动中控、辩、审三方对证据的筛选和评价体现出认知的开放性与行为的交互性,最终在诉讼证明问题上达成共识是基于偶然,而非形式化的必然结果。〔3〕司法证明的“原子主义”和“整体主义”模式是对司法实践中评价证据和认定案件事实的基本模式进行的抽象概括,为我国学界反思司法证明模式理论提供了新的视角。然而,该种证明理论依然无法彻底解决如何运用证据认定案件事实的问题,庭审中的证据与庭审中对案件事实认定之间的关系难题依然需要继续探索。

四、司法证明模式理论研究的展望

司法证明模式的研究是我国刑事诉讼法学界和证据法学界长期关注的重点理论问题。然而,如前所述,至今尚未有成体系的研究成果以及共识性的理论面世。比较集中的研究主要围绕“印证”这一主题展开,有支持者,亦有批判者,但均未能提出一套科学的诉讼证明理论。案件事实认定作为庭审中的重要环节,在庭审中具有举足轻重的地位。确立何种证明模式能够实现事实认定的准确性和科学性,需要从理论上对我国立法上以及当下司法实践中的事实认定机制进行反思,同时在比较域外不同诉讼证明模式的特点之

〔1〕[美]米尔吉安·R.达马斯卡:《漂移的证据法》,李学军、刘晓丹等译,中国政法大学出版社2003年版,第48页。

〔2〕Michael S. Pardo, Juridical Proof, Evidence, and Pragmatic Meaning: Toward Evidentiary Holism, NorthwesternUniversity Law Review, Vol. 95, No. 1(Feb., 2000), p. 399.

〔3〕[美]米尔吉安·R.达马斯卡:《比较法视野中的证据制度》,吴宏耀、魏晓娜等译,中国人民公安大学出版社2006年版,第68页以下。

后,从理论上作出选择或者重新构建。诉讼证明与日常生活中的证明以及自然科学中的证明存在明显的区别,这是基于诉讼程序本身特点所决定的。因而,对于司法证明模式的探索,应当以程序正义为基础,而非以简单地追求客观真相为出发点。在司法证明模式的界定层面,目前有印证、证据裁判主义、自由心证、自由证明、严格证明等称谓,其关系如何,是否存在概念混乱的问题,需要在理论上进行明确的区分。此外,就同一概念,在学界也有不同观点,如对印证而言,就有证明方法说和证明模式说等不同主张。司法证明模式理论上的难题亟待学界进行充分论证和探析,这就需要在总结前人研究成果的基础上,从理论上尽可能厘清司法证明模式的争议问题,进而丰富和完善我国司法证明模式的理论。

另外,司法证明关涉案件事实认定,是诉讼程序中不可避免的环节,因而司法证明模式本质上具有很强的实践性。司法实践中对科学的诉讼证明模式有强烈的需求,特别是在司法责任制背景下,让审理者裁判、让裁判者负责,更是让裁判者对一套科学的事实认定机制有着前所未有的渴望,以期经由其作出的裁判不仅具有可接受性,而且可以经受法律和历史的检验。然而,我国司法实践长期受重实体、轻程序观念的影响,在证明模式的选择上也以客观真相为根本目标,如认定案件事实应当达到事实清楚、证据确实充分的证明标准。证明标准具有一定的主观性,客观的证明标准难以进行把握,因而司法实务部门以证据之间的相互印证作为达到客观证明标准的手段,往往把证据互相印证作为证据确实充分的可验证性指标。这必然导致司法实践中认定案件事实过于机械,裁判者的理性、良知和经验法则等本应影响裁判的因素难以发挥作用。对司法证明模式的理论构建应当通过考察司法实践中的具体做法,找出问题,分析原因,进而提出有助于解决我国司法证明难题的方案。

鉴定意见证据能力规则初探

汤立伊*

事实认定是法律适用的前提和基础。近年来,审判实践中各类专门性问题层出不穷,鉴定意见日益成为裁判者认定案件事实的关键证据。党的十八届四中全会以后,随着以审判为中心的刑事诉讼制度改革深入推进,以及人民陪审员制度进一步完善,如何在庭审过程中更加公正高效地审查和采信鉴定意见成为证据规则研究的重要内容。

一、鉴定意见证据能力规则内涵

鉴定意见证据能力是指鉴定意见在法庭上使用的法律资格。[1] 鉴定意见证据能力规则是审查判断鉴定意见是否具有证据能力的证据规则。证据能力和证明力是证据的基本属性,证据规则主要围绕证据能力和证明力展开。鉴定意见除受到证据能力一般性规则调整外,还有符合其自身特点的证

* 汤立伊,上海证券交易所,法学博士。

〔1〕 证据能力是指证据材料可以在诉讼中使用的资格,也被称为证据资格或者证据的适格性。"证据能力,亦称证据资格,谓证据方法或证据资料,可用为证明之能力,自证据之允许性言之,亦即可受容许或可被采用为证据之资格。凡属可受容许之证据,亦可称之为适合之证据。"证据能力作为正式的概念主要见于日本和我国台湾地区的证据法学理论和相关法律规范中。其他国家和地区用来解决此类问题的概念并不完全一致,比如普通法系国家类似的概念是证据的可采性(Admissibility),大陆法系德国称为证据禁止。这些概念并非对同一事物的不同称谓,而是分别处于不同的理论体系之中,各有其自身的独特的内在逻辑。参见李学灯:《证据法比较研究》,台北,五南图书出版公司1992年版;孙远:《刑事证据能力导论》,人民法院出版社2007年版;郭志媛:《刑事证据可采性研究》,中国人民公安大学出版社2004年版;纪格非:《证据能力论——以民事诉讼为视角的研究》,中国人民公安大学出版社2005年版;樊崇义《证据法学》(第5版),法律出版社2012年版。

据能力规则。鉴定意见证据能力规则具有如下特点：

第一，鉴定意见证据能力规则是审查判断鉴定意见可靠性的特有规则。鉴定意见的可靠性是审查判断鉴定意见证据能力的关键因素。鉴定意见的可靠性受到鉴定材料、鉴定人等因素的影响。鉴定意见证据能力规则应排除明显不可靠的鉴定意见。此外，作为意见证据的特殊形式，鉴定意见不应僭越法官的司法裁判权。

第二，鉴定意见证据能力规则主要是庭审前职业法官初步审查鉴定意见所应遵守的证据规则，决定鉴定意见是否具有在法庭上展示的法定资格。庭审前，法官在控辩双方的参与下，排除明显不具有证据能力的鉴定意见，不仅有利于提升集中庭审的效率，而且有利于避免事实裁判者接触混淆视听的鉴定意见。

第三，鉴定意见证据能力规则是职业法官依据经验法则、生活常识和法律专业知识审查判断鉴定意见所依据的证据规则。审判中对鉴定意见的审查判断应该是“由表及里”“循序渐进”的过程，其中主体适格性、鉴定材料可靠性等问题的审查判断在职业法官的能力范围之内。

第四，鉴定意见证明能力规则是职业法官在控辩双方参与下对单一鉴定意见的审查判断依据。鉴定意见证据能力规则的设定目的是审查判断鉴定意见是否适合在庭审中出示并接受质证。至于鉴定意见的证明力审查判断，需要通过鉴定人出庭、鉴定意见质证等庭审程序予以充分揭示，同时事实裁判者将结合案件中的其他证据对鉴定意见的证明力进行综合判断。

二、鉴定意见证据能力规则的有效性基础

鉴定意见的有效性基础是设计并适用鉴定意见规则的前提。鉴定意见的有效性基础主要包括事实限定原则、专门性原则和鉴定主体中立性原则。

第一，以事实为界限原则。审判活动中对事实问题的认定是司法裁判权的内容，因此鉴定意见的价值在于弥补法官专业知识或技能的不足，但不可“喧宾夺主”，僭越法官的裁判职权而涉及法律评价问题。具体而言，鉴定意

见内容不应涉及法律的解释和适用,而且论述应尽量详尽,便于事实裁判者形成判断。

第二,专门性原则。鉴定意见不仅限于事实问题,而且限于对专门性事实问题进行鉴定。在法庭审判中,对于普遍性问题以及无须专业知识的人便可理解的问题,则不需要聘请专业人员出庭提供证言。

第三,鉴定主体中立原则。鉴定主体条件是决定鉴定意见可靠性的关键。鉴定意见本质上是具备专业知识的人员对鉴定材料的解读。鉴定主体不仅要具备相应的专业知识,而且还应客观中立,即鉴定主体的首要职责是协助事实裁判者查明案件事实,而不是迎合当事人赢得诉讼的需要。

三、鉴定意见证据能力规则的主要构成

鉴定意见证据能力规则主要包括鉴定主体适格性规则、鉴定材料可靠性规则和最终争点规则。

(一)鉴定主体适格性规则

鉴定主体适格性规则是具有专门知识或技能的人担任鉴定人的基本条件。鉴定人具有与案件中专门性问题相关的专业能力是鉴定人提供鉴定意见的前提,主要包括实质适格和形式适格。

1. 实质适格

实质适格主要指鉴定主体专业知识或经验是否与案件中的专门性问题基本对口,具备解决专门性问题的可能性,具体如下:

第一,鉴定人应当具备普通人的一般认知能力。不管是大陆法系的鉴定人还是英美法系的专家证人,两者都具有证人属性。虽然立法中对于普通证人资格不做限制,但证人应当具备作证的能力。比如目击证人就必须要求具有视力能力,如果目击证人是一个盲人,则由其出庭提供的目击证人证言就难以具备证据能力。因此,对于鉴定人或专家证人而言,其应当具备普通人作证的基本条件。

第二,鉴定人应当具有专门性知识或经验。鉴定的必要性在于庭审中专

门性的问题无法通过普通认知途径获得解释、说明，只有具备特定经验和知识的人才能对专门性问题进行解释、说明。因此，鉴定人或专家证人应当具备相关领域必须拥有的知识和技能。在普通法系国家，对专家证人事实上的能力评价主要看专家是否具有相关专业知识的经验，比如具有相关教育、培训经历等。大陆法系国家，鉴定人事实上的能力的判断主要看鉴定从业经验和相关法定资质。

第三，鉴定人所具有的专业知识与法庭待解决的专门性问题应当对口。如果鉴定人所具有的专门性知识与法庭待解决的专门性问题属于不同的学科门类，对于该案中的专门事项而言，该鉴定人便不具有特定的鉴定资格。在美国著名的"辛普森案"中，上诉法院认为辛普森提供的专家证言不具有相关性，因为这些专家的专业领域与争议的"人类的群体遗传学问题"不具有相关性，对事实裁判者理解并解决有关人类的遗传学方面的问题没有帮助，所以这些专家提供的专家证言不具有可采性。"无论是如何权威的专家，如果跳到一个和他隔着山一样远的专业去做鉴定，他完全可能是滥竽充数的东郭先生。"〔1〕

2. 形式适格

形式适格主要是指鉴定主体应具有相应的法定资质。大陆法系国家的鉴定人不仅应当具备专业知识或技能，还需要经过"官方"的认可获得从事鉴定的资格。鉴定人管理由专门机构负责。管理机构根据专业经历、教育程度、学术水平等，通过特定的资格认定程序，建立鉴定人名册。法官认为需要启动鉴定程序的，从名册中选取鉴定人。法官一般只委托鉴定人名册中的鉴定人提供鉴定意见。例如，《法国刑事诉讼法典》第 157 条规定："专家从最高法院制订的全国性名单中的自然人或法人中选取，或者在听取公诉人意见后从上诉法院制定的名单中选取。在特殊的案件中，法官可以裁定选取名单外的专家，但要论述详尽的理由。"再如，《德国刑事诉讼法典》第 73 条规定，

---

〔1〕 齐树洁、梁开斌：《在民事诉讼中鉴定结论证明力之比较分析》，载《中国司法鉴定》2007 年第 2 期。

法官选任咨询的专家并决定具体人数。鉴定人名册的作用主要是便于职业法官委托任鉴定人。将法庭审理中常用的鉴定意见进行分类,同时根据资格考试等方式对符合条件的鉴定人依据其学科门类进行分类,实行鉴定人统一集中管理,方便法官委托,也便于管理。

相比之下,普通法系对鉴定人的资格审查相对宽松。任何人只要在某一领域内拥有相关的专业知识或经验,能对事实裁判者认定事实有帮助即可担任鉴定人。例如,在毒品案件中,"当事人对大麻是在美国种植的还是在国外种植的这一关键问题产生分歧时,一个曾经吸食毒品、贩卖哥伦比亚大麻以及其他种类大麻的专家,可以其吸食、贩卖大麻的经验作证"。〔1〕 在英国也有类似的案例。"英国法庭曾允许一位普通吸毒者对他所拥有的大麻进行辨别,而他既没有经过正规的科学训练,也没有什么相关的科学知识。"〔2〕英美法系国家对专家资格的审查主要在庭前进行,在法官的主持下由控辩双方对专家资格进行审查。"有关专家资格的实践做法有很多未得到具体规则的确认,但是赋予法官自由裁量权对此进行监督。"〔3〕审查通过后,该专家可对案件中涉及的专门性问题发表专家意见。

笔者认为,鉴于专门性问题层出不穷,以及法庭依靠具有专业知识或经验的人解决专门性问题的现实需要,法官对鉴定主体适格性的审查判断更应从实质适格角度进行,即当鉴定人或专家证人实质适格条件与形式适格发生冲突时,以实质适格条件认定为准。此外,鉴定人或专家证人回避、鉴定程序(包括委任、聘请等程序)等事项,应作为鉴定意见证明力审查判断内容,通过庭审中的鉴定人或专家证人出庭、质证等程序充分揭示。

(二)鉴定材料可靠性规则

鉴定意见是在案件发生后针对专门性问题而形成的意见证据。证据一

〔1〕 UnitedStatesv. Johnson,575F. 2d 1347(5th Cir. 1979).

〔2〕 R. v. Chatwood(1980) 1 WLR874,CA.

〔3〕 [美]约翰·W. 斯特龙:《麦考密克论证据》(第5版),汤维建等译,中国政法大学出版社2004年版,第32页。

般是案件发生时留在时空中的痕迹。"本质意义上的证据是作为案件事实遗留形态的痕迹。"[1]鉴定意见并不直接来源于案件发生之时,而是鉴定人对案件事实的解读。因此,鉴定材料真实性是鉴定意见的可靠性的基础。鉴定材料是鉴定意见的物质基础,鉴定材料的真实可靠直接决定了鉴定意见的证据能力和证明力。20世纪初,法国著名侦查学家、警察实验室的鼻祖埃蒙德·洛卡德(Rocard)提出了"物质交换理论"。该理论认为,"犯罪实施过程是一个物质交换的过程,犯罪行为人作为一个物质体,在实施犯罪过程中,总是要与现场相关物质实体发生接触和交换关系,从而导致接触体之间发生一些形态变化,或者被黏附某些物质,或被带走某些物质。"[2]鉴定材料应当在提取、保存、转移等过程中得到有效保护,才能确保鉴定人最终鉴定的对象是案件事实的真实遗留或信息。鉴定材料提取错误、保存不当、转移不规范等都将影响鉴定资料的真实性,导致鉴定意见缺乏基础,进而导致其不具证据能力。比如在河南"赵某某案"中,由于死者尸体高度腐败,警方先后做了4次"DNA"鉴定都未能确定死者的身份。实践中,鉴定的材料来源主要有两种:一是鉴定人亲自勘查现场,发现并提取的相关物证或鉴定对象;二是鉴定人接受其他机关或单位委托送检的物证或鉴定对象。无论是何种形式的鉴定材料,都应当确保其真实性与合法性,才能满足鉴定意见具有证据能力的要求。

1. 真实性

在刑事司法实践中,作为鉴定对象的"送检材料"的真实性和同一性往往是争议的重点。鉴定意见的形成过程是鉴定人依据专业知识或经验等对案件中的专门性问题进行分析判断,遵循的是"三段论"演绎推演逻辑,即"大前提—小前提—结论"。其中,鉴定材料是小前提的重要组成内容。这些通常被简称为"检材"的物证、书证、视听资料、电子证据等,假如存在来源

〔1〕 马贵翔等:《刑事证据规则研究》,复旦大学出版社2009年版,第22页。

〔2〕 [美]伯纳德·罗伯逊、G. A. 维尼奥:《证据解释——庭审过程中科学证据的评价》,王元凤译,中国政法大学出版社2015年版,第2页。

不明,或者因为受到污染而不具备鉴定条件之情况,那么,鉴定人纵然遵循成熟的科学程序、方法和原理,使用合格的且高精度的技术设备,也无法提供可靠的鉴定意见。在云南的“杜某某案”中,公诉方在庭审过程中同时提供了侦查机关获取的科学证据,包括泥土化学成分分析、“拉曼测试(射击火药残留物测试)”、警犬气味鉴别等。公诉方称:“警犬气味鉴别表明,杜某某所穿鞋袜的气味与检测物来源为昌河面包车离刹车踏板上、合器踏板、油门踏板的泥土相一致。泥土化学成分分析表明,面包车上的泥土与其衬衣及衣袋上黏附的泥土痕迹、衣袋内一张100元人民币上的泥土痕迹等为同一类泥土。拉曼测试(射击火药残留物测试)表明,在其所穿衬衣右袖口处检出军用枪支射击后附着的火药残留物,可以认定杜曾驾驶过这辆微型面包车并且开过枪。”而事后证明,杜某某并非真凶。虽然鉴定意见所依据的鉴定原理具有很强的可靠性,但是案件侦查过程中办案人员为了及时破案而人为制造了虚假的鉴定材料,生成不可靠的鉴定意见,严重误导了法官,从而造成错案。

鉴定材料真实性与实物证据的鉴真规则是密不可分的,对鉴定材料真实性的保障主要通过鉴真程序进行。所谓鉴真,是指实物证据的举证方向法庭证明该证据的真实性和同一性的司法鉴别活动。鉴真主要有两种基本的方法:一是独特性之证明,二是保管链条的证明。前者是指举证方通过证明某一实物证据具有独一无二的品性,来说明该证据的真实性和同一性;后者则是指举证方对某一实物证据的来源、提取、搜集、保管、出示等各个环节均提供相关证据进行证明,以显示任何一个接触、处置过该证据的人都没有改变、伪造或者变造该证据的形态。

因此,在鉴定检材的真实性无法得到认定的情况下,鉴定人对该检材所作的任何鉴定意见因与案件所要解决的专门性问题不具有相关性,也就不具有证据能力,只能被排除于法庭定案根据之外。

2. 合法性

在现代诉讼程序中,认定案件事实的证据与日常生活中的证据之区别主要在于诉讼中所使用的证据在具备关联性等特征的同时还必须满足证据的合法性要求。鉴定意见也是如此。鉴定意见的合法性取决于检材的合法性。基于非法获取的鉴定材料所得出的鉴定意见不应具有证据能力。鉴定程序不应成为非法获取的“检材”的“漂白方式”。检材合法性包括鉴定材料的提取程序合法和保管程序合法。我国2016年修订的《司法鉴定程序通则》中第12条第1款关于鉴定材料的规定为:“委托人委托鉴定的,应当向司法鉴定机构提供真实、完整、充分的鉴定材料,并对鉴定材料的真实性、合法性负责。司法鉴定机构应当核对并记录鉴定材料的名称、种类、数量、性状、保存状况、收到时间等。”鉴定材料获取方式不合法,其真实性也难以保障。

第一,鉴定材料获取手段和保管方式不合法,鉴定材料的真实性难以保障。就发现真实的角度而言,鉴定材料的收集主体未遵守检材收集的程序,迟延收集或在检材已被污染甚至损坏之后再进行收集,虽然依然可以通过鉴定主体对该鉴定材料作出鉴定意见,但该鉴定意见与法庭所要查明的专门性事实便不再具有相关性,不能作为认定案件事实的依据。特别是在鉴定材料被污染或者在保管过程中被调包的情形下,虽然鉴定人所鉴定的检材本身的真实性确定无疑,但基于提取或保管程序的违法,鉴定意见所依赖的鉴定材料已经并非案件所涉及的材料,鉴定材料不具有同一性。因此,鉴定意见不具有相关性必然导致证据缺乏证据能力,应当予以排除。

第二,非法获取鉴定材料极易导致对权利的侵害。鉴定意见证据规则具有权利保障功能。就规则的目的而言,主要是规范法律关系主体的行为,特别是在公权力与私权利不平等的情形下,规则的价值集中体现在对公权力的限制和对私权利的保障方面。在强职权主义的诉讼模式下,法官可以主动委托鉴定人对鉴定事项进行鉴定,并且鉴定权主要由公权力垄断,若允许相关主体非法获取鉴定材料,必然侵犯当事人的私权利,导致当事人在诉讼中难以获得公平公正的审判,这种以私权利为代价而追求实体公正的行为,极易产生公权力的滥用,影响司法公信力,甚至会导致冤假错案的发生。鉴定意见所依据的鉴定材料往往也是案件中的证据之一,如在毒品犯罪中,对于毒品这种物质本身而言其属于物证,但对毒品成分之判断,则属于鉴定意见。

根据非法证据排除规则,鉴定材料非法,则应当排除该鉴定材料,针对鉴定材料作出的鉴定意见自然不具有证据资格。"毒树之果"理论作为非法证据排除规则的延伸,在理论界存在争议,美国最高法院早在20世纪20年代的判例中指出,"禁止以某种方式取得证据之本质,非仅系指该项证据不得为本院所不采,且应根本不得加以利用。"[1]然而,基于非法获取证据而发现的新证据如果全部被排除,则会导致司法实践中对犯罪的放纵。因此,美国开始设立非法证据与"果实"之间的因果关系"被稀释或污点无存之地步"的例外、必然发现的例外等例外规则。当然,笔者认为,鉴定意见和鉴定材料的关系并非非法证据与"毒树之果"之间的关系,"毒树之果"是基于非法证据而获取的与案件事实有关的证据,比如基于对被告人的刑讯逼供而获取的口供、指引侦查人员获得与案件相关的物证,这是比较典型的"毒树之果"。但鉴定意见是对鉴定材料中蕴含的、无法被普通人知晓的信息的表达,鉴定材料是鉴定意见的物质基础,鉴定材料所蕴含的信息是鉴定意见推理论证过程的"小前提",与鉴定意见共同构成完整的鉴定意见证据。鉴定意见并非鉴定材料的"果实"。因此,笔者认为对于鉴定材料合法性与鉴定意见合法性问题的考虑不能适用"毒树之果"理论。基于非法获取的鉴定材料的鉴定意见一般应予以排除。

(三)最终争点规则

最终争点规则是指为了防止鉴定人僭越司法裁判权,鉴定意见的内容不得涉及案件的法律解释和适用以及具有终局性意义的事实认定。所谓"最终争点"是指对案件裁判结果起到决定性作用但尚处于争议状态的要件事实。最终争点的判断关系全案事实的认定以及案件事实的法律定性,是司法审判权的内容。"终局事实,也称作争执中的事实或结局事实,是指诉讼当事人必须予以证明才能使他的请求或答辩得以胜诉的事实。"[2]

最终争点具有如下特征:一是案件中的要件事实。在刑事诉讼中,要件

〔1〕 Silverthorne Lumber Go. v. United States 251 U. S. 385, 64 L. Ed. 319(1920).

〔2〕 沈达明:《英美证据法》,对外经济贸易大学出版社2015年版,第24页。

事实是法律规定的定罪事实。普通法系国家的“最终争点”规则是限制普通证人和专业证人“就事实审判者负责决定的重要事实问题提供意见性证言，例如侵权案件中被告人的过失问题或是刑事案件中被告人的心理或精神状态。”〔1〕二是该要件事实尚处于争议状态。该争点的确认有赖于相关证据才能作出判断。例如，被告人是否患有具有刑事免责效果的精神病。《美国联邦证据规则》(Federal Rules of Evidence)第704条规定：“在刑事案件中，关于被告人精神状态或境况的专家证人证词不能对该被告是否具有属于被指控的犯罪构成要素或相关辩护要素的精神状态或境况表态，此类最终争议应由事实裁判者独立决定。”三是该争议的要件事实关系着全案事实的认定。比如在毒品犯罪中，毒物鉴定专家应当就毒品的成分和价格等内容作出鉴定，至于被告人有没有涉嫌买卖毒品，则是由事实裁判者结合全案证据作出判断，而不是由毒物专家在其鉴定意见中作出判断。因此，当鉴定人出具的鉴定意见涉及全案事实的法律定性认定时，该鉴定意见不具有证据能力，应在庭前予以排除。此外，当鉴定人出庭作证时，应当仅限于提供相关的专业知识或经验，以及在此基础上的推理论证过程，而不应仅提供没有分析论证的结论。

在普通法系国家，最终争点规则曾经是规范证人意见性证据的重要规则。之所以确立最终争点规则，主要基于以下三个原因：第一，作为意见证据规则的例外，专家意见虽然可以为某些专业问题提供自己的意见，但专家归根结底毕竟只是证人的一种，对案件的最终争点问题的判断是专属于事实裁判者的专属权力，“鉴定人就有关事项所作出的判断并不能当然等同于法官的判断，它指向的目标是为事实裁判者认识能力的欠缺提供一种补强方式”。〔2〕第二，最终争点问题往往与案件的法律定性密切相关。专家证人并不是“法律专家”，法律的解释和适用超出了其能力范围。美国联邦法院的

〔1〕 David H. Kaye, David E. Bernstein, and Jennifer L. Mnookon, The New Wigmore: Expert Evidence §2.2.1(2010).

〔2〕 汪建成：《司法鉴定基础理论研究》，载《法学家》2009年第4期。

一位法官表达了这种典型的司法态度,他说道:"审判中只有一位法律专家,那就是法官。"第三,专家在诉讼中只是负责就某一专业问题向裁判者提供帮助,因而他只了解与该问题相关的部分案件资料或者事实。事实上,在刑事案件中任何一个有争议的问题都不是由某一个证人证言来决定,事实裁判者在作出最终判断前会全面考虑各方面的证据。

最终争点规则通过规范鉴定意见的内容,有效避免了具有专门知识或经验的鉴定人对司法裁判权的僭越,同时也避免了法庭上双方当事人的鉴定人对最终争点争论不休,让司法裁判者"无所适从",影响司法裁判的终局性和权威性。由于司法裁判权包含了由事实裁判权和法律裁判权两方面内容,因此,最终争点规则可进一步细化为"法律定性禁止规则"和"事实分析详尽规则"。

1. 法律定性禁止

所谓法律定性禁止规则是指鉴定意见的内容应该仅限于案件中的专门性事实问题进行推理论证,鉴定意见的内容不应涉及法律的解释和适用。在司法实践中,法官不会采纳关于法律问题的意见证据,鉴定意见应当仅针对案件的专门性事实问题,除非该专门性问题涉及外国法。不管在大陆法系国家还是在普通法系国家,对法律的解释和适用是法官专属的权力。因此,鉴定人或专家证人不得代替法官对案件事实作出判断,尤其是不得通过法律的解释和适用对案件事实定性。鉴定意见是事实裁判者裁判的证据,而不应该取代判决本身。同时,法律的适用由法官在综合审查全案证据的基础上进行,而鉴定人或专家仅仅针对案件中的专门性事实问题进行判断,由鉴定人或专家对法律进行解释和适用不仅存在"以偏概全"的误导性风险,而且法律的解释和适用超出鉴定人的知识或经验之外。以我国的"非法持有枪支罪"为例,关于枪支的判断是该罪定罪量刑的关键。我国《枪支管理法》(2015 年修订)明确规定了枪支的概念为:"枪支是指以火药或者压缩气体等为动力,利用管状器具发射金属弹丸或者其他物质,足以致人伤亡或者丧失知觉的各种枪支。"因此,关于案件中的"枪支"是否属于法律明文规定的"枪支”,这是法官根据对法律文本的解释和适用所判断的问题。法官根据法律文本所明确的“枪支”的动力特征、发射工具特征、发射物特征和性能特征判断案件中的枪支,至于案件中“枪支”的性能特征,即发射物对所指向之人的作用效果属于专业性问题,也就是枪支枪口的“比动能”测试。法官可根据职权或当事人申请交由具有专门知识或经验的鉴定人判断,鉴定人提出的鉴定意见应仅针对枪支的性能特征,不应是针对“是否是法律明确的枪支”的判断。

2. 事实分析详尽

事实分析详尽规则要求鉴定人提供的鉴定意见应充分披露鉴定意见的原理、鉴定材料、方法程序等内容,为事实裁判者对专门性问题的判断提供充分的信息,而不是代替事实裁判者作出结论。“职权主义的一般原理是探求与决策者作出决定相关的事实准确、完整的信息。”[1]事实分析详尽规则是鉴定意见最终争点规则事实裁判权角度的进一步延伸。因此,鉴定人应当尽量使用客观的语言表述针对案件中专门性问题的鉴定意见,比如,在证明因果关系的专家证言中,相关的表述应当是“可能”“也许”等阐述该专门性问题的肯定或者否定的概率有多大,而不是“是”或者“确实”。在实践中,如果鉴定人仅仅提供鉴定意见的结论部分,即使该意见与案件具有逻辑上的相关性,也得被排除。在“U. S v. Jones(1997)”案中,法庭采信了笔迹鉴定专家的意见。该专家就自己的鉴定方法进行了细致的说明,包括专业经验的形成过程、专业经验的可靠性以及如何将专业经验应用到案件中的专门性问题。但在联邦法院2003年审判的一起案件中,一位专家证人宣称自己是“依赖30年来的从业经验和知识得出相关证词的”,却不对其经验作任何解释,最终法庭拒绝采信该专家的意见。该专家证人证词被排除的第一个理由就是:“他

〔1〕［德］托马斯·魏根特:《德国刑事诉讼程序》,岳礼玲,温小洁译,中国政法大学出版社2004年版,第2页。

没有使用任何专业知识来得出他的结论。"[1]在"专家"或"专业人士"的光环下,由于鉴定意见所依据的原理超出事实裁判者的知识和经验范围,因此,鉴定意见应当为事实裁判者提供尽量充分的背景知识以形成正确的内心确信。如果鉴定意见的内容只是使用法律术语表述或是缺少分析论证的内容,事实裁判者将因缺少必要的信息而难以做出判断。同时,鉴定意见内容不充分,存在误导事实裁判者的风险,这在普通法系国家尤为突出。在陪审团制度下,事实的认定主要依靠平民大众,他们既缺少审判经验,又缺少专业知识。因此,专家意见对陪审团的影响相比对职业法官的影响更大,比如专家证人使用"被告人具有精神病,不具有刑事责任能力"的表述,不仅涉及案件的法律定性,而且存在误导陪审团作出错误裁判的风险。专家意见只可就被告人的精神状态、症状、诊断方法等提供意见,也可以描述其所鉴定的事实,但不能对刑事审判中涉及的最终争点,即被告人的精神状态或情况提出定性的陈述,鉴定意见毕竟只是证据之一,例如,就不得对被告人的精神状态是否符合构成犯罪构成要件表达意见或作出推论。在大陆法系国家,最终争点规则主要基于鉴定人是"法官的助手"的定位,鉴定人提供的鉴定意见是证据,由法官决定采信与否,而不能代替法官认定案件事实和适用法律。普通法系国家的专家意见也是如此。专家意见是当事人说服事实裁判者的证据,因此专家意见应该为事实裁判提供专业知识或经验以及在此基础上的推理论证过程,然后由事实裁判在结合全案证据的基础上作出判断。

最终争点规则要求证人的证言尽量详尽,尽可能多地提供事实裁判者所需的信息,而不是证人根据自身经验和知识做出的判断。涉及最终争点的问题无须启动鉴定;涉及最终争点的鉴定意见不具有证据能力;鉴定意见应该尽可能详尽,披露相关信息、不能僭越事实裁判者的裁判权,仅是结论存在误导事实裁判者的风险。就鉴定意见的内容而言,鉴定意见应当针对案件中待证的专门性事实问题,而不能针对涉及法官裁判权的法律定性问题进行分析

---

〔1〕 齐树洁、梁开斌:《在民事诉讼中鉴定结论证明力之比较分析》,载《中国司法鉴定》2007年第2期。

评价。例如,在精神疾病鉴定中,被告人是否具有行为能力原本属于事实问题,但是,很多国家将行为能力明确规定在法律上,因此成了一个以事实为基础的法律上的概念,涉及认定案件事实的最终争点问题,即作为法律问题的事实,只能由裁判者认定。

检察权司法化目标探析*

孔凡洲**

引　言

现代法治国家普遍建立了检察制度,检察制度在国家政治制度中具有重要的地位,但检察制度相对国家的立法制度、审判制度而言,属于年轻的制度,检察官作为法律职业共同体的一员,其历史不如法官这一职业久远。“检察官乃是法国法为破除纠问制度并改革刑事诉讼的近代发明,随即散播至欧陆法系及英美法系国家,并且辗转流传到亚洲各国。”[1]除了分权,其创设的初衷在于适应刑事诉讼改革进程中以国家公诉取代私人诉讼,以维护国家法律的统一适用和司法权威的需要。关于检察制度依然有许多内容需要继续探索,检察权司法化便是有益的探索之一。我国检察权的司法属性要求其运行应当以司法化的方式进行,但受多重因素影响,从我国检察官办案的具体方式和程序来看,行政化特色浓厚,司法公正价值无法充分彰显。

公正是司法的生命线,司法公正是司法制度追求的重要价值。司法公正的实现,依赖于司法制度、司法程序和法律职业伦理等多方面因素。而检察权司法化则是为检察权运行设定程序规则,从司法程序角度优化检察权运行

---

* 本文系国家哲学社会科学基金项目“审判中心主义改革进程中检察权同步司法化研究”(项目编号:15BFX062)的阶段性成果;获“中央高校基本科研业务费资助”,系上海外国语大学校级青年基金项目“比较法视野下的刑事证明实质化研究”(201711400044)的阶段性成果。

** 孔凡洲,上海外国语大学法学院讲师,法学博士。

〔1〕 林钰雄:《刑事诉讼法》(上册),中国人民大学出版社2005年版,第100页。

方式，其目标是通过检察权运行程序正当化来实现和维护司法公正。检察权司法化不是横空出世的一种改革措施，其自身的司法属性和所蕴含的司法价值是检察权司法化的前提。检察权司法化是对我国检察制度实践经验的凝练，体现了检察权运行的基本规律，重在规范检察权运行，是我国检察权运行法治化的重要内容。在我国司法改革深化和检察体制改革的背景下，检察权司法化是从我国检察工作特色出发，结合检察权的本质属性作出的必然选择。因而，检察权司法化的目标是通过保障检察权独立运行，实现检察权运行方式司法化，最终推进司法公正的实现。

一、保障检察权依法独立运行

检察权具有司法属性，但其运行却呈现出行政化的特点。检察官行使检察权受制于检察长或者上级检察机关的限制，体现为上命下从，无法按照司法规律独立行使检察权。检察权司法化的直接目标是保障检察权运行独立。[1] 检察官是行使检察权的主体，因而检察权的依法独立行使就体现为检察官在办理案件过程中应当依据证据、事实和法律，结合检察官的理性和良知行使权力，而不受案外其他因素的干预。

（一）检察权独立运行的依据

首先，检察权独立运行是实现检察权客观义务的保障。检察官在办理案件时应当全面客观收集证据，依据事实和法律作出决定，不受程序外因素的干扰。“在当下世界范围内，各国检察制度的建设过程中皆体现出着力强调和突出检察官客观义务权之趋势。”[2] 我国《检察官法》第5条规定：“检察官履行职责，应当以事实为根据，以法律为准绳，秉持客观公正的立场。检察官办理刑事案件，应当严格坚持罪刑法定原则，尊重和保障人权，既要追诉犯罪，也要保障无罪的人不受刑事追究。”检察官在办理案件的过程中，应当区

〔1〕 检察权独立属于较为宏大的问题，且争议较大，本研究主要探讨检察官办案和定案权力的独立。

〔2〕 邵晖：《中国检察官办案责任制改革的学理性分析》，载《河北法学》2015年第12期。

别于简单的追诉者,必须坚持客观公正的立场。如果检察权不能独立运行,检察官只有办案权,没有定案权,便会导致对案件有定案权的主体缺乏对案件审查的亲历性,从而影响办案的客观公正义务。

其次,检察官办案责任制要求检察权独立运行。权责统一是法治的重要内涵。检察官办案责任制以事后追责的方式,督促检察官实现主体地位,强化办案主体与定案主体同一,有助于发挥检察官的独立判断权,增强其责任意识,提高检察办案的质量,最终维护司法公正。然而,在检察一体制背景下,检察机关以整体名义履行职责,遵循上命下从的原则,而上级领导下级的方式及内容较为宽泛,上级指令出现失误后,应当由谁承担责任,也尚未明确。检察机关在办理案件中权力划分不明确,必然会导致权责不明,让无"权力"的主体承担责任,显然有违权力运行的逻辑,必然导致检察官办案责任制被架空。2012 年《人民检察院刑事诉讼规则(试行)》第 4 条规定,"人民检察院办理刑事案件,由检察人员承办,办案部门负责人审核,检察长或者检察委员会决定。"该规定事实上确立了检察机关办案方式的"三级审批制",即承办、审批、决定是检察机关办案方式的三个环节,并且分属不同的主体。2019 年 12 月 30 日起施行的《人民检察院刑事诉讼规则》第 4 条则对原来的规定作出了修改:"人民检察院办理刑事案件,由检察官、检察长、检察委员会在各自职权范围内对办案事项作出决定,并依照规定承担相应司法责任。"从该条规定中可以发现,这是顺应检察司法责任制改革趋势的,明确各主体应当对其职权范围内的事项承担司法责任,有助于强化权责统一原则。根据中共中央办公厅 2017 年印发的《关于加强法官检察官正规化专业化职业化建设全面落实司法责任制的意见》,应当全面推行检察官办案责任制,落实"谁办案谁负责,谁决定谁负责"。在检察司法责任制背景下,只有检察官同时享有独立的办案权和定案权,在此基础上再依据其办案行为和具体追责情形考虑其司法责任的承担问题,才符合权责统一原则。

最后,检察权独立运行是检察活动专业性的要求。司法活动具有专业性,对司法权的行使只能由受过专业训练的法律职业人员进行。为了保障检察权尽可能实现其功能,检察官的专业性就显得尤为重要。检察业务活动具有专业性,必须依赖扎实的专业知识和娴熟的专业技能。检察官的专业性是长期学习和训练的结果,无论是专业素养、任职资格还是检察官职业伦理规范方面,都应当与其司法官的身份相匹配。检察官是具备专业性的办案人员,有能力从专业性角度出发对案件进行办理,而专业性也决定着案件办理的质量。目前,较为关键的问题是应当保障检察官在办案过程中能够充分发挥其专业性,清除影响其专业性实现的因素。如果检察官在办案过程中没有自主权,即使专业素养强,也无施展的机会。因而,在检察权运行过程中,应当减少甚至杜绝外行干涉内行的行为,减少外界因素对检察权运行的干扰。检察官只对事实和法律负责,办理案件的检察官和决定案件的检察官应当同一,确保检察活动的专业化。

(二)检察权独立运行的难点

第一,区分检察权与检察事务管理权。检察权依法独立运行是检察权的司法属性决定的,然而检察权的内涵非常丰富,具有历史性,检察权在不同国家的权力体系中的权力内涵不同。我国检察权司法化主要是以检察权的司法属性为前提,检察权所具备的司法属性是检察权司法化的基础。因而,对检察权司法化的讨论必须分清检察权运行中具有司法属性的检察业务工作和不具有司法属性的检察行政管理权,厘清司法化的对象。

检察业务活动是检察权的集中体现,强调公正性、专业性,因而需要独立行使。为了保障检察权的有效运行,检察事务管理也是检察制度的重要内容。检察事务管理权属于行政权,在具体运行过程中应遵循上级领导下级、下级服从上级的原则,体现效率价值。检察事务管理权和检察权的关系非常密切,但二者的界限模糊,甚至在检察权运行过程中被混淆,出现检察业务活动与检察事务性工作挂钩的局面。考察检察事务管理权的运行机制可以发现,为了确保检察事务管理的有效性,其必须以行政权运行方式运作,行政属性非常明显,很难说该权力具有司法活动的特征。行政权与司法权除了追求的价值目标和具体运行方式不同之外,行政权的本质是管理权,而司法权则是判断权。检察事务管理权是确保检察机关有序运作的重要支撑,也是检察权合理运行的保障,检察权司法化的对象不应当包括检察事务管理权,并不意味着应当改变检察管理体制。对于检察业务行为,因其具有司法属性,则属于司法化的范畴。检察权司法化就是要尽可能地分清两者的界限,让检察权运行中具有司法属性的部分摆脱行政管理的模式,让具有行政管理属性的部分保障检察权的独立运行。

第二,"检察一体制"与检察权独立运行的平衡。"检察一体"是我国检察机关的体制,检察官在办案过程中,应当听从上级领导的指示和命令,这是检察一体制的逻辑必然。正如前文所述,检察官办案中的客观义务也在不断加强,检察官的客观义务要求检察官在办理案件中应当依据事实、法律处理案件,独立作出判断,强调检察权运行程序的独立性。所以,在检察司法化的过程中,首先要面临的冲突就是检察一体制与检察权的客观义务的关系。"上命下从"的工作模式,必然导致办案主体独立判断权的丧失,办案主体尽管亲历了案件事实的调查,有条件依据事实和理性对案件作出处理,但其并无定案权。而定案主体仅仅通过听取汇报就有权对案件作出处理,这便很难认为定案主体遵循了客观义务。因而在检察权司法化过程中,必须解决好检察权独立运行与检察一体的关系。检察权司法化应当在现有的检察体制框架内进行,检察权的独立就是要摆脱非办案主体对办案主体意志的控制,应当探索完善检察官办理具体案件中对案件事实和法律适用的判断权与上级领导、检察长之间的命令权相分离的机制。业务活动应当尊重检察官的判断权,组织体系上维护检察一体原则,进而实现两者的平衡。因此,检察机关在其组织结构上应遵循"上命下从",但检察权在运行上应当遵循司法规律。[1]

(三)检察权独立运行的实现路径

检察权独立运行是检察权司法化的直接目标,也是检察权司法化能否实现的基础。我国《宪法》和《检察官法》均规定了检察官依法履行职责,受法

---

[1] 万毅:《刑诉法修改对检察制度若干理念的重塑》,载《检察日报》2012年10月22日,第3版。

律保护,不受行政机关、社会团体和个人的干涉的规则,主要确立了检察权运行过程中的外部独立,问题在于如何体现制度一致性,对于妨碍检察权独立行使的外部壁垒进行破除。另外,检察权运行内部的独立也需要进行探讨。现有关于检察官行使权力的规定过于宏观,缺乏检察权独立运行的具体程序设计。程序具有封闭性,正当合理的程序设计可以让权力在运行过程中免受案外因素的影响。只有通过设置正当的程序,才能够保障检察权独立运行。

检察权相对独立运行坚持"以事实为根据,以法律为准绳"的司法原则,目的在于减少乃至防止冤假错案的发生。检察权独立行使并非意味着检察权不受控制和约束,检察权可以恣意妄为。检察权独立运行应当受到正当程序的制约,符合正当程序的要求。检察官独立行使检察权作出决定,其所依据的事实应当是经过利害关系人质辩的事实,利害关系人主要指侦查人员和犯罪嫌疑人,因而检察官的判断权要受到侦查机关和辩护方的影响。现有的规则设计已经要求检察官在审查逮捕、审查起诉、司法救济等程序中听取辩护方的意见,然而,以检察官、当事人和侦查机关为主体的"侦—辩—裁"三方结构尚未形成,检察官作出的决定主要是通过审查卷宗材料和单方听取意见后作出的,公开性、参与性不够,程序设计的局限性导致检察官独立行使职权的可能性降低。

在检察权司法化模式下,为了保障检察权独立运行不偏离初衷,检察官所作出的任何决定都应当经过正当程序,即受制于两造的举证和陈述。对此,立法首先应当赋予侦查机关、辩护方两造有权在检察官在场的情形下进行陈述,而检察官也应当认真听取双方的陈述和观点,并确保对其作出案件处理决定有实质化的影响。检察权司法化并非形式上的一种程序设计,而要强调实质性。质言之,检察官独立行使检察权应当受到当事人诉权的制约。[1]

二、检察权运行方式司法化

(一)检察权运行方式司法化的基本模式

检察权司法化的本质是强调对检察权运行方式进行司法化改造,通过正

〔1〕 骆绪刚:《检察权运行司法化研究》,中国法制出版社2017年版,第89页。

当程序保障检察权合理运行。检察权司法化从整体上要求检察权运行应当符合“侦—辩—裁”三方构造模式,即检察机关办案时,凡是以司法化方式运行的权能,均应当以检察官作为裁决者居中裁决,以侦查方和辩护方为两造平等对抗,检察决定须经过对审听证程序后作出。作为裁决者的检察官,必须亲自审查案件,立法应当确保受到案件处理结果直接影响的主体都有权且能有效地参与到处理决定形成的程序中。检察官亲自听取侦、辩双方的举证、质证、辩论,方可依据事实和法律作出处理决定。

检察权运行依照“侦—辩—裁”三方构造运行,可能会出现裁决者角色冲突问题,即裁判者与当事人身份合一的矛盾。例如,对于检察官自行侦查的案件,会出现检察官既是审查者,又是利害相关主体的问题。对此,可以对我国现有的人民监督员制度进行改革,人民监督员制度设立的初衷就是对检察机关自行侦查案件进行监督。通过完善人民监督员制度,发挥人民监督员制度的优势,吸收人民监督员组成审查主体。另外,可依据检察机关组织体系的优势,发挥上级检察机关对下级检察机关业务工作的审查,构建以上级检察机关为顶点,以当事人和下级检察机关为两造的诉讼构造。可见,“侦—辩—裁”三方构造是检察权运行方式司法化的基本模式。

(二)检察权运行方式司法化的具体内容

检察权运行所依赖的“侦—辩—裁”三方构造是检察权司法化的总体设计,检察权运行方式司法化具体应当包括以下内容:

第一,检察机关侦查职能的司法化。监察委设立后,检察机关自侦案件的范围缩小,但立法上并未彻底取消检察机关的侦查权。[1] 侦查作为刑事司法程序中的重要环节,本身就具有司法特性,理论上也有推进侦查权行使司法化的观点。检察机关在立法和理论上,都被认为是司法机关,其行使侦

〔1〕《刑事诉讼法》第19条第2款规定:“人民检察院在对诉讼活动实行法律监督中发现的司法工作人员利用职权实施的非法拘禁、刑讯逼供、非法搜查等侵犯公民权利、损害司法公正的犯罪,可以由人民检察院立案侦查。对于公安机关管辖的国家机关工作人员利用职权实施的重大犯罪案件,需要由人民检察院直接受理的时候,经省级以上人民检察院决定,可以由人民检察院立案侦查。”

查权，理应按照司法化的要求进行，更加注重侦查程序的正当化，避免检察机关的侦查程序沦为行政程序。检察机关作为法律监督机关，其侦查权在运行上应当与公安机关的侦查权有所区分。因此，在检察机关自侦案件中，承办检察官作为侦查方，与犯罪嫌疑人方相对抗，应当由上级检察机关或人民监督员作为中立的裁决者对侦查行为进行审查。

第二，审查批准逮捕程序的司法化。从刑事诉讼发展趋势来看，司法对人权的保障越来越充分，凡涉及对人的自由、财产等进行限制或者剥夺时，都必须经过正当的法律程序，由一个中立的第三方在听取双方陈述辩论之后才能作出决定。《公民权利和政治权利国际公约》第 9 条第 3 项规定："任何因刑事指控被逮捕或拘禁的人，应被迅速带见审判官或其他经法律授权行使司法权力的官员……"

逮捕是对犯罪嫌疑人人身自由的剥夺，而自由属于基本人权范畴。我国刑事诉讼法明确规定公安机关在侦查案件过程中，无权自行采取逮捕这种强制措施，必须向检察机关申请，由检察院批准，方可对犯罪嫌疑人适用逮捕。这一程序设计，体现了检察院对侦查程序的法律监督，也是我国特色的司法审查制度的体现。然而，目前检察机关在审查批准逮捕时，主要通过书面审或者调查询问式进行审查，[1]虽然从外观上已经涉及三方主体参与的模式，但并未建立侦查人员和拟适用逮捕强制措施的对象主体在对审的情形下进行陈述的程序构造。"检察机关司法审查功能的实现方式较多的呈现出行政化，不符合正当程序的要求，无法实现审查的公开、参与、对抗。"[2]司法化改造，就是落实检察官司法审查职能，突出审查程序正当化进程，在具体制度设计上应当符合正当程序的要求。

批准逮捕除了遵守合理的程序之外，还应当依法进行。合法性也是司法

---

〔1〕《刑事诉讼法》第 88 条规定："人民检察院审查批准逮捕，可以讯问犯罪嫌疑人；有下列情形之一的，应当讯问犯罪嫌疑人：(一)对是否符合逮捕条件有疑问的；(二)犯罪嫌疑人要求向检察人员当面陈述的；(三)侦查活动可能有重大违法行为的。人民检察院审查批准逮捕，可以询问证人等诉讼参与人，听取辩护律师的意见；辩护律师提出要求的，应当听取辩护律师的意见。"

〔2〕骆绪刚：《检察权运行司法化研究》，中国法制出版社 2017 年版，第 45 页。

化的重要表征。逮捕的事由必须符合刑事诉讼法的规定,逮捕作为最为严厉的强制措施,对逮捕的适用应当具有司法上的克制。只有在证据条件、刑罚条件和必要性条件同时满足的情形下,才能批准逮捕。检察权在审查批准逮捕程序中的司法化不仅是程序上的合法要求,也是逮捕实体条件上的合法性要求。另外,逮捕之后的羁押必要性审查,也是涉及犯罪嫌疑人人权的重要程序,一般属于司法官的职责范围。《公民权利和政治权利国际公约》第9条第4项规定:"任何因逮捕或拘禁被剥夺自由的人,有资格向法庭提起诉讼,以便法庭能不拖延地决定拘禁他是否合法以及如果拘禁不合法时命令予以释放。"因此,无论是逮捕审查程序还是羁押必要性审查程序,都具有较强的司法属性,应当遵循司法程序的要求。

第三,审查起诉程序的司法化。公诉权是检察权的重要权能之一。起诉便宜原则赋予检察官起诉裁量权,对于侦查终结的案件是否提起公诉,由检察官进行审查判断。检察机关有权对部分案件作出不起诉的决定,可以终结部分案件的诉讼程序,因而审查起诉程序对案件的处理也有实质性影响。审查起诉应当按照两造对抗、居中裁判的模式进行设计,起诉关涉犯罪嫌疑人的重要权利,应当赋予犯罪嫌疑人陈述的权利,而且对于侦查人员而言,起诉在某种程度上是侦查职责的延伸。就侦查机关的身份角色而言,其与检察机关作出的起诉与否的决定也具有直接的利害关系。因而检察机关审查起诉,是否作出起诉的决定,并非以其中一方的观点为依据,而应当结合双方的陈述和证据,适用法律做出判断。由此,检察机关在此阶段也应当中立判断。而侦查人员和当事人在此阶段平等对抗、举证质证、充分陈述意见,必然有助于检察权的行使和发挥检察机关审查起诉职能应有的功能。

第四,检察机关量刑建议权司法化。检察机关的量刑建议权也称为求刑权,是公诉人在审判活动中对被告人应当判处的刑罚向法院提出意见的权力。从诉讼理论上看,检察机关向法院提出量刑建议,是公诉权的重要内容。在对抗式诉讼模式下,审判权消极中立,检察机关的量刑建议就显得非常有意义。我国刑事诉讼模式正在趋向对抗式模式,尽管定罪权、量刑权均属于审判权范畴,但检察机关的量刑建议权作用日趋明显,特别是认罪认罚从宽制度确立之后,这一特征更为显著。我国《刑事诉讼法》第201条明确规定对于认罪认罚案件,除了特定的情形,人民法院依法作出判决时,一般应当采纳人民检察院指控的罪名和量刑建议。[1] 在司法实践中,检察官量刑建议主导司法裁判已经成为常态,检察官实际上成为"背后的法官"。[2] 在美国的辩诉交易制度中,检察官的量刑建议权也发挥着重要的作用,为了实现辩诉交易所蕴含的程序价值,促成辩诉交易,法官在庭审中对被告人的犯罪事实基础进行审查确认之后,如果被告人认罪确属自愿且明智,则一般认可检察官的量刑建议。因而,检察官在某种程度上对案件实体处理发挥着重要价值。对此,应当根据检察权司法化的基本模式,对检察机关的量刑建议权进行司法化改造,确保量刑建议适当合理,使案件的最终处理结果符合罪责刑相适应原则。

当然,我国检察机关享有的司法救济权等具有典型司法特性的权力也应当以司法化的方式改造。

第五,人民监督员的监督制度改革也是检察权司法化的应有之义。如前所述,检察权运行方式司法化应当发挥人民监督员的监督优势。人民监督员对检察机关司法办案活动的监督制约,应当是全面、全程、全方位的监督,而不应只局限于某一类案件或者某一项具体权能的行使。人民监督员应当参与普通刑事案件的批捕、起诉等诉讼环节监督,但考虑到案多人少等现实问题和人民监督员制度的可操作性,人民监督员参与的案件范围过宽也不具有可行性,因此,应重点参与以下案件:

一是检察机关依法终结的案件。不具有终结性的案件将会进入并经过

---

[1] 《刑事诉讼法》第201条规定:"对于认罪认罚案件,人民法院依法作出判决时,一般应当采纳人民检察院指控的罪名和量刑建议,但有下列情形的除外:(一)被告人的行为不构成犯罪或者不应当追究其刑事责任的;(二)被告人违背意愿认罪认罚的;(三)被告人否认指控的犯罪事实的;(四)起诉指控的罪名与审理认定的罪名不一致的;(五)其他可能影响公正审判的情形。人民法院经审理认为量刑建议明显不当,或者被告人、辩护人对量刑建议提出异议的,人民检察院可以调整量刑建议。人民检察院不调整量刑建议或者调整量刑建议后仍然明显不当的,人民法院应当依法作出判决。"

[2] 朱孝清:《认罪认罚从宽制度对检察机关和检察制度的影响》,载《检察日报》2019年5月28日,第3版。

法庭审理程序,该类案件或情形不具有人民监督员监督的必要性。案件若终结于检察机关职权范围内,因关系当事人的利益,从实现司法公正和人权保障角度,检察机关的此项职权应当接受外部监督,而人民监督员即是外部监督机制。同时,此类案件因检察机关行使职权而终结,检察机关容易怠于行使或滥用相关职权,若缺乏必要的外部监督,容易引起公众对其决定公正性的质疑。例如,检察机关拟不起诉的、检察机关对当事人提出的监督申请拟不支持的、检察机关对当事人提出的申请启动审判监督程序的申诉拟不支持的,都属于此类情形。

二是涉及群体性利益、公共利益的涉众型案件和有重大社会影响的案件。此类案件由于涉及面广、舆论关注度高,检察权的行使会对案件实体产生影响,必然引起舆论对检察工作公正性的质疑。若检察机关难以有效回应舆论,则会损害检察机关的司法公信力,因此,该类案件应当属于人民监督员监督的范围。例如,公益诉讼中检察机关已立案但撤回起诉的案件,易引起舆论对检察机关的批评,此类案件应当接受人民监督员的监督,可有效分解检察机关被舆论拷问的压力。

三是相关部门或机关之间存在意见分歧的案件。此类案件由于涉及部门利益问题,在实践办案过程中往往阻力较大,人民监督员的监督可以充分体现民主性,有效化解部门或者机关之间的利益冲突。比如普通刑事案件中的捕后不诉,不仅会招致社会舆论的质疑,检察机关与公安机关之间也容易产生意见上的分歧;在公益诉讼案件中,被告往往与地方利益存在密切关系,检察机关的起诉权极易受到地方权力的限制。因此,此类案件应当由人民监督员进行监督,以确保相关职权的有效运作。

此外,可以探索人民监督员直接听取嫌疑人辩解制度。目前人民监督员以检察机关提供的案卷材料以及案件介绍作为根据形成评议意见,属于书面评议制度。有学者提出人民监督员行使的是监督权而不是司法权,不享有调查权。[1]

---

〔1〕 秦前红:《人民监督员制度与人民陪审员制度之关系》,载《国家检察官学报》2009年第2期。

何况监督员听取嫌疑人辩解无法律依据,据现行立法规定,除司法人员办案、律师依法会见等法定情形外,其他人不能进入羁押场所,更不能与在押犯见面。然而,人民监督员缺乏对案件事实的调查权会导致在监督过程中存在形式化问题。为保障人民监督员对案件监督的有效性,实现“兼听则明”的效果,应考虑赋予其调查权,确立人民监督员与犯罪嫌疑人谈话等了解案情的方式,保障人民监督员客观全面地了解案件情况。

正如庭审的任务是认定案件事实以及在此基础上适用法律一样,检察机关在办理案件过程中,也涉及对案件事实的认定以及对法律的适用。对案件事实的认定是适用法律的前提,因而检察官在办理案件的过程中,应当综合运用各种证据认定案件事实。对案件的侦查任务主要由侦查机关来完成,因而侦查机关承担了案件证据的调查等任务。检察机关主要发挥其诉讼监督职能,对案件进行审查判断,以确定证据和事实是否符合启动相应的程序或采取对应强制措施的标准和条件。而与侦查机关相对的一方则是犯罪嫌疑人,在诉讼地位上,其属于被追诉的一方,检察机关的处理决定直接关系其基本人权和利益,并且从现代诉讼制度来看,犯罪嫌疑人、被告人已然不再是诉讼中被追究的客体,而是诉讼中的主体,享有诉讼权利。因此,在检察机关办理案件的过程中,不仅应当以侦查机关提供的材料为依据认定案件事实,而且有必要听取犯罪嫌疑人一方对证据和事实的意见。如果检察机关偏听偏信,只是听取一方的意见即认定案件事实,并在此基础上适用法律,则很难对案件作出公正的处理,有碍司法公正的实现。

三、保障和实现司法公正

公正的内涵较为丰富,理论界对公正的概念尚未达成一致。从公正概念的形成史上看,公正是一个伦理学和价值观概念。[1] 公正是司法活动追求的重要价值。司法作为文明解决争端的方法,之所以被现代法治社会所推

〔1〕 景天魁等:《社会公正理论与政策》,社会科学文献出版社2004年版,第8页。

崇,主要原因在于司法程序是实现公正的最优路径,司法承担着维护社会公平正义最后一道防线的职责。因而,司法公正是司法权运行的根本目标。长期以来,检察权运行方式并不能有效地保障司法公正价值的实现,检察权运行不合理的方式使当事人的人权难以获得较好的保障,也是冤假错案发生的因素之一,不仅导致司法公正无法实现,而且还有损于司法公信力。检察权运行方式司法化就是立足于检察权运行现状及问题运用而生的概念,其根本目标在于保障和实现司法公正,是司法公正的优选路径。

司法公正与公正一样,难以进行准确的界定。目前主流观点把司法公正类型化为程序公正和实体公正。程序公正要求司法过程的公正,强调权力运行程序具有正当性和合理性,当事人在程序运行过程中受到公平对待。实体公正则指司法结果的公正,司法活动就诉讼当事人的实体权利和义务关系所作出的裁决或处理是公正的。

检察权运行独立以及以司法化方式运行的最终目标都在于实现检察权保障人权、实现司法公正。特别是检察机关在诉讼中的作用日趋增强,检察权的运行方式直接关系司法公正的实现。检察机关的诉讼定位趋于多样化,集中表现在制度适用的主导者、决定多数案件的主导者、诉讼程序的分流者、诉讼权利的保障者、公正司法的监督者。[1] 从检察机关的职责来看,检察权主要影响案件诉讼程序的进程,但是不起诉制度、认罪认罚从宽制度中的量刑建议权,都涉及对案件实体的处理。检察权的基本功能集中体现在检察权运行的公正性层面,不仅涉及程序公正,还涉及实体公正。因此,检察权司法化的终极目标应当是维护以及实现司法公正,公正是检察权运行首先要考虑的法律价值,应区别于行政程序对效率价值的追求。

检察权司法化以实体公正为目标,即检察机关客观公正地认定案件事实,准确适用法律,确保检察机关对案件的实体处理符合实体公正。检察官依法独立办案,遵循客观公正义务,有助于全面评估证据,客观认定案件事

〔1〕 孙谦:《检察机关贯彻修改后刑事诉讼法的若干问题》,载《国家检察官学院学报》2018年第6期。

实。“侦—辩—裁”三方诉讼构造、对审听证等程序可以从程序上保障检察官尽可能准确地认定案件事实,进而恰当地适用法律。就认识论的角度而言,侦查人员具有追诉的积极性,犯罪嫌疑人处于被追诉的地位,具有抗辩的动力,给侦查人员和犯罪嫌疑人两方充分的机会对有争议的事项进行辩论,会让案件事实更加接近客观真相。真理越辩越明,检察官兼听双方意见,才能对案件作出公正的判断。检察权运行方式司法化有助于对案件事实的查明,由此可以推进检察官对案件实体作出公正的处理。

检察权司法化也具有实现程序公正的目标。公正的程序不仅有益于实体公正的实现,而且其本身也具有独立的价值。由于案件中的客观事实难以用确定的标准衡量,检察机关对事实的认定类似于审判活动中对案件事实的发现,区别于科学研究中对真相的追求。基于法官的消极被动性,庭审中对案件事实的认定受制于控辩双方的举证质证和辩论意见,法官最终所能确认的事实只能是依据证据证明的案件事实,也称之为法律真实。基于审判权的特点和认识论的基本规律,庭审中认定的案件事实有符合客观真实的一面,也有区别于客观真相的一面,庭审中对待证事实的认定应当以真相为目标,但对事实的认定只要达到相应的证明标准即可。就检察官办案的具体程序而言,其对案件事实认定的程序和认识能力类似于法官,但不如庭审,因而证明标准层次性理论设定庭审中对认定事实的证明标准要高于检察阶段的证明标准。

另外,随着法治化进程,实体法也日趋复杂,因而实体公正越来越难以界定。“我们的世界已变得越来越错综复杂,价值体系五花八门。常常很难就实体上某一点达成一致。一个问题的正确答案因人而异,因组织而异。程序是他们唯一能达成一致的地方,而且他们能达成一致的唯一程序是能保证程序公正的程序,因为他们一旦同意了程序,则无论是何结果,都必经接受所同意的程序带来的结果。”[1]因此,程序公正的价值日益凸显,只有当程序本身

〔1〕 宋冰:《程序、正义与现代化》,中国政法大学出版社1998年版,第376页。

公正的时候,人们才会发自内心的信服。检察权运行更加要突出程序正当化,进而实现检察权对司法公正的保障功能。

从立法上赋予检察机关的职责看,检察机关不仅是追诉机关,而且还是人权保障机关。检察机关在庭审中以公诉人的身份出现,具有追诉犯罪的职责,但基于客观公正义务,也具有查清案件事实、正确适用法律的义务,追诉犯罪不代表忽视人权保障。只有公正合理的程序规则,才能确保检察权既能实现其追诉职责,又能对人权进行充分保障。刑事诉讼对保障人权的重视已是共识,犯罪嫌疑人、被告人在诉讼中具有主体地位,在诉讼过程中,凡是涉及对其重大利益等事项具有实质影响的决定,理应听取其意见,并且要确保其陈述能够对案件处理结果产生实质影响。在刑事诉讼活动中,检察机关涉及的逮捕、起诉或不起诉等诉讼环节关系犯罪嫌疑人的人身自由权、生命权、财产权等基本人权,这些权利非经正当法律程序,不应当被随意限制或者剥夺。唯有利害关系人的人权获得程序的尊重,使其在程序中获得公正的对待,才可能接受裁决主体对其程序和实体上作出的处理。

检察权运行程序公正,才能够确保检察权各项权能合理正当运行,有序处理与侦查机关、审判机关的关系。例如,我国检察机关在侦查监督程序中,对于侦查机关的侦查行为、强制措施的适用均有权监督,以确保各项侦查行为和对强制措施的适用具有合法性。但检察机关对侦查机关的侦查监督应当依法进行,要求依法有据,此处的"法"就是诉讼法的规定,其出发点应当是通过正当程序约束和规范侦查权,最终均以实现司法公正为目标。

法谚有云:"迟来的正义非正义。"公正或者正义本身就包括了效率的要求。司法公正当然也具效率的纬度。

检察权司法化过程中应适当考虑效率价值。检察权具有维护国家法律统一适用的功能,承担着监督诉讼活动的重任,对于诉讼过程中发生的程序违法、事实认定错误、法律适用错误等问题,有义务及时纠正,以免造成更大的损害和不公正,这是检察权效率的表现。但检察权的效率价值并不与检察权运行的公正价值相冲突,其效率性也是司法公正的体现。检察权的效率性也并非意味着其主动性很强，或者说权力不受限制。检察权的效率性也要求其在正当程序的框架内行使权力。检察权相比较行政权具有被动性，然而诉讼程序启动之后，因其诉讼监督职能的需要就会体现一定的主动性，必须积极关注相关主体的诉讼行为是否合法。但监督并非直接干涉，比如立案监督，只能通知公安机关立案，而不能自行立案；审判监督也是如此。检察权司法化有助于发挥检察权的筛选功能，从程序上纠正部分程序上的违法，从实体上排除一部分不应当进入审判程序的案件，确保审判机关可以集中司法资源审理进入庭审中的案件，这也是其司法效率价值的体现，但不构成对审判机关独立行使审判权的干预。

结　语

作为以审判为中心的诉讼制度改革的重要内容，检察权司法化的内涵非常丰富。检察权司法化是基于检察权司法属性与其运行方式行政化的内在冲突而产生的概念，其本质在于探索检察权运行方式的基本规律，让检察权运行符合司法规律、自身规律。检察权司法化的目标在于保障检察权运行的独立性，使检察权运行方式司法化，最终实现检察权对司法公正的维护。公正是司法的重要价值，检察权的司法属性要求检察机关在办理案件过程中应当以公正为优先选择。司法公正包括实体和程序两个层面的内容，相较实体公正，程序公正更加具有可评判性。检察机关办案程序不符合程序公正的要件，即使办案结果与“真相”合一，此结果也会因办案程序不正当、不合理而失去正当性。正是因为检察权具有司法属性，检察权运行程序中对个案正义的损害，同样会导致司法公信力的减损。以检察机关为裁决者、侦查机关和辩护方为两造的“侦—辩—裁”三方诉讼构造是检察权司法化的基本模式，检察权司法化应当以此为核心，针对不同权能运作需要进行程序设计，让检察权中的相关权能的运行都符合程序正义的要求，最终实现司法公正。

法律规则与叙事推理

谢晓河*

引　文

在法律范畴内，传统的看法认为，法律推理主要以逻辑论证为主。哈佛法学院首任院长兰德尔曾经广为人知地宣称，法律应视为一门科学。[1] 当然，法学界长久以来也很清楚，兰德尔的话并不能当真，因为法律的规则与数学或物理学定律具有本质的差异。例如，贾马尔曾提出，法律中的归纳与演绎推理缺乏"数学的严谨性"。[2] 但兰德尔观点的影响在现实中依然无处不在。

在法律实践中，一些上诉法官宣称，只有法律论证（legal argument）对其有说服力，其他任何诉诸于情感感染（emotional appeal）的手段对其没有任何影响。有些进而认为情感感染力在上诉辩护中是毫无意义的。在他们看来，审判要求的是具有逻辑性的论辩，过程清晰，立场中立。例如，美国大法官安东宁·斯卡利亚等就曾提出，"诉诸法官的情感是一种错误判断……能让优秀的法官感到自豪的是其裁决中的理性及其对自身个人倾向性（尤其是自身

---

* 谢晓河，上海外国语大学法学院副教授，文学博士。

〔1〕 Christopher Columbus Langdell, *A Selection of Cases on the Law of Contracts with References and Citations*, Little Brown, 1871, p. vi.

〔2〕 Steven D. Jamar, *This Article Has No Footnotes: An Essay on RFRA and the Limits ofLogic in the Law*, Stetson L. Rev. Vol. 27, p. 560(1997).

情感)的压制"。[1] 他认为:"说服之所以成为可能是因为所有的人类生而具有逻辑思维能力……最严谨的,因而也是最有说服力的逻辑形式是三段论。"[2]美国资深法官鲁格罗·亚狄瑟也曾说,"所谓的案件摘要无非就是扩展的典型三段论",[3]他告诫律师"不要把彻头彻尾的感情因素(shamelessly emotional matters)搬到上诉法院的桌面上来"。[4]

所谓的"情感性因素"即为"情感诉求"。在法律范畴内,情感诉求的主要方式是故事叙述(storytelling)。这种情感性推理在法律推理中的作用是个充满争议的问题。大多数人通常将"故事"等同于娱乐性的虚构作品、谎言或者虚假陈述。在刑事案件中,如果检方将被告人对案件事件的叙述认定为"故事",则意味着检方认为其叙述缺乏可信性。

但这么说似乎又有点对故事不太公正。好的故事能从根本上影响听众或读者。当听众或读者以故事讲述者所预期的方式作出反应时,则意味着故事包含的信息已经传递给听众或读者了。现代脑科学和认知心理学的研究结果也表明,人类在探索和解释世界时,无可避免地会将之与其自身的认知框架做对比,而人类的认知框架是由其自身个体经历所塑造而成的。[5]

一、法律中的"理性诉求"和"情感诉求"

从理论上说,法律推理显然也绕不过故事叙述或者故事推理这道坎。因此,学界便提出折中的说法,将故事视为一种辅助性的法庭说服工具,强调其工具性。这种观点认为,良好的法律论证或法律推理辅以具有强有力的故事

---

[1] Antonin Scalia & Bryan A Garner, *Making Your Case: The Artof Persuading Judges*, Thomson/West, 2008, p. 32.

[2] Ibid., p. 41.

[3] Ruggero J. Aldisert, *Winning on Appeal: Better Briefsand Oral Arguments*, Notre Dame, Ind.: National Institute for Trial Advocacy, 2003, p. 21.

[4] Ibid., p. 5.

[5] George Lakoff, *Whose Freedom? The Battle Over America's Most Important Idea*, Farrar, Straus and Giroux, 2006, p. 16.

将会比单纯的法律论证更有说服力,尤其是在庭审这个层面上。但对于出庭律师来说,尽管他们是亚狄瑟口中所谓的“彻头彻尾的感情因素”的主要使用者,但律师眼中的法律推理(legal reasoning)依然是基于规则的推理(rule-based reasoning)和类比,归纳与演绎推理,辅以基于政策和习俗的推理(policy-and custom-based reasoning),而非情感性因素。

即使是专门研究法律中故事叙述问题的学者也大多持此观点。最近兴起的“应用法律故事叙述”(Applied Legal Storytelling)运动依然将故事定位为一种辅助工具。[1] 该领域的学者一般认同现有的法律体系建立在法律规则的基础上,而非叙事推理的基础上。[2] 基于规则的推理以及其他形式的法律推理,相对于叙事推理,更具有逻辑性和“合法性”。[3] 言外之意在于,叙事推理与规则推理以及其他形式的法律推理具有不同的本质,且在整个法律推理过程中仅具有从属辅助作用。

这种观点的集大成者罗伯特·彭斯认为,出庭律师会:

> 根据双螺旋规范(double helix of norms)建构其案例。双螺旋中的一条线是由法律规则构成的,另一条线则是由天然存在于法官和陪审团现实生活世界中的规范构成。这些常识性规范主要内嵌于庭审律师在出庭时可能会采用的不同类型的叙事,无论是开庭陈述中形态完整的故事叙述还是直接诘问中更为简洁的叙事。[4]

在许多法庭决策过程中,单纯的逻辑显然是不够的。例如,有时立法机

---

〔1〕 Ruth Anne Robbins, *An Introduction to Applied Storytelling and to this Symposium*, The Journal of the Legal Writing Institute, Vol. 3, p. 14(2008).

〔2〕 Michael R. Smith, *Advanced Legal Writing: Theories andStrategies in Persuasive Writing*, Aspen Publishers, 2008, p. 369.

〔3〕 Christy H. DeSanctis, *Narrative Reasoning and Analogy: The Untold Story*, Leg. Comm. & Rhetoric: JALWD, Vol. 9, p. 150(2012).

〔4〕 Robert P. Burns, *Studying Evidence Law in the Context of Trial Practices*, ST. LOUIS U. L. J., Vol. 50, p. 1171(2006).

构会通过一项法律,由于该法律所调节的人类行为涵盖范围对于立法机构来说可能过于广泛而无法预见,因而难以在法律规则中予以穷尽,也就是说,任何法律的规则实际上都是不完全的,其留下的空白自然只能由法庭以广泛的断案自由裁量权予以填补,而这在某种程度上就脱离了中性的规则推理范畴,进入较为主观的基于情感的叙事推理范畴。

在法律中,存在很多此类需要考虑逻辑之外因素的主观性检验标准的情况。比如,审判法庭在量刑时,法官往往会在量刑自由裁量权的范围内权衡被告的具体情况来决定合适的刑期。又如,《谢尔曼反托拉斯法》虽然将“垄断”或“意图垄断”行为定为犯罪行为(15 U. S. C. § 2),但该法案没有对“垄断”这一术语进行定义,而是将此项工作留给了法庭,尤其是联邦最高法院。法院则在司法实践中制定了各种各样的标准以区分合法的垄断和非法的垄断行为。〔1〕这就好比国会制定了谢尔曼法案的骨架,而这些由法官在法院判决中发展而来的法律规则就好比是骨架上的肌肉。所以,实际上是法院创造了联邦反托拉斯法。波斯纳对此评论道:“反托拉斯法的进步与法条主义毫无关系。法官与大法官再仔细阅读《谢尔曼法》也学不到什么。相反,他们更多懂得了经济如何运作。”〔2〕在这种情况下,法官单单依赖逻辑是不行的,还必须依赖叙事推理才能给予《谢尔曼法》以实质内容。

另外,还有一种情况是,由于在解释制定法或宪法方面存在广泛的斟酌决定的自由,抑或是由于普通法的本质使然,法院发展出大量的权衡标准(balancing test),要求法官在做出判决之前对各种因素进行权衡。我们从定义上就可以看出平衡检验标准所涉及的推理过程已经超越了单纯的逻辑推理。〔3〕波斯纳对此是如此评论的:“情感对人们如何将经验转换为信仰影响巨大,对法官以这种或那种方式决定案件,对诸多可能后果的权重分配(这对

〔1〕 Phillip Areeda, *Monopolization, Mergers, and Markets: A Century Past and the Future*, Cal. L. Rev., Vol. 75, p. 959(1987).

〔2〕 [美]理查德·波斯纳:《法官如何思考》,苏力译,北京大学出版社2009年版,第343页。

〔3〕 See *Pickering v. Board of Education*, 391 U. S. 563, 568.

美国法律中广泛使用的权衡标准非常关键)也同样影响巨大。"[1] 例如,法官在确定搜查犯罪嫌疑人手机的合理性时,对于犯罪嫌疑人的隐私权保护到底应该给予多少"权重"呢?类似的问题只能由法官个体进行权衡了。大法官安东宁·斯卡利亚曾评论道,在一个以法律至上原则(supremacy of law)为基础的体系中,当我们"穷尽所有适用的法律规则而依然不能得到答案时,我们将这些有待确定的问题称为'事实问题'(question of fact)"。[2] 这些有争议的事实问题通常只能留给陪审团来认定,或者在无陪审团参加审判时,由法官认定。

同样,总体情况标准(totality of the circumstances test)可能会要求法官对一堆证据进行评议以达成判决而无须明确具体使用哪些逻辑规则来评估这些证据。所谓"理性人标准"(the reasonable man test)即为总体情况标准中最常见的一种。"理性人标准"涉及的是抽象的标准,其适用和解释显然是法院的"法律问题"(question of law),只能由法官来决定。安东宁·斯卡利亚是个典型的法律至上者,但他也认为,从法律中清除此类标准是不太现实的,"总体情况标准和权衡分析模式将会永久伴随着我们——罪过的是,我可能也会用这些标准撰写部分判决意见书。我能呼吁的是这些分析模式在可以避免的时候应尽可能避免……"[3]

从上述情况看,在司法过程中,除了对法律规则的中性应用之外,还存在法官无须按照规则而自由决定的情况。这就必然会将法官的个人经历带入法律推理过程。也就是说,除了纯粹的逻辑推理之外,还存在情感性推理,或者说"叙事推理"(narrative reasoning)。[4] 因此,更有建设性的做法是承认情感性推理或者说叙事推理在法律推理中的存在,然后研究叙事推理与逻辑推理之间的关系。

---

〔1〕 [美]理查德·波斯纳:《法官如何思考》,苏力译,北京大学出版社2009年版,第90页。

〔2〕 Antonin Scalia, *The Rule of Law as a Law of Rules*, U. Chi. L. Rev., Vol. 56, p. 1181(1989).

〔3〕 Ibid.

〔4〕 Linda Edwards, *The Convergence of Analogical and Dialectic Imaginations in Legal Discourse*, Leg. Studies Forum, Vol. 20, pp. 9-10(1996).

二、法律故事叙述与叙事推理概念

我们在上文说过，有些学者使用“叙事推理”这个比较新的概念来取代“故事叙述”这个概念。由于本文主要讨论法学理论中叙事推理与规则推理的关系，我们有必要首先从故事叙事运动的发展历史来看一下“叙事推理”的内涵。

20世纪70年代伊始，学界开始以文学理论和文学批评为工具，将法律和法律制度视为文学来解读和评价，由此产生了所谓的“作为文学的法律”学术潮流，[1]其中出现过三次不同的“故事叙述”运动。这三次“故事叙述”运动目标不尽相同，但分析研究的对象均是在法律语境中的故事叙述行为，且均将叙事推理作为一种说服战略。

第一次故事叙述运动出现于20世纪80年代，具有女权主义法理学和批判性种族理论（critical race theory）背景的学者通过讲述所谓的“外部人”故事以求打破禁忌，颠覆固化的思维方式，挑战社会主流群体所控制的法律话语。[2]

第二次故事叙述运动则主要涉及故事叙述在法庭审判中的作用，通常聚焦于叙事在律师构建案件辩护文件过程中的作用，以及律师如何利用不同的叙事手段在庭审中达到“戏剧化”效果。例如，彭斯在其著名的《审判理论》中就分析了故事叙述在律师开庭陈述中的作用。[3]

与早期的法律形式主义者完全排斥情感或故事不同的是，研究故事叙述的学者虽然将故事引入法律话语，但同时认为，在法律中，情感或故事与规则或逻辑之间依然是对立的。

第三次故事叙述运动则主要由美国大学里教授法律文书写作课程的学

〔1〕 Guyora Binder & Robert Weisberg, *Literary Criticisms of Law*, Princeton University Press, 2000, pp. 201 – 209, 246 – 252.

〔2〕 Richard Delgado, *Storytelling for Oppositionists and Others: A Plea for Narrative*, Mich. L. Rev., Vol. 87, pp. 2411 – 2416 (1988).

〔3〕 Robert Burns, *A Theory of the Trial*, Princeton Univ. Press, 1999, pp. 103 – 123.

者发起,这方面最初的研究出现于20世纪90年代,始于2007年的关于"应用性法律故事叙述"双年度学术会议将此类研究推向高点。相关的研究与法律实践的关系更为直接,着眼于故事在法律教学和实践中的应用。[1]

这三次故事叙述运动的联结点就是所谓的叙事推理。这个术语是爱德华兹在其1996年的一篇文章中提出的。爱德华兹在该文中主要分析了"叙事推理和其他形式推理直接复杂且有时微妙的关系",[2]其核心观点是叙事推理与基于规则的逻辑推理并不冲突;相反,二者相辅相成。这个观点与彭斯的双螺旋结构有类似之处。在爱德华兹的法律推理模型中,她将法律推理细分为五种不同的"推理链":规则性推理(rule-based reasoning)、类比性推理(analogical reasoning)、政策性推理(policy reasoning)、合意规范性推理(consensual normative reasoning, or custom reasoning)以及叙事推理(narrative reasoning)。[3] 所谓的法律推理,是将诉讼当事人的故事与一定的基准进行比对和匹配,而Edwards模型中的五种不同的推理类型即为在进行这种比对和匹配时的"外部标准",其作用在于在某种程度上保证所达成的判决结果理由充分,公平公正,实在有效,且符合道德价值和意义。[4]

按照爱德华兹的定义,规则性推理使用法律规则所采用的确定性语言,特别是其清晰的语法结构以及无歧义的用词,来作为比对诉讼当事人的故事的外部标准。[5] 传统上,规则性推理一般被视为等同于演绎推理,或者形式逻辑,而爱德华兹的定义与此并无本质不同,因为二者均涉及将规则应用于一系列特定事实,从而形成结论。法学教育中流行的IRAC法律分析法的基础理念也在于此。

---

〔1〕 R. A. Robbins, *An Introduction to Storytelling and to this Symposium*, Leg. Writing, Vol. 14, pp. 3-12(2008).

〔2〕 Linda Edwards, *The Convergence of Analogical and Dialectic Imaginations in Legal Discourse*, Leg. Studies Forum, Vol. 20, p. 7(1996).

〔3〕 Ibid., pp. 10-11.

〔4〕 Ibid., p. 9.

〔5〕 Linda Edwards, *The Convergence of Analogical and Dialectic Imaginations in Legal Discourse*, Leg. Studies Forum, Vol. 20, p. 10(1996).

而叙事推理,爱德华兹是这样解释的:

叙事推理通过将诉讼当事人的故事与文化叙事及其所隐含的道德价值和主题进行比对来对其进行评价。叙事推理断言,“X是答案因其与我们的故事一致”。文化叙事通过将行为和事件的道德价值和意义置于叙事结构之中来对其定义。[1]

爱德华兹认为规则性推理与叙事推理的最主要不同之处在于规则性推理作为一种思维方式从根本上说是结构性的,而非叙事性的。[2] 尽管爱德华兹认为规则不是叙事,但她认为二者还是具有紧密关系的,因为“规则在很大程度上是对叙事要点的法律化解释,这些叙事,有些是很清晰的,而有一些则构成法律原则隐蔽的潜文本”。[3] 当然,爱德华兹同样认为故事在其他类型的推理中也起到重要作用。[4] 因此,她最终提出,如果忽略叙事,则我们无法在“忠于规则的起源和目的的精神下”理解和阐释一项法律规则。[5] 我们可以总结一下爱德华兹的观点:规则不是叙事,但规则的初始来源以及目的来自叙事。在第三次故事叙述运动(“应用性法律故事叙述”)中,这是普遍接受的观点。

三次故事叙述运动的主要精神如下:首先,关于叙事推理这个概念,基本上是与故事叙述概念互相通用的;[6]其次,第一次故事叙述运动使用所谓的外部人故事以挑战主流的思维模式,但第二次和第三次故事叙述运动将故事在具体案件中使用的修辞手段,对规则推理起到辅助作用;最后,尽管故事可

---

〔1〕 Linda Edwards, *The Convergence of Analogical and Dialectic Imaginations in Legal Discourse*, Leg. Studies Forum, Vol. 20, p. 11(1996).

〔2〕 Ibid., p. 27.

〔3〕 Ibid., p. 22.

〔4〕 Ibid., pp. 23–24.

〔5〕 Ibid., p. 27.

〔6〕 Kenneth D. Chestek, *Competing Stories: A Case Study of the Role of Narrative Reasoning in Judicial Decisions*, Leg. Comm. & Rhetoric: JALWD, Vol. 9, p. 102(2012).

能也显示一定的“故事逻辑”,但故事依然属于“情感诉求”,而非“理性诉求”范畴。这最后一点表明,亚里士多德对逻辑和情感的区分和对立在法律推理研究中依然显现。

为了进一步讨论这个问题,我们有必要深入分析故事的结构和规则的结构,看二者是否具有同构关系,从而确定其他形式的推理,尤其是规则推理,是否建立在叙事基础上。

三、法律规则及其特征

近一个世纪以来,关于法律和法律规则的性质之争从来就没有间断过。按照兰德尔以及其他形式主义者所持的古典正统理论,规则即为“客观标准”(objective tests),且规则的制定应使规则在适用于特定事实之时能够无争议地达成裁决。部分法律现实主义者则走向另一个极端,对规则持怀疑态度,认为规则存在的意义无非就是为法官基于现实政策和社会价值考虑而做出的裁决提供一个事后理由。卢埃林对这种规则怀疑主义的描述是这样的:“规则……很重要……在于规则帮你预见或预测法官会干什么……这就是规则的全部重要性,除了作为漂亮玩具之外。”[1]

一般来说,一条法律规则通常会涉及人物事,以及情况(circumstance),以概括性语言和词汇为表达,且各成分之间具逻辑关联性。比如,伯顿在其经典教科书中就将法律规则定义为“法律对不同类别的人员在不同类别的环境中所允许或要求的事情所做的概括性说明”。[2]《布莱克法律词典》中法律规则的定义为“强制或指引人们在特定环境中的行为的概括性准则”。[3]

从其本质来看,法律规则正因其概括性而可适用于多个案件。但也正因为其概括性,规则又具有不完全性。由于人的理性是有限的,不可能预见或描述所有可能发生的情况,因此,概括性的法律规则必然具有不确定性。比

[1] Karl Llewellyn, *The Bramble Bush*, Oxford University Press, 1960, p. 5.

[2] Steven J. Burton, *An Introduction to Law and Legal Reasoning*, Aspen Pub., 1995, p. 13.

[3] *Black's Law Dictionary* (7th ed. Bryan A. Garner, ed.), 1999, p. 1330.

如,一条简单的规定,“车辆不得进入公园”,那么对于到底什么算“车辆”,轿车和货车没有疑问,但三轮车、电瓶车,甚至电动滑板车是否算车辆,可能就属于模糊地带了。

哈特认为,每一规则均有一个“确定的意义核心”和一个“不确定的边缘”(penumbra),后者是规则的阴影地带或者模糊地带。容易的案子基本上都处于规则的核心地带,而难判的案子基本上都处于这种模糊地带。[1] 当然也有学者争议认为,规则的核心其实并没有哈特认为的那样确定,[2] 但哈特关于规则的“核心”和“边缘”的比喻也说明规则并非完全是客观的标准,而在一定程度上取决于开放性解读。

法律规则的逻辑结构通常是“如果—则”(if-then)条件判断句式。在这种逻辑结构中,如果满足特定条件,则某些后果产生。因此,对于强制性法律规则,其结构可以表述为:

> 如果所要求的事实性条件存在,则导致特定的法律后果。[3]

在这种逻辑框架下,法律推理是将一个案件的事实与某一规则的权威性文本进行对比,看其是否满足 if 语句中的条件,如果规则适用,则会产生 then 语句中阐明的后果。如果案件事实与规则的核心意义相符,这个过程就相当简单。例如,高速公路限速 120 公里,你开 150 公里,那肯定是超速了。但对于落在规则“边缘地带”的案件,这一过程就相对复杂了。在某种程度上,规则推理更适用于落在规则“核心”的案件,而其他的推理形式则更适用于评估规则“边缘”的范围,以及特定案件的事实是否落在此“边缘”内。

---

〔1〕 H. L. A. Hart, *Positivism and the Separation of Law and Morals*, in *Essays in Jurisprudence and Philosophy*, Clarendon Press, 1983, p. 64.

〔2〕 Steven L. Winter, *A Clearing in the Forest: Law, Life, and Mind*, Univ. of Chicago Press, 2001, pp. 201 - 202.

〔3〕 Deborah A. Schmedemann & Christina L. Kunz, *Synthesis: Legal Reading, Reasoning, and Writing*, Aspen Publishers, 2003, pp. 12 - 18.

四、故事与定型故事

故事叙述或叙事推理的核心概念是故事,但三次故事叙述运动对于故事这个概念的定义却不尽相同。研究"外部人故事"的学者对于"故事"并没有给出严格的定义,其原因在于这些学者使用故事的目的在于借助故事表达其观点,对故事的形式特征并没有兴趣。有关庭审实践中故事叙述的研究中对故事概念的定义则就多样化了,有些定义比较随意,例如,故事是"关于个人生活中善与恶之间冲突的戏剧";〔1〕当然也有很学术化的定义,比如彭斯就将故事定义为"事件、人物、背景、行为,以及动机有机组合以表达道德—政治意义的叙事"。〔2〕

应用性法律故事叙述学者则不约而同地使用黑文的故事定义。〔3〕黑文将故事定义为"以人物为基础的,对人物克服障碍,达到一重要目标的叙事作品"。〔4〕但黑文定义中的情节概念过于狭窄了,且带有价值判断,明显不适合法律语境。比如,在很多案件中,当事人完全是被动的受害者,并没有什么克服障碍、达到重要目标之类情节。

故事的要素必然包括人物、事件,以及将二者连接起来的逻辑结构,即情节。〔5〕结构主义叙事学理论首要一点是区分叙事的内容和叙事的表达形式。任何一个叙事,都是由两个成分构成:故事和话语(story and discourse)。〔6〕这里的故事与通常的故事概念不同,仅相当于通常意义上的故事概念的内容部

〔1〕 Dominic J. Gianna & Lisa A. Marcy, *Winning in the Beginning by Winning the Beginning*, Brief, Vol. 39, p. 45(2010).

〔2〕 Robert Burns, *A Theory of the Trial*, Princeton Univ. Press, 1999, p. 36.

〔3〕 Kenneth D. Chestek, *Competing Stories: A Case Study of the Role of Narrative Reasoning in Judicial Decisions*, Leg. Comm. & Rhetoric: JALWD, Vol. 9, p. 102(2012).

〔4〕 Kendall Haven, *Story Proof: The Science Behind the Startling Power of Story*, Libraries Unlimited, 2007, pp. 79 – 80.

〔5〕 Jonathan Culler, *Literary Theory: A Very Short Introduction* Oxford University Press, 1997, pp. 84 – 85.

〔6〕 Seymour Chatman, *Story & Discourse: Narrative Structure in Fiction and Film*, Cornell University Press, 1978, pp. 19 – 20.

分，即故事人物引起的或经历的一系列逻辑上和时序上相互关联的事件，而话语则是故事的表达方式。用查特曼的话表述，故事是叙事所描写的东西，话语则是如何描写，[1]即内容与形式。

叙事学故事与话语二分法同样适用于法律语境。比如，就同一个案件、同一个故事，律师可以提供不同的版本；就案件本身的原始事实，律师可以从中建构不同的故事，而且针对不同的目标对象采用不同的表达方式。这表明，在法律语境中，故事和话语也是可分离的。

当然，与文学作品相比，法律叙事有其不同之处。文学作品的作者具有相当的自由度虚构其人物、情节、场景等，但律师是受证据约束的，一旦案件事实调查完成，律师的工作基本上就只能是构思用以表述故事的话语了，而这种话语，根据律师不同的目的和不同的目标对象，可能会有巨大的差异。同一个案件，同样的证据，当事各方的律师会通过对证据和证人的选择，提出针锋相对的故事版本，并得出截然不同的结论。

故事和话语二分法在法律语境下还有其实用价值，尤其是在对证人可信度的评估方面。一般而言，证人的证词是否为“真”取决于其故事的要素是否准确对应现实世界中的事物。但如果缺乏反驳性证据，则证人的证词是否“可信”很大程度上即取决于话语。在一些案件中，证人可能会由于精神创伤而导致其证词支离破碎、时序混乱、细节缺失。[2] 法官可能会认为此类证词不可采信，但实际上这些都是话语层面的问题，而非故事层面的问题，所以无关故事的真与假。

那么，定型故事（stock story）又是什么呢？定型故事为保留最底层的情节框架，剥离所有其他细节的传统故事类型。在定型故事中，故事的基本要素，人物、事件、因果关系等都是以概括性的语言表述，事实上变成反复出现的故事模板或故事骨架，只不过在不同的叙事作品中人物、事件、细节不同而

---

〔1〕 Seymour Chatman, *Story & Discourse: Narrative Structure in Fiction and Film*, Cornell University Press, 1978, p. 19.

〔2〕 Judith Herman, *Trauma and Recovery*, Basic Books, 1997, pp. 175 – 181.

已。灰姑娘的故事即为经典例子,你甚至可以在琼瑶的小说中看到其影子。

从这个角度来看,定型故事中的事件、人物和情节都是用概括性语言表述的,各个组成部分之间的逻辑结构保持不变,与故事的表层结构无关。同一个定型故事,在具体叙事文本中理论上具有无限的实现方式。在法律语境中,同一条规则同样可以对应于无数个案,这一点非常类似于定型故事。

五、法律规则与定型故事的同构性

在律师和学者群体中,主流观点认为规则不属于叙事,二者属于不同的推理方式。但如果我们忽略叙事,则无法在忠于规则的起源和目的的精神下理解和阐释一项法律规则。叙事至少在规则的起源上具有密不可分的联系。莱维是这样描述法官制定惯例法规则过程的:

> 法律推理的基本模式……是基于判例原则的一个三步过程(根据判例原则,一个描述首个案件的命题被创制为一条法律规则,然后被应用于其后相似的事实状况)。这三个步骤是:首先,发现案件之间的相似性;其次,宣示源于首个案件的法律规则;最后,将其规则适用于第二个案件。[1]

这种"法律创制"(jurisgenesis)主要是通过文化媒介创立法律意义,而非依赖于国家威权,[2]非常类似于定型故事的创立和使用。如果把案件视为故事,这一过程其实就是将第一个案件的故事细节剥离,保留最基础的要素,用概括性语言加以表达,然后将形成的定型故事与第二个案件的故事进行比对。爱德华兹则更加明确地阐述了故事在普通法规则创立中的作用,认为普通法规则通常是叙事故事的"产物",无非是故事的某些方面被省略了,而其

---

〔1〕 Edward H. Levi, *An Introduction to Legal Reasoning*, Phoenix Books, 1949, pp. 1-2.

〔2〕 Robert M. Cover, *Nomos and Narrative*, Harvard Law Review, Vol. 97, p. 4(1983).

他方面被赋予了"法律意义"。[1]爱德华兹认为如此创立的法律规则因其明显叙事性质的"如果—则"条件语句结构而证明其叙事源头。[2]

但事实上,如此创制的法律规则不仅说明其源头在于叙事,法律规则就其本身结构而言依然具有叙事性,其与定型故事具有同构性。二者的构成要素基本相同,如人、物、事件以及情景,各要素以概括性语言表达,且具逻辑关系。二者均有情节,且情节均会产生一定后果。很多法律规则中明显内嵌了定型故事。我们可以看下面这个句子:某人在夜间进入了他人住所(dwelling)并意图在其中施行犯罪行为,后被判夜盗罪。这首先是个故事,因为句中"闯入了"的"了"表明其中所述事件已经发生,且句中包含了基本故事情节以及故事的基本要素(人、物、场景、时间、意图等)。其次,这个故事各要素均以概括性语言表达,比如其中的人物"某人"并不指向特定的人物,对"闯入"和"住所"也没有任何细节描述,所以这不是一个具体的故事,而是定型故事,但律师或者其他法律工作者均不会否认其中隐含了普通法夜盗罪(burglary)的规则。

如果是制定法夜盗罪,则大致是这样的:当某人明知地进入或非法滞留于一建筑物意图在其中施行犯罪行为,则其人犯有夜盗罪。同普通法夜盗罪相比,制定法夜盗罪取消了夜间的时间概念,并将住所概念扩展到一般建筑物;但其规则文本依然涵盖了定型故事的所有基本要素:人物(夜盗者以及隐含的判决者)、事件(进入或滞留以及判决)、后果(定罪),各要素之间具有逻辑关联:定罪为人物之事件的直接后果,从而构成情节。从叙事学的角度,可以说,非法进入或滞留于某一建筑物内之行为打破了平衡,而对该行为的定罪则是对此失衡状况的修复。

我们再看下面一条规则:"欲确认被告之过失行为,原告须证明某一义务的存在,该义务未能得到履行,且该义务未能得到履行构成原告所受伤害或

---

〔1〕 Linda Edwards, *The Convergence of Analogical and Dialectic Imaginations in Legal Discourse*, Leg. Studies Forum, Vol. 20, p. 42(1996).

〔2〕 Ibid. , p. 21.

损害之近因。”[1]虽然此条法规没有判决行为,但存在法律后果,即在所列条件满足之后被告之过失行为的确认,因此依然属于故事文本,其中含有人物(原告与被告)、事件(被告对其义务的忽略)以及情节(被告行为与原告所受伤害或损害之间的因果关系)。

从故事的角度看,这两条规则还是存在一定差异的。对于夜盗罪规则,这个故事是进行中的故事,因为最后的判决尚未出来,而事实审理者必须决定这个故事如何结尾,也就是怎么判决。对于过失罪规则,整个故事已经发生,事实审理者要决定的是是否需要改变故事的结尾,即是否认定被告行为不构成过失行为。但在这两个例子中,我们均看到某种平衡状态被打破,而法律后果则成为解决这种失衡状态的途径,且从情节与法律后果的关系看,事件和定罪之间遵循“如果—则”的因果关系。

结束语:叙事推理再思考

从上文可知,法律规则具有定型故事的结构,从本质上也可以认定为是一种叙事形式。如此,则传统上认为的法律的规则性推理(属于布鲁纳所谓的例证式或逻辑—科学式认知模式)与叙事推理(属于叙事认知模式)之间的分界线则有待重新考虑,叙事推理的概念也必须重新定义。在法律语境内,我们最好将叙事推理理解为一个对叙事进行系统比较和对比以期达到一个法律结论的过程。

当我们在法律环境中使用法律推理时,尽管目标和结论可能存在差异,但过程是类似的,都是对故事进行系统性比对,无非是比对的基准不同。如果律师将其委托人的故事与适用法律规则内嵌的定型故事进行比对,则为规则性推理;如果与之前判例对比,则为类比性推理;如果比对的基准为关于公共政策的故事,则为政策性推理;如果比对基准为涉及社会和道德价值观的故事,则为合意规范性推理。

---

[1] Solan v. Great Neck Union Free Sch. Dist. ,842 N. Y. S. 2d 52,53(App. Div. 2d Dept. 2007).

自爱德华兹始，学者通常将叙事推理视为法律推理中与规则性推理、类比性推理、政策性推理以及合意规范性推理并列的一种法律推理。但从上面的分析来看，我们也可以说叙事推理实际上是法律思维中的主导模式。如果我们对法律推理的类型进行分层的话，可能并非像爱德华兹模型那样，规则性推理居于顶端，叙事性推理位于底部。更有可能的是，法律推理可以视为由不同类型故事组成的一个层级结构，其中法律规则内嵌的定型故事具有层级顶端，在重要性上高于法庭判决形成的类比性故事，而后者又高于政策性推理，以及合意规范性推理中使用的故事。由此来看，叙事推理可能是贯穿所有推理形式的宏观分析方法。

巴基案札记:司法如何面对平等的两难

陈 颐*

平等已然是现代人类社会尊重和维护的最基本的价值。然而,从来没有比平等更富有争议的词了。由于事实上每一个人皆不相同,而且恰恰是每一个人的不同赋予了这个社会以活力和创造力,因此,平等既无法也不应以强行实现每个人事实上的平等为目标。平等的立足点只能是承认每一个人的人之为人的无差别的自由、权利与尊严的平等保护。不过,由于每个个体的天赋秉性、后天际遇的差别,平等保护不仅无助于甚或进一步加剧了事实上的不平等。就如我们不可能再回到诸如"贫穷是一种罪恶"这样的弱肉强食的"丛林法则"的论说中去一样,我们也已经无法心安理得地无视"平等的不平等"(以"平等"为名加剧了社会的不平等)。那么,我们可以做什么呢?是"不平等的平等"(以不平等——各种优待措施——促进事实上的平等)吗?如果是,这样的不平等是否即是特权,并在本质上违背了平等的基本法理?这是现代社会中平等的两难,这一两难处境是现代司法面对的为数不多的基本问题之一。考察司法史上一些著名的判例对这一问题的处理,对于我国司法在当下社会阶层日益分化、固化的状况下如何保障与实现平等,应该有一些参照意义。因此,本文将围绕巴基案(Regents of the University of California v. Allan Bakke)的前前后后,考察美国司法对现代社会中平等的两难问题的应对。

---

* 陈颐,同济大学法学院教授,法学博士。

一、平等:消极的与积极的

直到20世纪60年代,美国法律仍然秉承对平等的传统理解,主张法律上的平等本质上是消极的,即《美国宪法》第十四修正案以及1964年《美国民权法案》要求的是同等对待,禁止歧视。然而,这一消极的平等无助于填补由于历史上对黑人的剥夺和压制所导致的事实上的不平等鸿沟,无助于改善黑人和少数族裔的社会境遇。于是,20世纪60年代,美国出现了"积极的"平等的主张。这些主张认为,鉴于非裔美国人长期贫困且遭受歧视的历史,应该给予黑人和少数族裔一定程度的优惠政策。这些政策被称为"积极平权行动"(Affirmative Action)。

所谓积极平权行动,是指为了补偿社会整体在过去对特定的、受保护的群体之歧视,而直接或者间接向其成员提供就业、就读大学或者职业学院以及其他社会福利和资源的政府政策,以保障种族平等的真正实现。"积极平权行动"一词最早出现在肯尼迪总统1961年签署的10925号行政命令。该命令要求"合同商不得因种族、肤色、信仰或所来自国家而对任何雇员或求职者进行歧视。合同商要采取积极平权行动以确保求职者得以受雇,雇员在受雇期间受到公平待遇"。1965年,约翰逊总统签署的11246号行政命令,标志着积极平权行动正式出台。该命令要求那些拥有联邦合同的承包商在雇佣工人时依据种族制定配额制。

与传统的平等理论不同,积极平权行动的评判标准是种族平衡,并不以确保个体无论种族、性别都得到同等对待为目标,而是以个体具有某个群体的成员的身份为依据。而传统的法律平等理论认为,个体权利的同等保护不因种族或者其他无关的个人品质而有差别,否定个体权利,或者基于种族而给予个体不同对待,即构成歧视。显然在美国的个人主义传统中,积极平权行动注定是充满争议的。

支持者认为,过去特权阶级从来就是偏袒白人新教徒和城市中产阶级的,实行积极平权行动是纠正过去的偏见,弥补过去种族歧视和性别歧视的罪孽。反对者认为,“优待与歧视两者没有明确的界限,对少数民族和妇女的优待必定造成对白人和男性的歧视”,纠正过去不平等的同时,造成了新的不平等,并称之为“反向歧视”。

自积极平权行动开展以来,不断有组织和个人挑战积极平权行动的合宪性。作为积极平权行动的最主要领域之一的公立高等教育入学优待措施首当其冲。

早在1974年,美国联邦最高法院审理了第一个涉及高等教育中积极平权行动的案件——德夫尼斯诉奥迪加德案(DeFunis v. Odegaard)。1971年,白人学生德夫尼斯两次向西雅图的华盛顿大学法学院递交入学申请均被拒绝后,向华盛顿州地方法院提起诉讼。德夫尼斯认为,由于法学院招收了一些入学考核评价不如他的少数族裔学生,他未能被录取的根本原因在于法学院的积极平权行动,该积极平权行动构成“反向歧视”,违背了宪法。华盛顿州地方法院判决德夫尼斯胜诉,命令法学院招收德夫尼斯入校就读。其间,校方提起上诉,华盛顿州最高法院推翻了地方法院判决,但招收德夫尼斯入学的法院命令仍然有效。美国联邦最高法院之后受理了该案。由于德夫尼斯即将毕业,而法学院也表示即使胜诉也不会要求德夫尼斯退学。最高法院于1974年2月以5∶4的投票结果裁决,由于原告德夫尼斯将于当年5月毕业,案件已经没有实际意义为由驳回了案件。但布伦南大法官在其执笔的少数意见中指责了法院回避了这些“将来必将回到联邦法院,并最终重返本院”的问题。

二、巴基案

(一)案情

仅仅3年之后,联邦最高法院在加州大学董事会诉巴基案中不得不对公立高等教育入学许可的积极平权行动的合宪性作出裁决。该案的案情如下:

成立于1968年的加州大学戴维斯分校医学院由于其招收的首批学员全部都是白人,教职员工对此深感担忧,学校因此出台了一个特殊的招生计划

“来弥补遭受社会不公正歧视的受害者”。在正常招生程序下,戴维斯分校医学院招生委员会根据候选人的总平均成绩,医学院入学考试成绩、推荐信、课外活动、其他个人履历资料以及面试成绩对申请人进行衡量。而特殊的招生计划则由一个大多数成员为少数族群的单独委员会实施。1973 年被纳入特殊招生计划的学生是那些自我鉴定为“经济上和/或教育上处于不利地位”的申请人;1974 年被纳入特殊招生计划则是“黑人”“墨西哥人”“亚洲人”和“印第安人”。在正常招生程序中,申请人的大学平均绩点低于 2.5 分,则其申请一概被拒绝,而特殊招生计划的申请人不受该大学平均绩点的限制。从 1971 年开始,医学院 100 个招生名额中有 16 个名额保留给特殊招生计划。从 1971 年至 1974 年,共有 21 位黑人、30 位墨西哥裔、12 位亚裔学生通过特殊招生计划入学,而同期 272 位希望通过特殊招生计划入学的白人申请者,无一获得成功;与此相对应,同一时期只有 1 名黑人学生、6 名墨西哥裔学生、37 位亚裔学生通过正常招生程序入学。

本案当事人巴基先后于 1973 年、1974 年两次向医学院提交的入学申请均遭到拒绝,而这两年中因该特殊招生计划得以入学的少数族裔学生的成绩远不如巴基优秀。(参见表 1)从个人经历来说,巴基的经历无可挑剔。他曾获明尼苏达大学机械工程专业本科学位,毕业后进入美国海军陆战队服役 4 年,其间曾在越南担任防空部队指挥官,1967 年以上尉军衔退役,之后成为美国国家航空航天局一个高级研究中心的工程师,并获航空航天局资助进入斯坦福大学深造,取得机械工程硕士学位。从军期间目睹战友死伤的痛苦以及在航空航天局工作期间对有关太空飞行对人体的影响的思考,促使巴基最终转向了医学领域。1973 年负责主持面试的主考官认为,巴基无论在学术成绩、学习动力、个人能力、仪表和礼仪、成熟度等各个方面,都是医学院非常理想的候选人。由于 1973 年巴基申请入学的时间太晚,入学名额已经所剩无几,他的申请最终被拒绝。1974 年,巴基再度申请入学,但面试主考官对巴基的评价很差,巴基再度被拒绝。

表 1　巴基个人成绩情况

<table>
<tr><th colspan="2" rowspan="2">成绩类别</th><th colspan="2">大学成绩绩点</th><th colspan="4">医学院入学考试成绩</th></tr>
<tr><th>理科成绩绩点</th><th>总体成绩绩点</th><th>语言能力测试</th><th>定量分析</th><th>科学知识测试</th><th>常识</th></tr>
<tr><td colspan="2">巴基</td><td>3.44</td><td>3.46</td><td>96</td><td>94</td><td>97</td><td>72</td></tr>
<tr><td rowspan="2">普通招生程序招录学生的平均成绩</td><td>1973 年</td><td>3.51</td><td>3.49</td><td>81</td><td>76</td><td>83</td><td>69</td></tr>
<tr><td>1974 年</td><td>3.36</td><td>3.29</td><td>69</td><td>67</td><td>82</td><td>72</td></tr>
<tr><td rowspan="2">特殊招生计划招录学生的平均成绩</td><td>1973 年</td><td>2.62</td><td>2.88</td><td>46</td><td>24</td><td>46</td><td>24</td></tr>
<tr><td>1974 年</td><td>2.42</td><td>2.62</td><td>34</td><td>30</td><td>37</td><td>18</td></tr>
</table>

巴基因此于 1974 年 6 月向加利福尼亚州高等法院提起诉讼,希望法院命令医学院让他入学,理由是后者针对少数族裔的特别招生计划违反了美国和加利福尼亚州《宪法》以及 1964 年《民权法案》的第 6 条。法院判定医学院的特殊招生计划违宪(《美国宪法》第十四修正案规定的平等保护)并违反了 1964 年《美国民权法案》的第 6 条(禁止在联邦基金所支持的项目中存在种族或民族的优先权),下令医学院不得再将种族作为入学资格的考虑因素。加利福尼亚州最高法院于 1976 年 9 月判决支持下级法院的裁决。1977 年 2 月美国联邦最高法院下达了调卷令,正式受理巴基案。

美国联邦最高法院在经历漫长的艰难审议后,最终于 1978 年 6 月 28 日作出裁决。在这份裁决中,9 名大法官一共起草了 6 份意见,其中没有任何一份获得多数大法官的支持。鲍威尔执笔的法院意见是联邦最高法院历史上为数不多的复数意见书,来自两个不同阵营的 4 名大法官分别赞成他意见中的不同部分。换言之,联邦最高法院就该案实际上作出了两个判决。一个判决认定,医学院为少数族裔保留固定名额的特殊招生计划违宪,侵犯了巴基不因种族受到歧视的权利,医学院应准许巴基入学。鲍威尔大法官执笔的这一部分法院意见获得了史蒂文斯、伯格、斯图尔特、伦奎斯特 4 位保守派大法官的支持。另一个判决认定,大学招生政策将种族作为考虑因素并不违宪,因为大学招生政策考虑种族因素促进了《美国宪法》第一修正案的学术自由与“多样性”价值,因此推翻了加利福尼亚州最高法院有关学校招生时不得考虑种族因素的判决。鲍威尔大法官执笔的这一部分法院意见得到了布伦南、怀特、马歇尔、布莱克门4位自由派大法官的支持。

事实上,联邦最高法院的这一裁决非常含糊,它的意见是,在高等教育入学资格领域,考虑种族因素的积极平权行动并不违宪,但不能采用过于直接的——诸如配额制这样的形式。这一裁决被视为一个“共赢的裁决”。保守派——积极平权行动的反对者们认为,巴基得以入学是一场胜利,而自由派——积极平权行动的支持者们认为,法院的裁决支持了积极平权行动。

(二)巴基案中鲍威尔大法官的贡献

巴基案的特殊性在于,加州大学戴维斯分校医学院的特殊招生计划并不合乎通常的积极平权行动的观念基础。支持积极平权行动的最主要的依据是对历史上曾经遭受的剥夺和压制的补偿。因此,积极平权行动需要以存在种族歧视的历史为前提。但加州大学戴维斯分校医学院并不存在这样的历史。如何为积极平权行动找到新的立足点显得至关重要,这也是本案裁决中鲍威尔最重要的贡献。只有解决了这一问题,积极平权行动才能够摆脱对于补偿历史的限制,获得一个开放的面向未来的立足点。

鲍威尔观点的决定性因素在于医学院方案排外的本质。他认为,如果加州大学戴维斯分校医学院能够找到16个符合最低标准的少数族裔学生,那么医学院招生名额中向白人学生开放的就只有84个,但少数族裔却可以竞争全部的100个名额。巴基因此已经被“完全地排除”在16个特殊名额的竞争之外,他没有得到平等保护。这一特殊招生计划因此明显构成歧视,它使一个人因其背景或种族因素完全没有机会享受政府提供的机会和利益。

鲍威尔主张,只有当存在由合法授权的政府机构确定过去的违宪或违法行为,为了补救过去存在的歧视,种族名额才是可以允许的,而加州大学戴维斯分校医学院并不存在这种歧视的历史。他同时指出,在缺乏司法、立法或行政关于违反宪法或法令的判定的情况下,单纯为了救济过去的歧视而考虑种族因素,将会牺牲其他无辜的人的利益。救济过去至少在本案中并不能成为积极平权行动正当化的令人信服的理由。

鲍威尔为积极平权行动找到的令人信服的理由是维持学生团体的种族多样性。学生团体的多样性建立在《美国宪法》第一修正案涵盖但未列举"学术自由"的基础之上。"学术自由"赋予大学作出它自己的有关教育判断的自由,包括挑选并决定它的学生成分的自由。在一个真正竞争的过程中,种族的考虑能够被看作用于在促进"多样的学生群体"中学校利益的一部分。鲍威尔因此主张,政府有强制性的义务来保障课堂上的多样性,招生时把种族作为一个考虑因素并不违反宪法。

但鲍威尔主张招生政策中对种族的考量需要加以严格限定,因为它"仅仅是一个大学在达到多样化学生群体目标过程中可以恰当考虑的因素中的一个",而且需要从程序上对于每一个申请者进行包括种族因素在内的个人化考量。而加州大学戴维斯分校医学院的特殊招生计划所使用的种族分类将非少数族裔完全排斥于一定比例的入学名额之外,这种分类不论被描述成为一种目标还是配额,都"漠视了第十四修正案所允诺的个人权利",因而无效。

如德沃金教授指出的,美国社会最严重的问题之一,是事实上的种族分层,它把黑人等少数族群严重地排除在权力、财富和名望的最高层之外;过去的种族歧视,以及剥夺成功的黑人领袖的子女力争上游的恶性循环,都对这种分层起了实质性作用。因此,鲍威尔大法官判决中的"学生多样性的利益"本身作为理由就足以经受住严格审查。另一些学校利益——帮助纠正在政府、政治、商业和专业的关键职位上没有黑人这种可悲的状况——至少是同样重要的目标。他认为,对于考虑种族的录取政策来说,这些目标有着充分的紧迫性。

(三)巴基案中大法官们的不同意见

联邦最高法院保守派大法官们仍然继续着德夫尼斯案的策略,回避对积极平权行动的合宪性作出审查。史蒂文斯、伯格、斯图尔特和伦奎斯特4位大法官给出的部分同意、部分异议意见书中共同主张,法院没有必要去判断基于种族的积极平权行动是否合宪,而只需看到一个事实,加州大学戴维斯分校医学院歧视了巴基,违反了1964年《美国民权法案》第6条,因此,法院应责令学校纠正并录取巴基。

在巴基案中,保守派大法官们事实上坚持着他们一贯以来对平等的传统立场,他们坚称没有任何种族歧视是可以被接受的,甚至为纠正种族不平衡而给少数族群的优先待遇也不例外;没有任何因某个人的肤色而对他不利的法案是可以肯定的。

而联邦最高法院4位自由派大法官布伦南、马歇尔、怀特、布莱克门给出的共同意见则主张,根据《美国民权法案》第7条,为了使少数族群能够参与以前被种族隔离将其排斥在外的公共生活,国会可以要求或授权给予那些有可能由于社会的种族歧视而处于不利地位的社会成员以优先待遇。州政府同样也可以采用有意识地考虑种族的方案。加州大学戴维斯分校医学院有可靠的理由认为,少数族群未能获得充分代表的问题是严重的且由来已久的,这个问题应归咎于过去和目前的种族歧视强加在少数族群申请人身上的不利条件。如果坚持单一录取标准,则少数族群未能得到充分代表的格局将永远得不到改变。而为纠正性的目的运用种族优先的方案不会对作为个人的白人造成普遍伤害,也没有理由认为医学院的方案是要使其受惠者或他们的种族蒙受被当作劣等种族的羞辱。4位自由派大法官同时认为,医学院的配额制与所谓的"从程序上对于每一个申请者进行包括种族因素在内的个人化考量"的录取方式之间的区别是难以察觉的,其间肯定不存在足以引起宪法争议的区别。

联邦最高法院第一位黑人大法官瑟古德·马歇尔在其单独意见中则宣称:"我认为任何人在真正了解美国的过去后,都不会觉得一项试图对其加以补救的措施是不能容许的。"

布莱克门大法官在其单独意见中指出,为了实现实质的种族平等,需要暂时放弃形式的种族平等，“为了超越种族，我们必须首先考虑种族。我们不能——也不敢——让平等保护条款来延续种族上的优越性”。

通过对照鲍威尔大法官执笔的法院意见与两派大法官各自的异议意见，我们可以清晰地看到，鲍威尔大法官坚持了“平等乃是个体的平等”的立场，因此他判定配额制因未能对每一个申请人结合其种族因素在公平竞争的原则下作为个案加以权衡处理而违宪；同时，他并未对以形式平等为由维护和加剧实质上的不平等的状况无动于衷，他认真考虑了、同情对待了这一状况，只是他并不如其自由派的同僚诉诸含糊的、难以明确界定地对过去的歧视的补救（事实上，诉诸对过去的纠正不仅容易强化族群分裂，也限制了补救的范围——因为补救的前提是事先明确存在的损害），他富有远见地将多元化作为亟需维护的最基本的社会价值引入平等问题的讨论之中，赋予了“不平等的平等”一个更具包容性的、面向未来的、可以持续展开的坚实的基础。他的意见因此有效地调和了两种平等，“不平等的平等”得以以不危及个体的同等保护的方式被审慎地纳入了平等的法理之中。

（四）巴基案的启示

在审视巴基案的裁决时，我们或许应该注意到，司法领域不全然是情感与立场的竞技场，同时也是妥协与说服艺术展示其魅力的舞台。在巴基案中，鲍威尔大法官有效地避免了最高法院的分裂，也间接缓和了美国社会的族群分裂。

在联邦最高法院就该案展开法庭辩论之前，先是1977年5月7日，洛杉矶爆发了反对加利福尼亚州最高法院对巴基案的裁决的抗议活动，而在此之后的6月20日，一些学生在一场会议上就戴维斯分校医学院的特殊招生计划向加州大学董事会提出了抗议。与此同时，有多达58个法庭之友向最高法院提交了各自的简报，创造了当时新的纪录。其中，加州大学律师团领袖、“水门事件”特别检察官、宪法学家考克斯在其简报中直接指出了该案的实质所在，他称：“这场争论的结果将决定黑人、墨西哥裔及其他少数族裔的后代是否可以获得有意义的高等教育以及进入有学问专业的真正机会。”但鲍威尔主导的这份复数意见书，让媒体与大部分的美国公众都松了一口气，各方都认为法院的裁决结果正是自己最想要的。

尤其需要指出的是，虽然我们或许不曾有过因种族肤色造成的族群分裂的历史性创伤需要平复，也不存在对特定群体历史上所遭受的剥夺与歧视的补偿问题，但平等问题并不因此而不存在。在对巴基案的评论中，贝尔教授就曾指出，在种族的背后，存在以成绩和考试分数为基础的根深蒂固的偏见。那些足够幸运地出生在高收入家庭的学生，高质量的学校和上层社会的环境增加了他们获得好成绩和考试分数的可能性。例如，在一项包括674320名参加1974～1975年学术能力评估测试（SAT）的学生调查显示，最低分数段（200～249分）的学生的家庭平均收入是9583元，而最高分数段（750～800分）的学生的家庭平均收入为27999元。在这两个极端之间，考试分数与家庭收入几乎成比例增长。

在我国，城乡二元化是长期以来实实在在存在却被忽略的事实，这一城乡二元化导致的不平等在过去这些年中进一步加剧了，社会层级化的趋势越来越明显，社会层级的日益固化也已经能够感知。而同一的录取标准可能将社会中少数被长期忽视的群体，如没有机会接受良好的义务教育的乡村贫寒子弟排除在了接受高等教育的机会之外，进而加剧了乡村贫寒子弟与社会上层子女之间的不平等。我们的社会观念中的成绩偏见更深刻地掩盖了这一事实上的不平等。因此，促进积极的平等对当下中国而言意义重大。

近年来国内一些高校也已经开始采用为乡村贫寒子弟保留特定比例录取名额或者统一加分录取的措施，以平复事实上由于城乡二元体制带来的教育不平等。但是，如何在坚持法律的无差别的平等保护——不因积极平权措施损害特定个体的应有的权利——的同时又为积极的平等留下空间，为积极的平等寻找面向未来而非纠缠于过去的正当化的路径，巴基案中鲍威尔大法官的裁决无疑具有重要的参考价值。

三、巴基案的终结

随着美国社会的右转以及联邦最高法院法官的更替（1987年肯尼迪大

法官代替了鲍威尔大法官,1991 年托马斯大法官代替了马歇尔大法官,联邦最高法院开始了近 30 年保守派占多数的格局),巴基案的判决在 20 世纪 90 年代面临巨大的挑战。2003 年虽因奥康纳大法官立场的变化,巴基案在格鲁特案中得以维持,但随着奥康纳大法官的退休,联邦最高法院进一步趋于保守,巴基案最终随着苏特案裁决的宣布走向终结。

(一)联邦最高法院的沉默:霍普伍德案

1992 年,德克萨斯州立大学法学院实施了种族优先的录取程序,以"满足录取的墨西哥裔美国人占学生比例的 10%,黑人占学生比例的 5% 的'抱负',这些比例与其他德克萨斯州立大学的学院的毕业生的种族百分比大体相当"。依据该程序,法学院申请入学者被区分为 3 类:多半被录取的、多半被拒绝的以及处于二者之间的。在 1992 年 3 月,白人的指数分数(由申请人平均成绩绩点的 10 倍加上法学院入学考试 LSAT 分数构成)达到 199 分以上才能成为"多半被录取的",而黑人和墨西哥裔只要 189 分;白人的分数低于 192 分则列入"多半被拒绝的",黑人和墨西哥裔列入"多半被拒绝的"分数则为 179 分。

1992 年,白人女性霍普伍德因被德克萨斯州立大学法学院拒收,而与此同时,霍普伍德及本案另外 3 位白人男性原告(1993 年加入本案)的指数分数比获准入学的 43 位拉丁裔中的 36 位、18 位黑人中的 16 位的分数都要高,霍普伍德就此向德克萨斯西区联邦地区法院提起诉讼。主审法官斯帕克斯在 1994 年 5 月作出的判决中支持了法学院的种族优先的录取政策。他同时指出,我们的社会依然需要积极平权行动的事实令人遗憾,但只要我们的社会尚未克服制度性的种族歧视,积极平权行动将始终是必不可少的。

1996 年 3 月,美国联邦第五巡回上诉法院就霍普伍德案(Hopwood v. State of Texas)作出判决,推翻了下级法院的判决。该判决声称,"鲍威尔大法官在巴基案中的观点只得到他自己的一票,从来不能代表最高法院在巴基案和其他案例中的多数的观点","仅为了实现种族上的非单一性而利用族群的多元化,即使只是作为诸多被考虑的因素的一部分,也是违宪的","如果仅以多元化为理由,那么从宪法的角度看,法学院对种族的任何考虑都是无法被接受的”。法院坚持认为,最高法院曾经认可的对积极平权行动的唯一辩护是对过去歧视的纠正,“州的非纠正性的利益从来不能证明种族分类是合理的”。

联邦第五巡回上诉法院的判决彻底否定了巴基案的立场,是对巴基案的一次严重倒退。但 1996 年 7 月,美国联邦最高法院拒绝受理德克萨斯州立大学法学院就霍普伍德案提起的上诉。金斯伯格大法官与苏特大法官认为,由于在本案中,法学院已经废止了诉讼所涉及的特别录取程序,并承认该程序违宪,本案的上诉人也并未质疑上诉法院关于已废止的特别录取程序违宪的判决,因此拒绝受理此案。

该案由此成为第五巡回上诉法院的先例,其效力一直持续了 7 年之久(直至 2003 年被联邦最高法院的格鲁特案推翻)。

而在此之前的 1995 年 6 月,加州大学及其 9 个分校主动废除了招生中的积极平权行动。此后的 1996 年 11 月,加利福尼亚州通过州宪法修正案(著名的第 209 号提案),禁止州公立机构特别是在公共雇佣、公共合同、公立教育领域考虑种族、性别或种族出身。虽然联邦地区法院于 1996 年 11 月冻结了第 209 号提案的实施,但随后(1997 年)联邦第九巡回上诉法院推翻了下级法院的裁决,2012 年 4 月,联邦第九巡回上诉法院再次确认了 1997 年提案的合宪裁决。加利福尼亚州最高法院也先后于 2000 年、2010 年裁决第 209 号提案合宪。

(二)巴基案的回光返照:格鲁特案、格拉茨案

2003 年 6 月 23 日,联邦最高法院同时公布了格鲁特案(Grutter v. Bollinger)与格拉茨案(Gratz v. Bollinger)的判决书。这是自巴基案以来联邦最高法院首次实质审查《美国宪法》第十四修正案的平等保护条款是否允许以及在多大程度上允许公立学校在入学条件中规定种族因素的问题。但两案的裁决结果截然相反。在格鲁特案中,联邦最高法院宣告,密歇根大学法学院种族优待录取方案严格契合促进因多样化的学生群体所带来的教育利益这一迫切的利益,并不违背《美国宪法》第十四修正案的平等保护条款;在

格拉茨案中,美国联邦最高法院宣告,密歇根大学人文、科学与艺术学院的种族优先录取政策未能严格契合大学所声称的学生群体的多样化这一急迫利益,判定该录取政策违反了《美国宪法》第十四修正案的平等保护条款。

在格鲁特案与格拉茨案中,联邦最高法院均重申了鲍威尔大法官在巴基案中所确立的基本立场,即高等教育中的多样性构成急迫的利益,为实现学生群体的多样性在招生政策中考虑种族因素并不违背《美国宪法》第十四修正案的平等保护条款;但对种族因素的考虑需要加以严格限定,在招生过程中须对每一申请人进行个人化的考量。

在格鲁特案中,法院判定,尽管密歇根大学法学院的招生政策主张通过录取关键数量的未被充分代表的少数族裔的学生,以确保法学院有能力为法学院以及法律职业的品质作出贡献,并且确实将种族作为录取的重要考量因素,但密歇根大学法学院的招生程序对"每个申请人的文件采取了一种高度个人化的、全盘的审查,对于一个申请者有助于多元化的教育环境的所有方式都进行了严肃的考量"。同时,法学院也常常录取平均学分绩点与法学院入学考试成绩低于被拒绝的未被充分代表的少数族裔申请人的非少数族裔申请人,证明法学院的招生政策也赋予了种族以外的多元化因素实质性的权重。因此,密歇根大学法学院的招生政策并非巴基案裁定违宪的配额制的种族优先录取政策,该考量种族因素的招生政策并不违宪。

在格拉茨案中,就密歇根大学人文、科学与艺术学院的为未被充分代表的少数族裔(包括非洲裔美国人、西班牙裔美国人以及印第安人)申请人在本科录取所需的100分中自动加20分的招生政策,法院判定,该招生政策对种族因素的考量并非个人化的考量,仅仅是配额制的替代物,违背了鲍威尔大法官在巴基案中的判决意见。不过,在格拉茨案中,联邦最高法院也强调了多样性确实为州的急迫利益。

在格鲁特案中,联邦最高法院以5:4的表决结果通过判决,奥康纳大法官与史蒂文斯、苏特、金斯伯格、布雷耶4位自由派大法官构成了法院的多数意见,奥康纳大法官代表法院起草判决意见;金斯伯格、布雷耶发表了协同意见；斯卡利亚、托马斯大法官部分协同、部分异议，伦奎斯特首席大法官、肯尼迪大法官各自发表了异议意见。在格拉茨案中，联邦最高法院以6：3表决结果通过判决，奥康纳大法官加入保守派阵营，与伦奎斯特、斯卡利亚、肯尼迪、托马斯构成法院的多数意见，伦奎斯特首席大法官代表法院起草判决意见；布雷耶部分协同、部分异议；史蒂文斯、苏特、金斯伯格3位自由派大法官各自发表了异议意见。

在两案的判决中，奥康纳大法官无疑持有关键一票。在2000年布什诉戈尔案之后，由于该案造成的联邦最高法院的严重分裂，奥康纳大法官萌生退意。从布什诉戈尔案之后至2005年退休，奥康纳大法官的立场明显趋于中间立场，也有意识地在其最后几年任期中，在联邦最高法院留下一些遗产。格鲁特案与格拉茨案应是奥康纳在这一时期具有"遗产"意义的关键判决。奥康纳大法官立场的转变以及奥康纳大法官与鲍威尔大法官的私交也许正是霍普伍德案后联邦最高法院受理高等教育领域的积极平权行动案件的关键所在。

如同鲍威尔大法官一样，奥康纳大法官也必须同时与其保守派的同僚和自由派的同僚交锋。奥康纳大法官既认可了积极平权行动对推动美国的平等事业仍然具有重要意义，但她同时主张积极平权行动只是特定时期的权宜之计。在她执笔的格鲁特案法院意见中，奥康纳大法官提出了颇有争议"25年"之说，她宣称，希望从格鲁特案开始，25年之后，"种族优先政策不再是促进我们今天所支持的利益所必须的手段"。也正因如此，奥康纳大法官在两案中坚持对高等教育入学领域的积极平权行动实施严格审查标准，种族优先措施必须严格契合实现学生群体的多样化这一急迫利益的目标。

而就其论证来说，奥康纳大法官在毫无保留的支持鲍威尔大法官的判词的同时，也陷入了与鲍威尔大法官同样的困境，即种族作为个人化的考量的录取的因素之一，看似同时满足了两种平等——个体化的消极的平等保护与族群化的积极地以"不平等"促进平等，实则也可能既无助于促进实质平等又沦为纯粹的配额制从而损害个体的平等保护，因为个人化的考量实际上授予了负责录取的官员几乎不受任何限制的自由裁量权,难以审查也无从制裁。保守派的伦奎斯特大法官即在格鲁特案的异议意见中称,“密歇根大学法学院的招生政策如果扯掉‘关键数量’的面纱,就是赤裸裸的种族平衡”。自由派的金斯伯格大法官则在格拉茨案的异议意见中称,“如果诚实是最好的政策,那么,密歇根大学准确描述的、完全公开的积极平权行动计划无疑比通过使眼色、点头示意或者伪装录取同样数量的学生更为合宜”。格鲁特案与格拉茨案判决宣告后,即有评论称,两案判决意味着积极平权行动可以做,但不能说。

在格鲁特案与格拉茨案对高等教育入学领域的积极平权行动确立了更为严格的审查标准后,积极平权行动在此后再也不可能扩大或发展。

(三)巴基案的终结:费舍尔案与舒特案

格鲁特案、格拉茨案对巴基案的坚持很大程度上与奥康纳大法官的立场转变直接相关,但随着2005年奥康纳大法官的退休、伦奎斯特首席大法官的病故,联邦最高法院进入了一个更为保守的时期。

2013年,联邦最高法院判决的费舍尔案(Fisher v. University of Texas)本身极具争议。该案实质上是霍普伍德案与格鲁特案之争。

在霍普伍德案判决之前,德克萨斯州立大学的另一学院(本案被告)——奥斯丁分校实施的招生计划主要考虑两个因素,一为反映申请人测试成绩以及高中学业成绩的综合得分,二为申请人的种族身份。1997年因霍普伍德案的判决,该招生计划被废止。此后,为遵守霍普伍德案判决,奥斯丁分校推出新的招生计划。新的招生计划不再考虑申请人的种族身份,而代之以对申请人为大学所能作出的贡献的潜力的全面综合的评估(“个人成就指数”),该项评估涉及申请人的领导力、工作经验、获得的奖励、课余活动、社区服务等。

由于霍普伍德案后,少数族裔录取人数大大减少,学校开始寻求新的招生方案。同时,德克萨斯州议会也对霍普伍德案作出回应,于1997年实施了10%法则,即成绩前10%的高中毕业生将自动被任何一所州公立大学录取。

德克萨斯大学据此修订了招生计划,实施10%法则,以创造一个种族分布上更为多样化的大学环境,但效果并不明显。

格鲁特案与格拉茨案宣判后,德克萨斯大学认为改变大学缺乏关键数量的少数族裔学生的状况必须在大学招生计划中明确地考虑种族因素,因此于2004年推出了第三种招生计划,重新明确宣布招生计划将考虑种族因素。在新的招生计划中,招生委员会为每一申请人打分,根据相应分值将每一申请人标示在坐标图中,其中横轴为申请人的学术指数得分,纵轴为申请人的个人成就指数得分,然后划定曲线,确定录取名单。在"个人成就指数"的评估中,该招生计划明确将种族作为"个人成就指数"的一个组成部分,并要求申请人申请时将自己归入预定的5个种族类别。尽管并没有为不同种族确定明确的分值,但种族作为具有重要意义的评估因素应无异议。

本案原告费舍尔于2008年申请入学遭拒,因此以该招生计划违反《美国宪法》第十四修正案的平等保护条款为由提起诉讼。联邦地区法院以及联邦第五巡回上诉法院分别于2009年、2011年相继确认奥斯丁分校的特殊招生计划符合格鲁特案确立的标准,并不违背平等保护条款。案件于2012年被联邦最高法院受理。2013年,联邦最高法院以7∶1的投票结果对费舍尔案(Fisher v. University of Texas)作出裁决,以第五巡回上诉法院未能严格审查奥斯丁分校的种族优先招生计划为由,推翻上诉法院判决,将案件发回重审。联邦最高法院同时声称,大学必须有实质证据证明种族优先的录取程序是获得多样性利益的最后的可选择的手段。虽然该案并未直接否定高等教育入学领域的积极平权行动,但大学继续坚持种族优先的录取程序在法律上已经异常艰难。

2014年7月15日,美国联邦第五巡回上诉法院再次判定支持奥斯丁分校的特殊招生计划,认为大学将种族因素作为整体的入学考察因素的一部分是达成多样化的目的的最后手段,而多样化是大学教育现实的急迫利益。2014年11月12日,美国联邦第五巡回上诉法院以10∶5的表决结果拒绝重新听审费舍尔案。

费舍尔案宣判一年之后,联邦最高法院于2014年4月22日对舒特案(Schutte v. Coalition to Defend Affirmative Action)作出裁决。联邦最高法院的这份6∶2的裁决宣告密歇根州禁止该州各公立大学在招生政策上采取优惠性差别待遇的宪法修正案并未违背联邦宪法。

2006年,密歇根州追随前述加利福尼亚州的第209号提案,以58%的公投支持率通过州宪法修正案(第2号提案),禁止在公立大学招生时采用积极平权行动。2008年3月,密歇根东区联邦地区法院裁决第2号提案合宪;2012年11月,联邦第六巡回上诉法院全体法官以8∶7投票结果判决第2号提案违宪。

美国最高法院推翻了第六巡回法院的判决,裁定密歇根州禁止平权法案并不违宪。肯尼迪大法官在其起草的法院意见中主张:"此案与如何处理种族优惠政策无关,而是关乎由谁做出决定。从美国宪法和最高法院的判例来看,司法系统没有驳回密歇根州法律的权力,那些法律让该州选民对此项政策进行定夺。"布雷耶大法官在协同意见中认为,宪法虽然允许各州在高校招生中考虑种族因素来实现教育的多样性,但并没有要求各州必须这样做,如果选民有权决定考虑种族因素,那么他们也有权利否定这种做法。斯卡利亚和托马斯大法官在共同协同意见中则主张,积极平权行动本身是对白人的种族歧视,最高法院过去做出的"宪法允许各州在高校招生中考虑种族因素"的裁决是错误的。

索托马约尔大法官与金斯伯格大法官共同发表了异议意见。索托马约尔大法官起草的异议意见,是其联邦最高法院生涯中篇幅最长(共58页,比其他4篇意见书加起来的篇幅还长)、最激昂也是最重大的异议意见书。在该异议意见中,索托马约尔大法官对平权法案进行了最富激情的捍卫,她宣称"今天的裁决去除了我们平等保护法律体系的精髓","对历史上受到边缘化对待的群体来说,他们正是依赖联邦法院的裁决来保护他们的宪法权益"。她说:"宪法虽不会保护少数族裔免于政治上的失败,但也绝没有赋予多数派为所欲为的自由,让他们竖起选择性的壁垒来侵蚀少数族裔的权益。"

尽管现在并无充分的数据说明密歇根州第2号提案的影响,但内容与之大体相同的加利福尼亚州第209号提案的后果已经非常显目了。在加利福尼亚州通过禁止积极平权行动的第209号提案后,1997年加州大学伯克利分校录取的非洲裔与西班牙裔新生显著下降,直至2010年,非洲裔与西班牙新生所占全部新生的比率至今未能恢复到第209号提案之前的水平,而从不同种族新生录取率来看,非洲裔与西班牙裔新生的录取率第209号提案之后的1998年相比1997年下降了一半多,至今为止,非洲裔与西班牙裔新生的录取率比平均录取率低40%多。

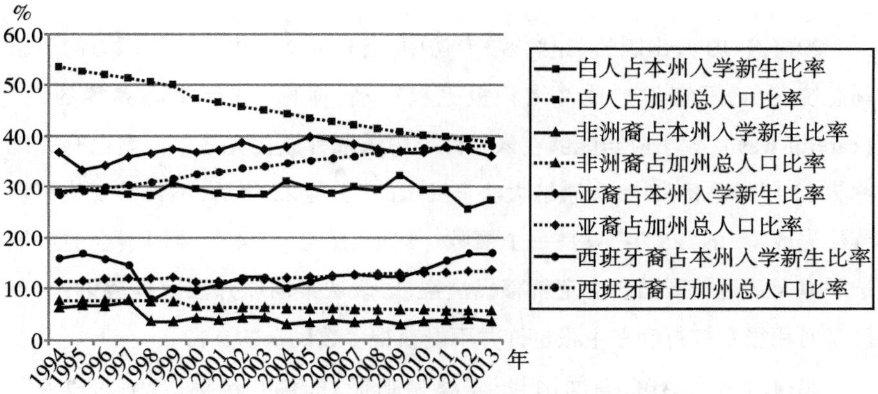

图1　加州大学伯克利分校本州生源种族分布与加州总人口种族分布对比

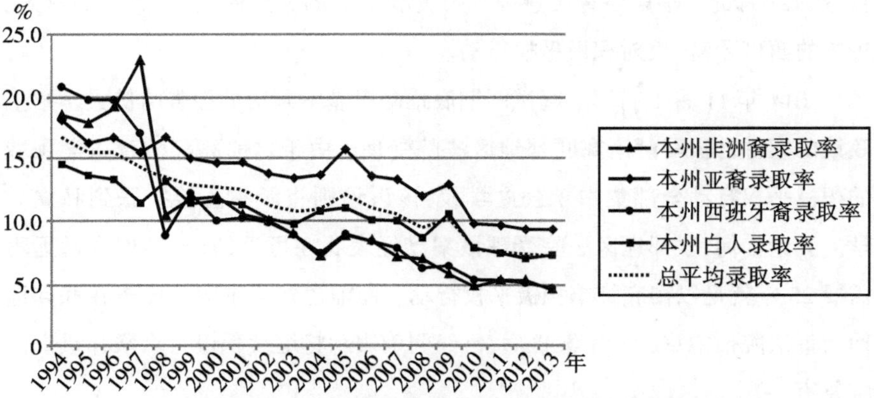

图2　加州大学伯克利分校不同种族入学新生与申请人数比率对比

由于舒特案的裁决也间接确认了其他7个州(加利福尼亚州、华盛顿州、密歇根州、内布拉斯加州、亚利桑那州、康涅狄格州、新罕布什尔州、俄克拉何马州)的类似政策的合宪性,并鼓励了更多的州颁布措施以禁止在招生时考虑种族、或是要求大学以其他无关种族的替代方案来确保新生组成的多元性,可以说,以公民投票禁止积极平权行动几乎不会有太大的障碍,舒特案的判决事实上宣告了积极平权行动的终结。

四、尾声

2014年10月出版的《纽约客》专访中,当时饱受国内共和党压力的奥巴马总统表示,不宜匆忙地终结积极平权行动,他称"如果小心翼翼的话"(careful way),大学应当能够在入学许可中采取种族优先政策。奥巴马总统称2003年格鲁特案中,奥康纳大法官提出的"希望25年后,不再需要使用种族优先政策"的"25年"只是一个概数。然而,结合2014年美国国会的中期选举以及最近美国国会决定就移民法案、医改法案向联邦法院提起诉讼,奥巴马对积极平权行动在主张也许并不能获得多数民众的支持。

2014年6月ABC新闻网与《华盛顿邮报》的调查声称,79%的白人与71%的非白人(包括78%的黑人与68%的西班牙裔)反对种族优先的积极平权行动;7月的一项盖洛普民意调查则表示,2/3的美国人(包括3/4的白人、59%的西班牙裔)反对积极平权行动。

2014年11月17日,一起试图彻底推翻巴基案判决的控告哈佛大学招生政策的案件已被马萨诸塞联邦地区法院受理。由于之前高等教育入学领域的积极平权行动全部集中于公立学校,该诉讼则将矛头直接扩张到私立大学。无论如何,联邦地区法院受理该案已经表明在可见的未来,也许远远不需要25年就足以彻底终结积极平权行动。而前述费舍尔案的原告在联邦巡回上诉法院拒绝重新听审案件后,已经明确表示将继续积极寻求联邦最高法院复审。

虽然在高等教育领域的积极平权行动案件中,联邦最高法院历史上第二位黑人大法官托马斯一再表示,积极平权行动让他的耶鲁大学的文凭大打折扣,从他被耶鲁大学法学院录取开始到被提名为最高法院大法官,托马斯大法官也一直被“积极平权宝宝”的称号所困扰;但他的同事、联邦最高法院首位拉美裔大法官索托马约尔则在舒特案中诚实、明确的承认,正是积极平权行动铺就了她的“常青藤之路”。

索托马约尔大法官对积极平权行动的激情辩护未能被她的同僚们所接受,以不平等促进平等在美国法上无疑将进入一个寒冬期。但司法如何面对平等的问题仍然将持续存在。

附　记

本文原文作于 2014 年年底,当时作者的判断认为,舒特案实质上终结了巴基案中鲍威尔大法官借由“多样化学生群体的利益”创造的积极平权行动的空间。不过,在过去的五六年中,有关高等教育入学积极平权行动的合宪性问题出现了一些戏剧性的涟漪。

在联邦最高法院层面,2016 年 6 月 23 日美国联邦最高法院就费舍尔第 2 案(Fisher Ⅱ,Fisher v. University of Texas at Austin)作出裁决,确认了德克萨斯州立大学奥斯丁分校的考虑种族因素的招生计划并不违反宪法平等保护条款,从而事实上否定了费舍尔第 1 案(前文费舍尔案)的裁决。

接续前文所述费舍尔第 1 案,2015 年 6 月 29 日,费舍尔向联邦最高法院再次提起上诉,要求推翻第五巡回上诉法院 2014 年 11 月 12 日的裁决。联邦最高法院于 2015 年 12 月 9 日听审了该案,并于 2016 年 6 月 23 日作出了费舍尔第 2 案的判决。在该判决中,联邦最高法院出人意料的以 4∶3 的投票结果支持了德克萨斯州立大学奥斯丁分校的前述招生计划(参见前文费舍尔案)。在再度由肯尼迪大法官主笔的联邦最高法院判决意见中,联邦最高法院认为奥斯丁分校已经有效的证明了其考虑种族因素的招生计划可以经得起严格审查,并不违背宪法平等保护条款。肯尼迪大法官认为,“平等保护条款并不强迫大学在多样化的学生群体与卓越的学术声誉之间做出选择”。

但如阿利托大法官在该案异议意见中所称,联邦最高法院的这一裁决背弃了2013年费舍尔案的裁决,尤其是肯尼迪大法官背弃了自己在费舍尔案中的意见。阿利托大法官认为,联邦最高法院对费舍尔案的裁决主张,下级法院未能尽到严格审查的义务、奥斯丁分校也未能证明其招生计划符合了严格审查的标准,因此将案件发回重审,但第五巡回上诉法院的裁决仍未尽到严格审查的义务、奥斯丁分校也没有新的证据能够证明其招生计划符合了严格审查的标准。

导致费舍尔第2案裁决翻转的原因,仍与大法官的立场直接相关。该案裁决时,斯卡利亚大法官已于2016年1月去世,由于共和党占多数的参议院的阻挠,奥巴马总统在其最后一年的任期中未能获得任命斯卡利亚大法官的接替者的机会;卡根大法官继续回避了费舍尔第2案(其曾作为联邦副总检察长代表联邦政府参与过费舍尔案),因此,在该案中,联邦最高法院自由派大法官金斯伯格、布雷耶、索托马约尔与保守派大法官罗伯茨、托马斯、阿利托形成均势,肯尼迪大法官投下了非同寻常的关键一票。

肯尼迪大法官的立场真的发生了重大转变吗?在其执笔的法院意见中,肯尼迪大法官并不认为费舍尔第2案的裁决推翻了费舍尔第1案的裁决,他花了许多篇幅论证了奥斯丁分校基于"整体考量"的招生计划符合费舍尔第1案确立的审查公立大学积极平权行动项目是否合宪的三个控制性原则。在某种意义上说,肯尼迪大法官执笔的法院意见与阿利托大法官的异议意见的根本差异毋宁是事实认定上的,对于费舍尔第1案确立的原则,争议并不大。促使肯尼迪大法官加入自由派阵营的,可能有两个考虑。一个考虑是非常现实的,法院意见称,该案诉讼已经持续8年,诉讼双方均已耗费了大量资源,原告费舍尔早已从另一大学毕业,大学的政策以及它最初所依据的数据都可能已经发生了重要的演变或改变,将该案再度发回重审,继续延长诉讼,并无实益。另一个考虑较为明显的体现了肯尼迪大法官对大学自治的尊重,即肯尼迪大法官阐明的第二个控制性原则,"追求来自学生群体多样性的教育利益的决定,在很大程度上是一种学术判断,对之持有一定的(当然并非完全的)司法尊重是适当的"。应当说,这一原则比较典型地体现了肯尼迪大法官一贯的立场,也呼应了鲍威尔大法官最初的思考。不过,肯尼迪大法官也同时反驳了原告方提出的可以兼顾学生群体多样性目标的其他招生计划方案,认为原告方所提出的方案均不具有可行性,从而维持了费舍尔第1案中要求考虑种族因素的招生计划必须是实现学生群体多样性的唯一可行途径的立场。他也花了许多笔墨攻击德克萨斯州的前10%法则(各校成绩前10%的学生可以自由申请就读该州公立大学),认为该计划存在不当使用被巴基案所否决的配额制方法的嫌疑,但因为原告没有提出,法院也就不便就此作出裁决。肯尼迪大法官的这些讨论也许更多的是为了尽可能地洗刷他否定格拉茨案、费舍尔第1案的嫌疑。

阿利托大法官在冗长的异议意见中不断引用费舍尔第1案中肯尼迪大法官执笔的法院意见,以之攻击费舍尔第2案中肯尼迪大法官执笔的法院意见(在51页的异议意见中,阿利托大法官16次援引了肯尼迪大法官执笔的法院意见、协同意见以及异议意见),其最重要的主张也仍是通过援引肯尼迪大法官的意见表达的,如"司法审查应当始于以下立场:任何因种族或族裔出身而对一个人给予不同待遇的官方行动天然的值得怀疑"(肯尼迪大法官在费舍尔第1案中的法院意见)、"任何类型的种族和族裔区分都天然的值得怀疑,因此需要最严格的司法检验"(肯尼迪大法官在格鲁特案中的异议意见)等。阿利托大法官认为,肯尼迪大法官执笔的法院意见宽纵了被告方奥斯丁分校,不恰当的减轻甚至免除了被告方的证明责任,肯尼迪大法官背叛了自己曾经不断阐明的立场与观点。阿利托大法官长达51页的异议意见,执着于要求大学管理者必须解释为什么需要歧视,或者歧视性计划是如何精心制定以实现其目标的,大学管理者不能只以断言招生计划中考虑种族因素是实现"多样性的教育利益"所必需来为系统的种族歧视辩护。

应当说,费舍尔第2案并不构成对费舍尔第1案确立的法律原则的否定,但为大学留下了些微空间,即司法有限度地尊重大学在追求学生群体多样性利益的决定上的学术判断。

在社会关注案件方面,因等待费舍尔第2案裁决结果而中止的前述学生公平录取组织诉哈佛大学案[Students for Fair Admissions, Inc. v. President & Fellows of Harvard Coll. (Harvard Corp.)]的相关程序,在费舍尔第2案裁决公布后重新启动,马萨诸塞联邦地区法院法官伯勒斯(Allison D. Burroughs)于2019年9月30日作出了初审判决。伯勒斯法官认为,哈佛大学的招生计划虽不完美,但不违反宪法平等保护条款,经得起宪法的严格审查,同时也宣称法院对大学招生政策的肯定并不意味着大学可以依靠同样的招生政策而不加改进,大学有义务持续不断的审议和继续思考其招生政策。在判决书的最后,伯勒斯法官写道:"直至今日,我们都深信不疑,经受住严格审查的具有种族意识的招生计划,在社会中占有重要地位,能够确保大学可以提供促进学习、提升学术、鼓励相互尊重和理解的多样化氛围。"据悉,本案原告已于2020年2月向美国联邦第一巡回上诉法院提起了上诉。

对于积极平权运动的支持者来说,伯勒斯法官的判决颇有一扫近十年围绕着巴基案遗产的阴霾的味道。当然,也可以想见,其判决在未来的诉讼中将面临巨大的挑战。

过去20年中,对大学招生领域的积极平权行动的批判主要集中在以下几个方面:其一,反向歧视,认为大学招生领域考量种族因素对白人和亚裔构成了反向歧视。其二,平等是不分肤色的平等,积极平权行动是对黑人和少数族裔的变相歧视和贬低(美国联邦最高法院托马斯大法官一直是这一观点的代言人)。其三,不平等已经不再是肤色的不平等,而是社会经济地位的不平等,积极平权行动所维护的只是黑人权贵的特权,近年亦有不少团体和学者呼吁以社会救济扶持行动代替积极平权行动。上述观点并非本文所欲置辩,仅此说明,以供参考。

17年前(2003年),奥康纳大法官说,25年之后,"种族优先政策不再是促进我们今天所支持的利益所必须的手段"。就在2020年5月,离奥康纳大法官的25年之期不过还剩8年,美国因黑人乔治·弗洛伊德(George Floyd)被白人警察跪压致死引爆的大规模反歧视、反警察暴力的全国性运动(BLM

运动,BLM 为"Black Lives Matter"的缩写)持续至今。

也许是时候反思舒特案,重拾巴基案中鲍威尔大法官的智慧,为积极平权行动再续新章了。

(2020 年 8 月附记)

从古老权利到自然权利

——评卡尔·贝克尔《论独立宣言》

张海斌*

读过《独立宣言》的人,都会为其汪洋恣肆的论证、步步为营的逻辑所感染,亦会为文本中所阐发的权利哲学深深打动,迄今,依旧有许多学者从不同理论角度,基于不同文献资料,在挖掘和梳理其知识渊源和哲学基础。无疑,这是一项富有挑战性的工作,美国历史学家卡尔·贝克尔的《论独立宣言》,是其中较为成功的一部作品。

按照历史社会学的观点,任何一个标志性的历史事件,皆可通过社会学的角度,特别是社会思潮发生学角度,来揭示其内在逻辑及发展趋向,《独立宣言》的诞生亦如是。在本书中,贝克尔通过大量的文本分析,重新评价了杰斐逊对于独立宣言的理论贡献。换言之,当史界同侪在讴歌杰斐逊深厚的理论涵养与对历史机遇的敏锐的洞察力时,作者以亚当斯的名义,用平淡的口吻告诉我们:事实不是这样,对于《独立宣言》中体现的所有思想,“没有一种思想不是在此前的会议中反复说了两年的”。宣言的力量,并非它说出了所有人都没有想过的东西,恰恰相反,它说出了每一个人都在想的东西。只不过杰斐逊敏感地捕捉到了这种情绪,并做了精彩表达而已。

饶有兴味的是,对于这样的判断,杰斐逊本人的态度实在有些含糊其词,他回应道:“这一切或许都是真的,对此我不想多作评论。我不认为我的责任

* 张海斌,上海外国语大学法学院教授,法学博士。

在于发明新的思想和表达以前从未表达过的情感。"他又进一步补充,"不要去寻找人们从未思考过的新的原则或者新的论点,也不要去说什么人们从未说过的东西,而是要把关于这个问题的常识摆在人们面前,用朴实而坚定的言词赢得他们的赞许"。无疑,杰斐逊的言说在一定程度上印证了亚当斯的观点。但"用朴实而坚定的言词赢得他们的赞许",在众说哓哓的年代,亦洵非易事。

其实,将《独立宣言》的思想基础归因于北美殖民地人的常识,并不重要,重要的是这种常识的社会基础。贝克尔认为,在18世纪的人心目中,特别是英国和法国绝大多数人心目中,有一种公认的思想前提与先入之见,即世间万物有一个上帝精心设计的"自然秩序",人类可通过"理性"发现这种自然秩序背后的法则,并以此为准据,检验现实世界的政治制度和行为方式的正当性。无疑,这便是吾人所熟知的自然法思想。贝克尔认为,北美人的这种常识与洛克有密切的智识联系。他指出:"如果说开国诸父在1776年以前受到了特定的某些作家的影响的话,那也是些英国作家,尤其是洛克最为显著。绝大多数美洲人都在如饥似渴地从洛克那儿汲取养分,将其视之为一种政治福音。"

对于洛克的思想,一般读者可以通过研读其代表作《政府论》来全面把握。窃以为,如果我们承认理性自然法在北美殖民地乃是一种常识的话,如果我们承认英国作家对于北美有深刻的智识影响的话,更为关键的,如果我们清醒地意识到《独立宣言》的使命端在于为北美殖民地与英国划清界限的话,那么,洛克的《政府论》与《独立宣言》之间的内在逻辑便不难印证。因为洛克在《政府论》里非常清晰地论证了一个原理:所有政府的正当权力皆来源于被统治者的同意。对于一个经常侵犯或者破坏服务的坏政府,人民是有权力不服从其统治的。

不唯洛克,另一个英国人也许更值得提及,即牛顿。牛顿的贡献很大程度上在于:他给予时人一种自信,即上帝的意志乃是通过自然来展现的,而人类的理性是可以发现自然背后最隐秘的上帝的旨意的,这里面的许多秘密已经通过牛顿的努力部分地被揭示出来了。所谓上帝的意志,其实深藏于人类的理性之中,人类理性的判断本身很大程度上亦代表或者符合上帝的判断。这种自然科学上的洞识,转化为政治哲学话语,即判断政府合法性或人民服从之基础,不再是教会或君主本身,而是理性,是上帝给予人民的基本良知。牛顿的贡献在于证明了人类理性发现上帝旨意的可能性。无疑,牛顿与洛克在北美殖民地的流行,给北美人提供了一种反对英国国王统治合法性的理论。

贝克尔发现,至少在1773年,哈佛图书馆就已有了洛克和牛顿的作品全集。普林斯顿1760年的图书书目里便收有洛克的著作。早在1755年,耶鲁图书馆就有牛顿的《原理》和洛克的《人类理智研究》。从文本的思想脉络来看,《独立宣言》的起草人显然是在利用他们的思想来论证北美独立的正当性,《独立宣言》之所以能够引起北美人极大的热情,并具有巨大的说服力,亦反证了洛克和牛顿在北美人心目中的基础地位。贝克尔指出:"《宣言》的哲学并非来自法国,它甚至并不新颖,只不过是把一种很久就有的英国理论加以新的阐发,以适应当时之需罢了。"

北美人为何选择洛克和自然法理论,而非按英国人传统的权利理论来为独立辩护?这里面有一个深刻的历史变迁。贝克尔发现,在美国独立之前很多年内,"除了可能有的例外,殖民地人士心中从没有出现过独立的念头,相反,他们因为自己是大英帝国的臣民和公民而深感自豪"。职是之故,他们认为,包括北美殖民地在内的英国所有殖民地,在古代和现代,都应享有和母国同样多的自由。当时的英国国会也是在这种意义上理解殖民地的权利的。

转变发生在1765年,英国《印花税法》的通过,使北美人觉得有必要对殖民地的权利进行界定,以论证该法的违宪性。他们正是从作为英国臣民的"古老的权利"的角度出发来展开论证的,认为虽然他们迁徙北美,但依旧是大不列颠臣民,有与英国本土人同样的全部权利,按英国公认的宪法原则,"无代表,不纳税",因在英国国会中无殖民地的代表,按洛克的理论,相当于未经他们的同意,英国不能合法地向殖民地征税。

贝克尔发现,在当时英国本土,亦有许多地方,如曼彻斯特和谢菲尔德,并未选派代表到国会,却照样被征税。虽然英国在1776年废止了《印花税法》,但这并不意味着英国政府承认殖民地的理论。要维护殖民地人民的权利,必须要维护殖民地立法机构的独立性,而并非汲汲于对某个问题的管辖权展开争论。从“古老的权利”来论证,只能以具体问题具体分析的方式解决个案的争议,这没有意义,亦于事无补,“人们需要的是一种从某些普遍原则出发,对英国政府和殖民地政府各自的管辖权作出界定的理论”。

这时,一个尚不起眼但具有重要历史意蕴的观点出现在北美,按这种观点,北美依赖英国政府,就像一个自由民族依赖另一个自由民族,在本质上,乃是两个自由民族之间的关系。这种论证的思路,在《独立宣言》文本里得到了清晰宣示:“在有关人类事务的发展过程中,当一个民族必须解除其和另一个民族之间的政治联系,并在世界各国之间依照自然法则和自然之造物主的意旨,接受独立和平等的地位时,出于人类舆论的尊重,必须把他们不得不独立的原因予以宣布。”

无疑,这种论证的进路,从根本上颠覆了从古老权利的角度来论证的可能性,它意味着北美人对于英国政府的侵害行为反抗理论的位移,从英国宪法(普通法)转换到了自然法。从这时起,北美殖民地的人,“他们很少问:作为英国臣民,我们拥有什么权利?他们更多地问:我们作为人类之一员,拥有什么样的权利?”一旦从抽象和普遍的人的角度来探讨权利问题,自然权利理论也就应时而出了。

由此,北美殖民地从英国宪法赋予的“古老权利”的论域中跨出,进入了自然权利的论域,完成了一个从英国臣民进入独立的人的角色转换和理论转换,那么,北美独立的目标也就有可能在新的理论基础上被证成和阐发。同时,也正是从自然权利的角度切入,洛克在《政府论》中的观点与逻辑才可能被正确运用,为北美脱离一个不能保护其自然权利、从而不符合契约之目的的政府辩护,可谓功莫大焉。

自然权利理论在《独立宣言》上的体现主要包括两点,第一,宣称自然权利的存在。即“人人生而平等,造物者赋予他们若干不可剥夺的权利,其中包括生命权、自由权和追求幸福的权利”等。第二,保障自然权利乃是社会契约之目的,亦是政府合法性之基础。“为了保障这些权利,人类才在他们之间建立政府,而政府之正当权力,是经被治理者的同意而产生的。当任何形式的政府对这些目标具破坏作用时,人民便有权力改变或废除它,以建立一个新的政府。”无疑,正是立基于自然权利理论,《独立宣言》里面所揭橥的思想,才可能超越美国经验,而成为资本主义民主与法治领域里程碑式的原则。

从所有权、人身权到人权

——我妻荣《债权在近代法中的优越地位》读后

闫卫军*

不得不承认我妻荣先生审视民法问题的视角独特,他以社会作用为中心来考察各种民法制度,探究社会经济制度的运行机理,以及法律制度本身的基本原理。读了先生的《债权在近代法中的优越地位》[1]一书,让我对一些民法问题的理解与思考受到启发,但亦感到无法完全同意其中的某些观点。以下我将就该书中的某些观点提出质疑并阐明我本人的观点。

一、所有权是一种支配他人的权利?

先生在该书的第一章说:"在资本主义的经济组织中,所有权最重要的作用已经不是利用物质客体,而是将其作为资本,利用资本获得利益。也就是说,在这种组织下,所有权的作用不是对物的支配,而是对人的支配。然而,要想把所有权作为资本并以此支配他人,就必须与各种债权契约相结合。"(我妻荣书,第8页)为了分析资本化以后财产或所有权的具体使用方式,并进而说明其支配功能,我妻荣先生区分了四种所有权,即土地房屋等不动产所有权,生产设备所有权,商品所有权以及货币所有权。在资本化情况下,土地和生产设备所有权的行使,往往表现为通过雇佣关系对劳动者的支配;房

---

* 闫卫军,上海外国语大学法学院教授,法学博士。

〔1〕 [日]我妻荣:《债权在近代法中的优越地位》,王书江、张雷译,中国大百科全书出版社1999年版。

屋所有权的行使表现为通过租赁合同对承租人的支配;商品所有权的行使构成所有权人对消费者的支配;而货币资本则表现为对借用款项的企业即借款人的支配(我妻荣书,第11~15页)。

众所周知,资本主义生产方式的核心是市场交换。在资本主义生产方式之下,生产的目的不再是消费,而是销售,进而通过销售获得利润。由于生产的目的不再是消费,而是面对市场,因此市场的扩张必然带来生产的扩张,而扩大生产规模,则导致个人财产的资本化以及借贷关系的广泛发生。由此便在财产所有权的基础上形成雇佣关系、借贷关系、股权关系、买卖关系等法律关系。财产抑或所有权的资本化以及劳动成果的商品化是资本主义经济组织方式的基本特征,也是资本主义制度下财产的利用或所有权的行使的主要方式。但这是否意味着这种财产利用方式或所有权的行使方式本质上系对人的支配,值得商榷。

首先,资本化以后的财产或所有权无论是被用来换取或购买劳务与服务,还是被用来进行其他任何形式的交易活动,这种交易活动的相对人均不是完全处于被动地位的,作为法律关系的主体,并基于民法上的平等自愿原则,他们仍然具有选择权,在劳动或服务或货币求大于供或者商品供大于求的情况下,更是如此。其次,如果这些资本化了的财产或所有权被用来购买原材料、生产设备等生产要素,或者作为商品的生产资料等生产要素销售给其他企业时,则更是与对人的支配无关。这是因为,如果我们将这种购买或销售行为理解为购买人或销售人通过实现其财产权利的方式对原材料和生产设备供应商或购买人的支配,那么我们必须记住,那些作为交易相对人的原材料和生产设备的供应商或购买人也正在以资本化了的财产或所有权为手段对他人进行支配,于是我们便无法分辨支配者与被支配者。最后,我妻荣先生还认为,所有权支配力的实现方式是契约。这一结论本身便存在逻辑上的矛盾,因为契约关系的本质在于当事人之间在法律上的平等地位。既然当事人之间是平等的,便不存在支配与被支配的问题。如果这种平等只是形式上的,那么实质上的不平等问题在逻辑上根本不属于法律问题的范畴,尽管我们也可以探讨通过法律的手段解决这一问题。

我妻荣先生似乎只看到了在资本主义生产关系中社会底层人士在资本面前毫无选择的窘境，而未能看到包括雇主、房主、商品售卖人、贷款人在内的资本之间本身也存在竞争。试想，如果雇主提供的工资过低，他们便可能无法雇佣到有足够知识和能力的劳动者；如果生产者销售的商品太贵，他们的商品没有销路，形成积压，也就无法实现获取利润的目的。特别是随着资本主义社会中社会治理方式的改变与进步，中产阶级的壮大，劳动者、消费者等在雇佣关系、消费品买卖关系、房屋租赁关系以及金钱借贷关系中都有了更为广泛的选择权，因而这种支配关系被进一步消解。实际上这种对所有权本质的认识方式，除了导致资本主义制度下的剥削与被剥削关系得以成立这一政治经济学意义上的结论外，在法律上几乎没有任何意义，也不具有理论上的说服力。

二、从身份到契约的发展及其实质

就所有权的支配作用，我妻荣先生谈到，在前资本主义时期，“所有权人与上述人的关系，如户主与家属、领主与隶农、主人与奴婢、师傅与徒弟等关系，都是一种身份关系，而不是资本主义经济组织下那样的契约关系”。而在法国革命后，“废除了封建时代的身份束缚使个人获得了自由。在这种理想支配下，人们的关系均须以契约设定……法国革命不仅解放了人，废除了身份特权，实际上也解放了所有权。”（我妻荣书，第9页）显然，我妻荣先生仅从所有权制度和契约制度的发展的角度论及资本主义制度下社会关系从身份到契约的发展，这种对身份关系的废除的认识显然有些粗浅。

在笔者看来，资本主义经济制度的本质在于市场经济，即把市场作为组织经济活动、进行资源配置的基本方式和基础性力量。而这一制度的前提有二：其一是对个人财产权利的确认和保护，亦即私有财产神圣不可侵犯；其二是个人人格的解放，独立人格的确立。初看起来，正是对个人财产的确认和保护使得以市场交换为基本特征的资本主义经济组织方式有了实现的可能，因为个人财产权利正是市场交换的起点和目的。然而,任何财产关系的存在均必须以个人人格的存在为前提条件,对个人财产权利的确认和保护必须建立在对个人人格的确认与保护的基础之上。虽然在前资本主义时期也存在所有权制度以及在此基础上产生的一系列民事法律关系,但是由于人格的解放未能完成,因此所有权关系和其他民事法律关系只能在有限的范围内存在。只有在人的解放完成以后,市场交换才可能广泛地存在并成为社会经济活动的主要组织方式,从而使资本主义制度得以确立。人的解放使个人获得了人格,具有了法律上的权利能力,自然人成为法律人,成为法律关系的主体。同时人的解放也使得正常的成年人获得了法律上的行为能力,他们不但具有自己的意志,而且可以表达自己的意志,并以此为基础构建法律关系。事实上,对个人财产权利的确认和保护本身也是人的解放的必然结果。人的解放使个人获得人权,而包括人格权在内的人身权利和财产权利均构成个人人权的核心内容。因此,较之于所有权以及其他财产权制度,人身权制度的确立乃至人权制度的发展才是更为根本的。它是以市场为其经济组织方式的基本特征的资本主义制度的根基,也是正在致力于构建市场经济体制的我国亟需发展和完善的。

我妻荣先生似乎仅看到了契约以及以契约为基础的债权的发展,却未能点出契约精神的实质在于人的解放和个人人格的确立。实际上,我妻荣先生所指出的近代法上债权的优越地位仅仅是外在的现象,债权制度的发展以人身权制度(包括人格权)和物权法制度为基础,而物权制度本身也是以包括人格权在内的人身权制度为基础的,因而这一现象的本质则是人的解放和个人人格的确立。我妻荣先生虽然也认为“自由个人人格的承认”观念是支持资本主义经济制度的法律原则之一,但不承认其终极的支配地位,并认为其“只有理论的外衣”,只有债权关系才能将个人人格的承认、契约自由的原则以及自由所有权等“近代法的根本原则”具体化,成为这些原则发生作用的手段(我妻荣书,第173~175页)。这和我妻荣先生强调债权关系的重要性的思想一脉相承,但在笔者看来却已经偏离了问题的本质。

在笔者看来，人的解放是启蒙运动以来人类发展的最为重要的成果之一。正是有了人的解放，才有了国家的本质从君主主权向人民主权的过渡；正是因为有了人的解放，才有了个人人格的建立以及被广泛承认的可能性，进而有了婚姻自由、契约自由、开业自由等。每个人都可以支配自己的身体，可以拥有并支配自己的财产，进而构造出各种各样的法律关系，使得市场经济成为可能，使得社会关系无限丰富。

三、从所有权绝对到金融寡头

在《债权在近代法中的优越地位》一书的第五章第三节，我妻荣先生谈道："所有权的社会化已成为确立的原理……今天，所有权绝对的理论'不过是一种拟制'，此言并不为过。""所有权曾将发挥过的支持社会经济组织及收取剩余价值的二大作用，在今天改由金钱债权发挥了。"（我妻荣书，第226页）但是，"将集中的金钱债权委于少数人的意志，将使社会全人类的生存服从少数人的意志"，为此"应该努力将自动社会化的金钱债权的支配力本身逐步置于国家的统治之下"（我妻荣书，第228页）。这里涉及两个问题，其一是所有权社会化的问题，其二是金融寡头的产生及其规制问题。这些都是自由资本主义向垄断资本主义发展的过程中所发生的现象。然而，虽然本书成文于20世纪二三十年代，其时自由资本主义向垄断资本主义的发展已经基本完成，但我妻荣先生似仍未能准确把握这一发展的脉络和实质。

关于所有权的社会化，我妻荣先生说："所有权在促成经济组织的形成中，已不是起重大所用的制度了。所以，它已陷于休眠状态，即使排除之，对经济组织的进程也不会产生破坏性的结果……也不能触及任何资本主义经济组织的核心，故而也不能矫正其弊端。"（我妻荣书，第226页）对于这一说法，我本人难以苟同。随着资本主义的发展，绝对的所有权当然要受到限制，这在契约制度、劳动雇佣制度等一系列法律制度中都能得到体现，但所有权制度仍然是资本主义制度的核心，没有了对所有权的尊重和保护，便不会产生市场交换，从而债权也无从谈起，资本主义显然难以为继。不但如此，现在看来,甚至许多原来的社会主义国家也在实行私有化,构建市场经济体制,使之成为国家组织经济活动的基本手段。因此,虽然绝对的所有权制度得到修正,但所有权制度本身仍然是资本主义制度的基础,绝非可有可无。也许我妻荣先生的意思是在资本主义经济的组织方式中,建立在所有权基础之上的对物的占有和支配已经被金融资本所取代,但即使如此,我妻荣先生的说法也存在偏差,因为金融本身不能代替生产的过程,只有把金钱变成厂房、设备、原材料、产品等,才能使生产过程得以完成。金钱是交易的中介,是经济的血液,但绝不是经济本身。以金钱为中介的交易除了服务,便只能是有形的物。围绕这些物所产生的法律关系永远也离不开所有权制度。

就金融寡头统治,我妻荣先生敏锐地看到了"金融债权"支配的危害并提出以国家权力予以管制的思想,同时先生的思想也反映了金融资本在资本主义经济制度运行中的重要地位,但这种思想又让人觉得有失偏颇。实际上,从所有权的绝对化所引起的种种问题,到金融资本的统治及其危害,都是市场机制本身的不足或失灵所造成的。因此这一问题的解决之道在于修正市场经济制度,引入政府调控和干预,而不是否定私人所有权制度本身。就政府调控和干预的具体手段而言,可以有民法上的举证责任倒置、改过错责任原则为无过错责任原则、引入特定情况下的合同无效制度等,亦可以有劳动法和消费者保护法上的弱者保护制度,还可以有经济法上的宏观市场调控和竞争法制度以及金融监管制度等。我妻荣先生似乎只是囿于民法的思路审视这些问题,而未能看到现代经济法、社会法等第三法域的发展。

四、对于我国构建市场经济体制的意义

我妻荣先生的《债权在近代法中的优越地位》一书成书于大约20世纪二三十年代,由于历史的局限,其对于法律制度本质的认识难免存在偏差。过去100年以来,世界各国的实践表明,唯有尊重和保护个人财产权利,才能带来经济的发展和繁荣,进而促进各项社会事业的发展。而尊重和保护个人财产权利,又是建立在对个人人格的尊重和保护之上的。因此对个人人身权利

的保护,对个人生命和健康的维护,已经成为在世界各国得到广泛认同的价值观。

回顾我国改革开放的历程,从增强企业经营自主权,到农村土地家庭承包责任制,都是建立在对个体的自主性以及对于自身利益的追求的承认基础之上的。中共十三大提出社会主义初级阶段理论,中共十四大进而将社会主义市场经济体制的建立作为我国改革的目标,与此相对应的则是在经济制度上执行以社会主义公有制为主体,多种经济成分长期共存的政策。我国《宪法》明确规定,在法律规定范围内的个体经济、私营经济等非公有制经济,是社会主义市场经济的重要组成部分。国家保护个体经济、私营经济等非公有制经济的合法的权利和利益。这些理论和制度导出的必然结论,就是对于个人财产权利的保护。为此,《宪法》第 13 条规定,"公民的合法的私有财产不受侵犯。国家依照法律规定保护公民的私有财产权和继承权"。

市场交换以承认主体对于交换物的所有权为前提,市场经济必然建立在对个人财产权利以及个人人身权利的保护的基础之上。但是对于个人财产权利和个人人身权利的保护绝不仅是构建市场经济体制的手段。对于人的主体性价值的承认和保护,以及由此衍生出来的对个人人身权利和财产权利的保护,本身就是目的,这是现代文明的成果,也是我国作为一个社会主义国家的基本价值观。我国《宪法》规定的"中华人民共和国的一切权力属于人民""国家尊重和保护人权"等,正是对这一价值的宣示。

当然,强调对于个人人身权利和财产权利的保护,不等于承认个人财产权利的绝对性。实际上,早在我妻荣先生的《债权在近代法中的优越地位》成文之时,自由放任的资本主义已经衰微。特别是从 20 世纪 30 年代以来,反垄断法、反不正当竞争法、金融监管法律制度、产业和贸易政策法律制度、社会保障法律制度等在世界范围内不断发展和成熟。这些法律制度在限制个人权利的同时,也为维护竞争秩序、保护消费者合法权益、维持经济持续稳定发展、减小社会贫富差距等提供了可能性。

烈日当空,灼心说法

王伟臣*

电影《烈日灼心》(以下简称《烈》)上映后在业内外均获得了超高口碑,这首先是因为作为一部商业类型片,它的娱乐性很强,几乎全程高能,节奏感甚佳,特别是高空追逐戏,让每个观众都身临其境的为片中人物捏上一把汗,这一点可能连《碟中谍4》中客串"蜘蛛侠"的阿汤哥都未能做到。因为在《碟中谍4》中,阿汤哥是绝对不可能死的。但是在《烈》中,没有人知道命悬一线的警察是否能够死里逃生,且唯一能救这位警察的竟然是一位已经暴露的犯罪嫌疑人。所以,就这一点而言,《烈》作为一部写实的犯罪悬疑片是非常成功的。

但是却有不少观众指出了电影的逻辑硬伤,主要是针对最后的大反转,被认为莫名其妙,难以自圆其说。但如果仔细思考一下,就会觉得这种批评似乎有些肤浅。曹保平导演作为北京电影学院文学系的教授,非常善于改编小说(如《光荣的愤怒》),所以他阅读这部电影的原著小说《太阳黑子》[1]的次数肯定超过了任何一位批评他的观众。而且通过其以往的作品(如《狗十三》《李米的猜想》)来看,他从未随意糊弄过观众,其是一位有才情、有关怀、有智慧的导演。普通观众能想到的问题,他肯定能够想到。那么,为什么会出现这么明显的逻辑硬伤?在笔者看来,显然是曹保平导演故意而为之。他

* 王伟臣,上海外国语大学法学院副教授,法学博士。

〔1〕 须一瓜:《太阳黑子》,上海文艺出版社2010年版。

关心的并不是原著小说里的人性善恶,而是在通过这部影片回应近年来纠正的几十起重大冤假错案,宣传罪刑法定原则,做一期“特别版”的“今日说法”。

段奕宏饰演的伊谷春警官有一段台词,似乎可以编入法理学教科书:

我很喜欢法律,我认为法律是人类发明的最好的东西。你知道什么是人吗?在我眼里,人是神性和动物性的总和,就是它有你想象不到的好,更有你想象不到的恶,没有对错,这就是人。所以说法律特别可爱,它不管你能好到哪儿,就限制你不能恶到没边儿。它清楚每个人心里都有那么点脏事儿,想想可以,但做出来不行。法律更像是人性的低保,是一种强制性的修养,它不像宗教要求你眼高手低,就踏踏实实地告诉你,至少应该是什么样儿,又讲人情,又残酷无情。

这段话极具迷惑性。并不是说其内容晦涩难懂。它讲的是法律和道德的关系,也明确了法律是道德的底线。而且这段话又是在人物冲突彻底爆发之前而发布,所以看上去很像是整部电影的点题之笔。但是我们都被骗了。法律和道德的关系/人性善恶是原著《太阳黑子》的主题。在原著中,辛小丰、杨自道、陈比觉闯入一户人家,强奸了一位女画家并致其死亡,而后又将其家人全部杀害。但是却把女画家尚在襁褓中的女儿带走,并亲自抚养长大。所以辛小丰三人不仅严重触犯了刑法,在道德上也是大奸大恶之人。但是七年来,他们三人不娶妻,不交友,回避闹市,拼命工作,全力抚养一名叫“尾巴”的弃婴,所有的这些都是在赎罪。不仅是法律上的罪,更是道德上的罪。正是因为有前面的恶,才有后来的善,恶善之间形成了一种对比和张力,这才是烈日何以灼心的原因。所以辛小丰三人很怕受到法律的制裁,最为担心的就是身份暴露,这也是电影前半段精彩的原因。笔者最喜欢的镜头并不是后面的高空追逐戏,而是段奕宏和辛小丰的饰演者邓超的两次车中戏的精彩演绎。

曹保平在结尾的大反转中公布了由他所改编的案情的真相:辛小丰三人与他们的大哥闯入一户人家,目的不详。辛小丰撞见一位全身赤裸的女画家,顿生邪念,对其实施强奸,却不料导致女画家心脏病复发身亡。大哥见状不妙,独自一人将女画家的家人全部杀害,并要求辛小丰三人不可泄密。三人逃跑,辛小丰又回去救下女画家的女儿,而后三人共同抚养女儿长大。

经过这种改编之后,原著中的恶善张力顷刻化为乌有。案件中,实施杀人行为的只有大哥一人。辛小丰三人与大哥之间并没有形成故意杀人的共同故意,所以不构成共同犯罪。辛小丰单独构成强奸罪。但是杨自道和陈比觉并不构成故意杀人罪和强奸罪。既然不构成犯罪,为什么杨、陈(装傻)二人要和辛小丰一道过着惶惶不可终日的生活?这里就是许多观众所批评的硬伤。那么导演为了自圆其说,不得不夸大了道德自律性。杨、陈二人虽然没有直接行凶或者施暴,但是他们面对着大哥的杀人行径以及兄弟的强奸恶行,并没有采取任何阻拦,而是袖手旁观,所以犯下了见死不救的“良心罪”。这让他们七年以来,每日每夜都在受到良心的谴责。而赎罪的唯一方式就是要把女孩抚养长大。但是他们担心如果有一天女孩知道了把自己抚养长大的三位养父竟然是强奸母亲并间接导致其全家灭门的“帮凶”,感情上是无法面对的,这也是对他们良心上最具毁灭性的打击。所以他们陷入两难的困境:既想把女孩养大,又不愿把女孩养大。

所以要避免这种局面的发生,只有两个办法:第一,永远不要告诉女孩实情,而且也要保证他们不会被抓;第二,女孩死亡或者他们死亡。就在这时,女孩的体检报告显示,如果不赶快进行手术,女孩将会死亡。在这种情况下,道德自律又一次发挥了作用,他们选择让女孩活,让自己死。其实从辛小丰把女孩抱回来的那一刻,他们三人就已经踏上了一条赎“罪”的不归之路。最后的结果是,辛小丰和杨自道被判处并执行死刑,陈比觉跳海自杀。具体来讲,辛小丰强奸女画家致其死亡,是典型的结果加重犯,按照《刑法》第 236 条第 3 款的规定最高可以判处死刑,所以最后对辛小丰判处并执行死刑无可厚非。但是杨自道对于本案而言无须承担任何刑事责任,不构成故意杀人罪和强奸罪，对其判处并执行死刑当属冤假错案无疑。

冤案之所以发生就是因为没有遵守罪刑法定原则。罪刑法定原则的基本含义是法无明文规定不为罪、法无明文规定不处罚，讲究疑罪从无。但是在影片中，现场唯一留下的证据只有辛小丰的拇指指纹。而且经过数年来不断地故意磨损（掐烟头），与现场指纹已经很难匹配了。而房东的窃听录音，且无论是否可以采信，单从内容上讲，并不包含证实辛小丰3人行凶的确切记录。所以在这种情况下，只有两位犯罪嫌疑人的认罪供述。《刑事诉讼法》第53条第1款明文规定："对一切案件的判处都要重证据，重调查研究，不轻信口供。只有被告人供述，没有其他证据的，不能认定被告人有罪和处以刑罚"。所以曹保平导演不厌其烦地在影片中提醒只有指纹证据，而辛小丰也在不停地磨指纹。

不仅如此，曹保平导演似乎还研究过死刑存废问题，试图通过这个虚构的故事展现死刑的三大缺陷。第一，死刑的威慑力并没有想象中的那么大，辛小丰和杨自道根本不怕死，是良心的谴责让他们选择自投罗网；第二，死刑在一定程度上是无益的，对他们执行死刑之后，社会上就少了一位执行任务时从来不顾个人安危的，"天生就是干刑警的料"的好警察，以及一位行侠仗义、见义勇为的好"的哥"；第三，死刑造成的错误具有不可挽回性，杨自道根本就没有犯罪，但是却被执行了死刑。

其实，如果没有结尾的大反转，亦即没有冤案，影片可能会像其海报宣传的那样更加的凌厉。罪刑法定原则的普法宣传交给"今日说法"就可以了，而且死刑存废与否，也真不是一部电影能够说得清的。

莎士比亚时代戏剧表演与伦敦城市管理:矛与盾的故事

张守进*

莎士比亚时代观众对戏剧的高度认同与现代观众对戏剧的普遍性认同并非这两者之间唯一的不同点。1570 年起,伦敦观众开始经常去剧院看戏剧。在莎士比亚写作生涯早期,看戏剧本身是一个危险的活动。当时伦敦的市长们和其他大城镇的管理者们都讨厌看戏剧,无论何时何地,只要出现戏剧活动,他们总是想方设法压制。人们那时候去剧院看戏不仅因为戏剧本身令人激动,还因为看戏剧本身就是危险活动。如此多的政府官员对看戏剧有敌意意味着他们把去剧院看戏当作颠覆权威的一种活动。矛盾的是,第一批伦敦剧院之所以能够成立,恰恰是由于伊丽莎白一世和她的枢密院的大力支持,虽然在这个过程中伦敦市长不断抱怨,这些戏剧公司信誓旦旦,要确保每年圣诞节都有好的戏剧来充实伊丽莎白女王的闲暇时光。民众对去剧院看戏剧的支持恰恰依赖于王室对那些第一批戏剧公司的保护。

这一时期伦敦已经是英国最大城市。在莎士比亚去世几年后,伦敦成为欧洲最大的城市。伦敦市区内的生活通常是非常有秩序的,即使在穷人们居住的郊区,也并没有出现教堂布道者们所经常提到这种居住区里妓院、竞技场以及剧院等人群聚集处的骚乱和不安定。剧院经常引起无故打斗的恶名并不合理。任何人群聚集都可能被当时的官员们视为潜在骚乱群体,而剧院

---

* 张守进,上海外国语大学法学院讲师,英语言文学博士。

恰恰吸引了当时伦敦见过或未见过的最大人气。伦敦市政府本身对管控大规模人群聚集并不具备相应条件。当时并没有领薪水的警力,市长本人对女王和枢密院负责,如果出现任何不稳定因素,市长得全权负责。所以市政府官员们觉得看戏剧这种活动挑战了他们对市民的管控。

伦敦作为一个城市的快速成长对这一状况也于事无补。从官方意义上来说,伦敦是由市长和他的管理委员会治理的。但是这种权力仅限于伦敦市内,而此时的伦敦已经扩展到相邻米德塞克斯和萨里地区郡县的大片郊区;王室和国家政府所在地就在伦敦,枢密院经常基于其自身利益干预伦敦事务,而且当政令涉及比伦敦更大区域的时候,枢密院也有干预市政的需要。黑死病的定期爆发就是一个体现这种需要的鲜明事例,因为瘟疫本身是不管什么教区或市区界限的。专业戏剧公司进入伦敦进行表演活动又是另一事例。在早些年里,这些专业戏剧公司只是经过伦敦,因为他们还要去许多其他地方巡演。但是伊丽莎白女王喜欢在圣诞节期间观看戏剧,而她的枢密院则鼎力支持那些最好的戏剧公司,以便它们能为女王演出服务。这从某种程度上保护了这些戏剧公司,即使受到伦敦历任市长们对戏剧的憎恨,它们还是可以继续存在,并继续演出。当然像“黑死病”[1]这种全国性的瘟疫是个例外,枢密院此时统揽全局,命令伦敦市内和周围所有的126个教区将瘟疫死亡人数名单与普通死亡人数名单分列开来。每周四,所有教区的死亡人数都会统计总人数。当这些名单中出现瘟疫死亡人数超过30人的时候,枢密院就会下令禁止所有公众聚会,这当然也包括剧院,当时剧院能够聚集的人群规模是最大的。当剧院被关闭的时候,这些剧院就得去其他地区巡演(如果这些地区没有出现瘟疫现象的话)[2]。

瘟疫并不是政府对戏剧公司进行严格管控的唯一原因。欢庆活动主管(Master of the Revels)这个职位自从1578年设立起就控制一切娱乐活动。

---

〔1〕[法]阿尔贝·加缪:《鼠疫》,顾方济、徐志仁译,译林出版社1997年版。

〔2〕Stephen Greenblatt, *The Norton Shakespeare* (2nd edition), w. w. Norton & Company, 2008, p. 81.

他直接对枢密院负责每年皇家庆典与戏剧公司管理的官员负责。欢庆活动主管给每个戏剧公司颁发许可证并审查戏剧公司的戏剧作品,他需要删除那些映射地区或国家事务的情节,并禁止以舞台戏剧形式刻画任何活着的人。1594年后,他也开始给那些已经获得批准进行演出的戏剧公司颁发许可证。后来,只有经过他的批准才能出版任何戏剧文本。戏剧公司不得不接受这种严格管控,因为政府是他们对抗恶意满满的市政要员们的唯一保护者,当然市政要员不仅包括伦敦市长,也包括英国大多数城镇的管理者们。

全国大部分人不喜欢戏剧表演这种想法。他们的理由看似是一些虚伪的宗教原因,也就是说演员们假装扮演那些他们日常生活中根本不可成为的角色是一种欺骗,让男孩子男扮女装与圣经里所教导的东西背道而驰。在这种理由背后,是人们对虚假和欺骗的一种基本恐惧,对人们可能做事不诚实的恐惧。这种想法也把演员们置于骗子和小偷这种类别,这可能就是为什么在戏剧中男孩子扮演成年男性的角色要比成年男性去扮演其他成年男性角色更加让人接受的原因。男孩子扮演成年男性角色所涉及的欺骗要更加明显。这显然有清教徒式的怀疑成分,也就是任何形式的表演都不可接受,就像当初英国所抛弃的罗马天主教那些规矩一样。在英国社会中,此时天主教徒们对戏剧的接受程度要比清教徒更好些。不同的布道者们对看戏剧这种新现象持有不同立场,但是很少有布道者会公开支持这种活动,大多数布道者们都公开表示不赞成。看戏剧是懒人的消遣,而恶魔为那些懒人找了点活干。

在16世纪90年代期间,《罗密欧与朱丽叶》这个戏剧以及莎士比亚的个人生平、早期喜剧让观众感到激动兴奋,但即使这时也只有两个剧院和两个戏剧公司被官方,也就是女王枢密院正式批准来为伦敦市民提供娱乐。其他公众付费欣赏的演出形式包括猎杀狗熊和公牛,这些表演形式对表演者的要求太高,所以在舞台上表演的概率就更加少了。社会对戏剧的敌意导致戏剧表演的权利被局限于几个最优秀的戏剧公司。这几个公司不断竞争,这样就出现了高质量的戏剧作品。但是戏剧表演终归是一项边缘性的活动,付钱进入一个特别建造的剧院来看专业的戏剧公司表演戏剧在当时仍然是一个新现象,而且遭到当时伦敦市政官员的强烈反对。像环球[1](The Globe)这样的露天式剧院是建设在郊区的。伦敦作为一个城市来说,直到1661年内战结束后君主制复辟才在市中心有了剧院。而且即使是在郊区的剧院演出,按道理来说远离伦敦市长的控制,这些公司仍然处于枢密院的管控之下。所有的圆形大剧场都建在米德塞克斯郡或萨雷地区。恰逢莎士比亚去世的几年里,枢密院伦敦剧院版发的许可证书不超过五个。

当时在伦敦看戏剧[2]被认为是一种闲暇活动。那些去环球剧场看戏剧的观众很多都是学徒和工匠,他们在工作闲暇之余打发时间,还有一些通常法律专业学生偷偷摸摸地来看戏剧。这些看戏剧的观众群体与那些更加富有的观众们,通常是一些富有的绅士们和其他拥有财产的人,还有些战时休假的士兵和水手们,以及那些来伦敦出差或消遣的人,当然还有伦敦的女性。女性在那个时代并没有被要求要读书识字,但是不会读书写字照样也可以欣赏戏剧。一个体面的女子必须得有一个男性作为陪伴,这个男性可能是她的丈夫或朋友,或者如果该女子是富有家庭出身,通常由随从陪伴,如果她是中产阶级市民,通常是她丈夫的学徒陪伴。她可能会戴一个面纱,在当时这是女性在户外活动的时候的标准打扮,目的是保护自己的脸部不受天气变化的侵袭,当然还有显示自己谦卑,也许还有匿名性质。那些市场摊贩的妻子们通常聚集起来看戏剧。妓女通常也会在这种场合寻求生意,当然他们也需要一名男性陪伴。

看喜剧的社会阶层上至贵族,下至最贫困的工人和学徒们。很多人对戏剧持不赞成的看法,但是在高峰期通常有超过25000名观众涌入剧院去观看各种戏剧表演。直到1642年看戏剧的票价都保持不变,1642年议会制政府正与国王冲突,将剧院关闭了18年。直到那时,观众可以花1便士买1张站票(相当于现在1英镑的1/240)。一个侯爵的包房席位票价是6便士,在

〔1〕 *Ian Wilson*, *Shakespeare the Evidence*, 1993, *London*: *Headline*. *xiii*.

〔2〕 The Oxford Companion to English Literature, p. 781(1996).

1600年这相当于一个技术工匠一天的薪资;屋顶较小的剧院则票价更贵,他们通常是一些"私人"剧院,为了区别于那些露天圆形大剧场,当然强调私人这个概念主要是为了能逃脱政府当时强加于公共剧院之上的控制措施。

剧院里人们看到的可不仅仅是戏剧和演员,那些最富有的侯爵和绅士们到剧院一方面是为了看戏剧,另一方面也是为了让人们看到他们。环球剧场最昂贵的包厢是在舞台上方位置,二层平台旁边,这些包厢被称为侯爵包厢,坐在这种位置显然能够看到的剧场表演部分是非常有限的,但是作为观众,他们是非常显眼的,而这就是他们愿意付高价的原因。在一些私人剧场,入场券价格更高,在舞台两侧有一些包厢,这给了包厢观众更好的视野,当然也让其他观众更容易看到他们。这些观众跟演员一样,成了舞台表演的一个部分,其他观众显然也可以成为剧院活动的一部分,但是他们的体验效果显然比不上这些包厢观众。

从1590年开始的10年里,真正永久性、定制化的剧院是那些大型露天剧场。当下雨天气的时候,花6个便士坐渡船过河,就像那些比较富有的戏剧观众一样,或者走路经过伦敦桥,到玫瑰剧场或环球剧场看并不是什么绝佳体验。因此,距离伦敦市中心更近的露天剧场总是尽力保证剧场上方有个屋顶一样的遮盖装置。到1594年,剧院在冬季可以利用城市酒店,但是伦敦市长对戏剧表演的敌意也没有让这些地方变成可靠的表演场所。那些在伦敦职业剧院工作的演员们头几年里必须面对两个问题:城市官员长期以来对戏剧表演的不赞成以及瘟疫的不时侵袭,当瘟疫死亡人数到达比较危险的数字时,政府就会关闭剧院。

直到枢密院1594年因为女王的喜好而选择保护戏剧表演,伦敦才算真正有了戏剧表演的机制,枢密院批准两个戏剧制作公司的几个剧院,它们是受到官方庇护的。到这时,莎士比亚已经声名鹊起。他也参与戏剧表演,还是这两家职业戏剧公司的御用剧作家。在戏剧表演这个迅速成长的世界中,他获得了特权地位。虽然他的剧院仍然位于伦敦郊区,但是他的戏剧已经得到法律的庇护。而1603年新国王成为该公司的主顾,这种地位得到进一步的巩固。

戏剧和戏剧表演在16世纪英国的成长和发展并非一帆风顺。自上而下的政令有时压制戏剧创作和表演，伊丽莎白女王对戏剧表演的偏好在一段时间内促进了戏剧公司的成长和戏剧表演的专业性，但是戏剧表演的合法性并没有马上被确立，伦敦市政管理、枢密院的介入以及瘟疫的不时袭扰、普通市民和市长对戏剧表演的不赞成推迟了这种合法性。莎士比亚戏剧的广泛传播和作品在舞台上的表演让戏剧表演变成了上至贵族下至贩夫走卒都能欣赏的一种娱乐活动，戏剧表演的合法性也就变成了必然。

征稿启事

《上外法律评论》是上海外国语大学法学院主办的法律类学术文集。投稿实行初审与同行专家匿名审稿制,对来稿不限制体裁和语种,不考虑作者身份和背景,特别看重有国际视野、研究深入、方法现代、行文规范且具原创性的学术论文和评论文章。

欢迎海内外专家学者、优秀学子惠赐稿件,来稿原则上在1万字以上,并只接收电子邮箱投稿,收稿邮箱:swflpl@126.com。

编委会自收到稿件起3个月内向作者通报审录结果,每稿必复。

为了扩大本文集及作者知识信息交流渠道,除非作者在来稿时声明保留,否则视为同意《上外法律评论》拥有以非专有方式向第三人授予已刊作品电子出版权、信息网络传播权和数字化汇编、复制权,以及向其他文摘类刊物推荐转载已刊作品的权利。

图书在版编目(CIP)数据

上外法律评论. 2020年卷：总第6卷 / 王静主编
. -- 北京：法律出版社，2021
ISBN 978-7-5197-5412-9

Ⅰ. ①上… Ⅱ. ①王… Ⅲ. ①法律-文集 Ⅳ.
①D9-53

中国版本图书馆CIP数据核字(2021)第041368号

上外法律评论(二〇二〇年卷·总第六卷)
SHANGWAI FALÜ PINGLUN
(二〇二〇 NIAN JUAN · ZONG DI LIU JUAN)

王 静 主 编
张海斌 执行主编

策划编辑 解 锟
责任编辑 解 锟
装帧设计 李 瞻

出版 法律出版社
总发行 中国法律图书有限公司
经销 新华书店
印刷 北京虎彩文化传播有限公司
责任校对 张 岩
责任印制 张建伟

编辑统筹 重大项目办公室
开本 710毫米×1000毫米 1/16
印张 18.5
字数 256千
版本 2021年3月第1版
印次 2021年3月第1次印刷

法律出版社/北京市丰台区莲花池西里7号(100073)
网址/www. lawpress. com. cn
投稿邮箱/info@ lawpress. com. cn
举报维权邮箱/jbwq@ lawpress. com. cn
销售热线/400-660-8393
咨询电话/010-63939796

中国法律图书有限公司/北京市丰台区莲花池西里7号(100073)
全国各地中法图分、子公司销售电话：
统一销售客服/400-660-8393/6393
第一法律书店/010-83938432/8433
西安分公司/029-85330678
重庆分公司/023-67453036
上海分公司/021-62071639/1636
深圳分公司/0755-83072995

书号：ISBN 978-7-5197-5412-9
定价：72.00元
(如有缺页或倒装，中国法律图书有限公司负责退换)